Stockwerkeigentum

Mathias Birrer

Stockwerkeigentum

Kaufen, finanzieren, leben
in der Gemeinschaft

Ein Ratgeber aus der Beobachter-Praxis

Der Autor Mathias Birrer, lic. iur. Rechtsanwalt und Sachwalter, ist Mitinhaber der Kanzlei Kaufmann Rüedi & Partner in Luzern (www.drw.ch). Er ist Spezialist für Immobilienrecht und damit für Stockwerkeigentums-, Miet-, Nachbar- und Baurecht. Mathias Birrer ist auch Autor des Beobachter-Ratgebers «Nachbarrecht – Handbuch für Eigentümer und Mieter».

Der Autor dankt allen, die ihn bei der Erarbeitung dieses Ratgebers unterstützt haben. Ein besonderer Dank geht an Käthi Zeugin für ihre wertvollen Hinweise und Ergänzungen im Rahmen des Lektorats und an Patrick Strub, Jurist und Redaktor beim Beobachter-Beratungszentrum, für seine fachlichen Hinweise.

Beobachter-Buchverlag
© 2005 Jean Frey AG, Zürich
Alle Rechte vorbehalten
www.beobachter.ch

Herausgeber: Der Schweizerische Beobachter, Zürich
Lektorat: Käthi Zeugin, Zürich
Umschlaggestaltung: artimedia.ch (Grafik), Tres Camenzind (Bild)
Satz: Focus Grafik, Zürich

ISBN 3 85569 313 7

Dieses Buch wurde auf chlor- und säurefreiem Papier gedruckt.

Inhalt

Vorwort 13

1. Was ist Stockwerkeigentum? 15

Was gehört mir, was gehört mir nicht? 16
Die gemeinschaftlichen Teile 17
Das Sonderrecht an Ihrer Einheit 19
Das ausschliessliche Benutzungsrecht 22
Gemeinschaftlich oder nicht? 24
Die Wertquote 27

Stockwerkeigentum im Baurecht 28
Komplizierte rechtliche Konstruktion
mit Konfliktpotenzial 28

Eignen Sie sich für Stockwerkeigentum? 31
Die wichtigsten Instanzen im gemeinsamen Gefüge 32
Vor- und Nachteile im Vergleich zur Mietwohnung 33

2. Die Finanzierung 35

Erste Überlegungen 36
Die Tragbarkeitsrechnung 37
Beratung einholen 38

Woher kommt das Eigenkapital? 40
Finanzierung mit Pensionskassenguthaben 40
Private Darlehen und Erbvorbezug 42

Fremdkapital: die Hypothek 44
Vergleichen lohnt sich 44
Welches ist die richtige Hypothek? 45
Die Amortisation der zweiten Hypothek 48
Die Hilfe der Hypothekar-Bürgschaftsgenossenschaft 49

Nicht vergessen: die laufenden Kosten 50
Die laufenden Kosten für Ihre eigene Einheit 50
Die laufenden Gemeinschaftskosten 50

Stockwerkeigentum und Steuern 51
Steuern beim Erwerb 52
Stockwerkeigentum und Vermögenssteuer 53
Stockwerkeigentum und Einkommenssteuer 54

Die Finanzierung an zwei Beispielen 57

3. Das richtige Objekt finden 59

Die Zukunft einplanen 60
Flexible Wohnungen 60
Wo liegt Ihr zukünftiges Zuhause? 61
Passt die Wohnung zu Ihnen? 63
Kriterien für den Innenausbau 63

Überlegungen beim Kauf von Altbauwohnungen 65
Altlasten können teuer werden 67

Überlegungen beim Kauf von Neubauwohnungen 68
Kauf ab Plan 68
Kauf nach Fertigstellung 70

Die Qualität des Baus 71
Problemzonen Fassade und Dach 72
Mängel im Innenausbau 74
Raumklima und Heizung 77

Der Kaufpreis 79
Wie hoch ist der Realwert? 80
Die hedonistische Bewertungsmethode 83

4. Den Kaufvertrag richtig abschliessen 85

Der Vorvertrag 86
So vermeiden Sie Probleme 86

Der Kaufvertrag 88
Der Kaufvertrag muss beurkundet werden 90
Grundstückkauf und Eherecht 92

Heikle Punkte im Kaufvertrag 94
Achtung Bauhandwerkerpfandrechte 95
Der Übergang von Nutzen und Gefahr 96
Sonderrecht und ausschliessliche Benutzungsrechte 98
Der Baubeschrieb 99
Die Gewährleistung 99

Spezialfall Autoeinstellhalle 104
Zuteilung im Sonderrecht oder zur ausschliesslichen Nutzung ... 104
Zuteilung mittels Dienstbarkeiten 105
Zuteilung im Miteigentum 106

5. Die Übergabe der Stockwerkeinheit 107

Die Wohnungsabnahme 108
Die Wohnung gründlich prüfen 108

Mängel entdeckt, was nun? 109
Die Mängelrüge 109
Die Mängelrechte 111
Achtung Verjährung 115

Wer haftet wofür? 117
Verkäufer 117
Bauhandwerker 118
Die Haftung des Architekten 119

6. Leben in der Gemeinschaft ... 121

Die Grundlagen des Zusammenlebens ... 122
Das Reglement ... 122
Die Hausordnung ... 126
Das sagt das Gesetz ... 127

Die Stockwerkeigentümergemeinschaft ... 128
Ihre Rechte gegenüber der Gemeinschaft ... 129
Ihre Pflichten gegenüber der Gemeinschaft ... 132
Die Haftung der Stockwerkeigentümergemeinschaft ... 133

Wenn ein Eigentümer sich den Gemeinschaftsinteressen nicht fügt ... 138
Androhung von Strafsanktionen ... 138
Ausschluss aus der Gemeinschaft ... 139

Die Rolle des Verwalters ... 142
Der Verwaltungsvertrag ... 142
Die Aufgaben des Verwalters ... 143
Die richtige Person finden ... 146
Nicht mehr zufrieden mit dem Verwalter ... 148

7. Die Stockwerkeigentümerversammlung ... 151

Oberste Instanz in der Gemeinschaft ... 152
Wer darf an der Versammlung teilnehmen? ... 153

Richtig einberufen, korrekt durchführen ... 156
Die Einladung zur Versammlung ... 156
Das Recht, die Traktandierung von Geschäften zu verlangen ... 157
Ist die Versammlung beschlussfähig? ... 159
Das Stimmrecht und die Quoren für die Beschlussfassung ... 160
Das Protokoll, eine wichtige Rechtsgrundlage ... 163
Nicht einverstanden mit einem Beschluss: die Anfechtung ... 164
Beschlussfassung ausserhalb der Versammlung ... 167

Geschäfte, über die die Versammlung bestimmt 168
Was sind Verwaltungshandlungen? 169
Speziell geregelt: die baulichen Massnahmen 172
Bauliche Veränderungen ohne das nötige Mehr 175

Die Änderung der Wertquoten 177
Wertquotenänderung durch Vereinbarung 178
Berichtigung auf dem Gerichtsweg 179

Für spezielle Projekte: der Ausschuss 180
Die Aufgaben des Ausschusses 181

Kontrolle der Jahresrechnung: der Revisor 182
Wer eignet sich für die Aufgabe? 183
Was prüft der Revisor? 183

8. Die gemeinsamen Kosten und der Erneuerungsfonds 185

Kosten gerecht verteilen 186
Das sagt das Gesetz 186
Individuelle Regelungen im Reglement 187

Für die laufenden Kosten: der Verwaltungsfonds 188
Grundsatz: Aufteilung nach Wertquoten 189
Ausnahme: Wer nicht profitiert, muss nicht bezahlen 190
Wie wird der Verwaltungsfonds gefüllt? 191
Spezielle Kosten und ihre Verteilung 193

Der Erneuerungsfonds 195
Welche Arbeiten werden aus dem Erneuerungsfonds bezahlt? ... 196
Wie hoch sollen die jährlichen Beiträge sein? 196
Wem gehört der Erneuerungsfonds? 198

Wenn die Beiträge nicht bezahlt werden 199
Das Gemeinschaftspfandrecht 200
Das Retentionsrecht 202

9. Vom Umgang mit den Nachbarn 203

Richtig verhalten im Konfliktfall 204
Zuerst das Gespräch suchen 204

Nachbarstreitigkeiten innerhalb der Gemeinschaft 206
So kommen Sie am besten zum Ziel 206
Konflikte wegen der Benutzung des gemeinschaftlichen Teils ... 207
Konflikte wegen der Nutzung der eigenen Räume 208

Konflikte mit Nachbarn ausserhalb der Gemeinschaft 210
Wer muss sich zur Wehr setzen? 210

Was sagt das öffentliche Recht? 214

10. Stockwerkeigentum renovieren 215

Wer entscheidet über die Renovation? 216
Die Renovation der eigenen Wohnung 216
Die Renovation der gemeinschaftlichen Teile 217

Gemeinsame Renovation sinnvoll organisieren 218
Auftrag an einen General- oder Totalunternehmer 218
Zusammenarbeit mit einem Architekten
und einzelnen Handwerkern 219
Welcher Arbeitsvergabe ist die richtige? 219
Die nötigen Versicherungen 220
Steuern sparen beim Umbau 222

Sechs Schritte zu einer erfolgreichen Renovation 223
Renovationsbedarf abklären 223
Offerten einholen 225
Entscheiden und die Kosten verteilen 225
Baubewilligung einholen und Aufträge erteilen 227
Renovation durchführen 228
Den Bau abnehmen und die Rechnung prüfen 229

11. Die Eigentumswohnung wieder verkaufen 231

Verkaufen oder vermieten? 232

Erfolgreich verkaufen 232
Der richtige Preis 233
Die Verkaufsdokumentation 233
Einen Makler beauftragen 235

Stockwerkeigentumsrecht und Verkauf 236
Das Vorkaufsrecht 237
Das Einspracherecht 239

Anhang 241

Glossar 242
Adressen und Links 248
Buchtipps 251
Stichwortverzeichnis 252

Vorwort

Stockwerkeigentum liegt voll im Trend. 1965 erst im Zivilgesetzbuch verankert, erfreut sich diese Möglichkeit, Wohneigentum zu erwerben, seither immer grösserer Beliebtheit. Zwischen 1990 und 2000 verdoppelte sich der Bestand an Eigentumswohnungen in der Schweiz auf rund 240 000 Einheiten. Dieser Trend hält ungebrochen an; verantwortlich dafür sind hauptsächlich drei Faktoren: Land ist vor allem in den Ballungszentren sehr teuer, was frei stehende Einfamilienhäuser für viele unerschwinglich macht. Gleichzeitig beanspruchen die Schweizerinnen und Schweizer immer mehr Raum. In den letzten zehn Jahren ist die durchschnittliche Wohnfläche pro Kopf um mehr als zehn Prozent angestiegen. Auch hat das Bedürfnis nach kleineren Wohneigentumseinheiten für Single-Haushalte zugenommen.

Bei aller Beliebtheit – Stockwerkeigentum weist einige Ecken und Kanten auf. Denn zu dieser Art von Wohneigentum gehört das Leben in einer Gemeinschaft mit Menschen, die man in der Regel vor dem Kauf kaum kennt. Können sich einzelne Mitglieder der Stockwerkeigentümergemeinschaft nicht einfügen, sind Konflikte vorprogrammiert. Hinzu kommt, dass die rechtliche Ordnung des Stockwerkeigentums relativ kompliziert ist. Neben dem eigentlichen Stockwerkeigentumsrecht und dem Reglement der Gemeinschaft haben auch Bestimmungen des Miteigentums- und des Vereinsrechts ganz direkte Auswirkungen auf den Alltag von Stockwerkeigentümern.

Dieses Handbuch hilft Ihnen mit vielen Tipps und anschaulichen Beispielen, sich in den verschiedenen Bestimmungen zurechtzufinden und das Zusammenleben in Ihrer Gemeinschaft möglichst reibungslos zu gestalten. Zudem finden Sie darin Antworten auf alle wichtigen Fragen zur Wahl einer Eigentumswohnung, zur Finanzierung und zum Abschluss des Kaufvertrags, aber auch zu Renovationen oder einem Wiederverkauf. Kurz: Der Ratgeber begleitet Sie von A bis Z durch Ihr Leben als Stockwerkeigentümer.

Mathias Birrer
Luzern, Mai 2005

1. Was ist Stockwerkeigentum?

Wenn Sie sich für eine Eigentumswohnung interessieren oder gar schon eine Ihr Eigen nennen, sollten Sie die rechtlichen Grundlagen des Stockwerkeigentums kennen. Das hilft Ihnen, die verschiedenen Situationen, die das Leben in einer Stockwerkeigentümergemeinschaft mit sich bringt, zu verstehen und mitzubestimmen.

Was gehört mir, was gehört mir nicht?

Stockwerkeigentum liegt im Trend. Für viele ist dies der einzige Weg, zu den eigenen vier Wänden zu kommen. Doch was erwirbt man eigentlich, wenn man eine Eigentumswohnung kauft?

Stockwerkeigentum ist eine besondere Form von Miteigentum (siehe Kasten). Zwar steht das ganze Grundstück samt dem Haus und allen

---

Eigentumsformen im schweizerischen Recht

Alleineigentum
Gehört eine Sache nur Ihnen, sind Sie Alleineigentümer. Sie allein haben die Verfügungsmacht über diese Sache, dürfen sie von jedem, der sie Ihnen vorenthält, herausverlangen und ungerechtfertigte Einwirkungen abwehren. Als Eigentümer verfügen Sie über das vollständige und ausschliessliche Herrschaftsrecht über die Sache – allerdings nur innerhalb der Grenzen, die das Recht setzt. Eine Grundeigentümerin beispielsweise darf ihr Grundstück nicht in beliebiger Weise nutzen, sondern nur so, dass sie damit die Nachbarn nicht belästigt oder gar schädigt.

Miteigentum
Beim Miteigentum geht das Recht des einzelnen Miteigentümers auf eine ideelle Quote, einen Anteil an der Sache. Im Rahmen dieser Quote können Sie über das gemeinschaftliche Eigentum wie ein Alleineigentümer verfügen. Sie können Ihren Miteigentumsanteil beispielsweise verkaufen oder auch verpfänden. Miteigentum besteht immer dann, wenn Sie ohne spezielle Vereinbarung gemeinsam mit anderen Personen an einer Sache Eigentum erwerben. Wenn nichts anderes abgemacht wird, stehen allen Miteigentümern gleiche Anteile an der gemeinschaftlichen Sache zu.

Gesamteigentum
Besteht an einer Sache Gesamteigentum, sind alle Gesamteigentümer gleichermassen auf das Ganze daran berechtigt. Rechte und Pflichten an dieser Sache stehen ihnen nur gemeinsam zu. Es lassen sich keine ideellen Quoten der einzelnen Eigentümer unterscheiden. Gesamteigentum entsteht durch Gesetzesvorschrift, etwa bei der Erbengemeinschaft, oder durch Vertrag, beispielsweise bei der ehelichen Gütergemeinschaft oder der einfachen Gesellschaft. Als Gesamteigentümer können Sie Ihre Eigentumsrechte nur gemeinsam mit den anderen Gesamteigentümern wahrnehmen. Für jedes Geschäft braucht es die Zustimmung aller.

seinen Bestandteilen im Miteigentum aller Stockwerkeigentümer. Doch jeder Stockwerkeigentümer, jede Eigentümerin hat ein Sonderrecht an gewissen Gebäudeteilen und kann diese ausschliesslich benutzen, verwalten und baulich ausgestalten.

Als Stockwerkeigentümer sind Sie also immer Miteigentümer an der gemeinschaftlichen Liegenschaft mit einem Sonderrecht an Ihrer Eigentumswohnung. Sie sind nicht Alleineigentümer Ihrer Wohnung, haben aber durch die Einräumung des Sonderrechts eine ähnliche Stellung. Und weil für jede Stockwerkeigentumseinheit im Grundbuch ein separates Grundbuchblatt eröffnet wird, wird Ihre Einheit im geschäftlichen Verkehr wie ein selbständiges Grundstück behandelt.

Die gemeinschaftlichen Teile

Alle Teile der Liegenschaft, die nicht zum Sonderrecht gehören, stehen im gemeinschaftlichen Eigentum aller Stockwerkeigentümer. Über solche Teile können sie nur gemeinsam verfügen. Je nachdem um welches Geschäft es sich handelt, sind dazu verschiedene Zustimmungsquoren notwendig. Abstimmungen über solche Geschäfte werden in den Versammlungen der Stockwerkeigentümergemeinschaft durchgeführt (siehe Seite 151). Mit dem Kauf einer Eigentumswohnung werden Sie automatisch auch Mitglied dieser Gemeinschaft.

Zwingend gemeinschaftliche Teile

Um die einmal begründete Stockwerkeigentümergemeinschaft in ihrer Existenz zu sichern, bestimmt das Gesetz, dass gewisse Grundstücksteile nicht zu Sonderrecht ausgeschieden werden können (Art. 712b ZGB). Solche zwingend gemeinschaftlichen Teile sind:
- der Boden, auf dem das Gebäude errichtet worden ist. Dazu gehören unter anderem Autoabstellplätze im Freien, der Garten oder ein Kinderspielplatz.
- alle Bauteile, die für den Bestand, die konstruktive Gliederung und die Festigkeit des Gebäudes verantwortlich sind. Dazu zählen zum Beispiel das Fundament, tragende Mauern, Tragbalken und das Dach. Auch alle Teile, die das Aussehen und die äussere Gestalt des Gebäudes bestimmen, sind gemeinschaftlich.

- alle Teile der Liegenschaft, die von allen bzw. der Mehrheit der Eigentümer benützt werden – etwa das Treppenhaus, die zentrale Heizungsanlage oder elektrische Leitungen, die nicht ausschliesslich einer einzelnen Wohnung dienen.

Weitere gemeinschaftliche Teile

Neben den zwingend gemeinschaftlichen Teilen können auch x-beliebige andere Teile des Stockwerkeigentumsgrundstücks als gemeinschaftlich erklärt werden. Dies geschieht häufig schon bei der Begründung des Stockwerkeigentums, kann aber von den Eigentümern auch später in einer öffentlich beurkundeten Vereinbarung beschlossen werden. Gebäudeteile, die von der Gemeinschaft als gemeinschaftlich bestimmt wurden, nennt man in der Rechtssprache «gewillkürte gemeinschaftliche Teile»; ein paar Beispiele:
- Hauswartwohnung
- Bastel- und Spielräume
- Gerätezimmer
- besondere Räume als Lager- oder Abstellräume (wenn sie nicht schon zwingend gemeinschaftlich sind)
- Autoeinstellhalle (wenn sie nicht schon zwingend gemeinschaftlich ist)

Hinweis *Während zwingend gemeinschaftliche Teile immer gemeinschaftlich bleiben müssen, können gewillkürte gemeinschaftliche Teile mit einer späteren Vereinbarung der Stockwerkeigentümer auch wieder zu Sonderrecht eines einzelnen Eigentümers erklärt werden. Zudem gilt die gesetzliche Vermutung, dass – abgesehen von den zwingend gemeinschaftlichen Teilen – alles Sonderrecht ist, was nicht bei der Begründung des Stockwerkeigentums oder durch spätere Erklärung für gemeinschaftlich erklärt wurde.*

Die Verwaltung der gemeinschaftlichen Teile

Die Verwaltung der gemeinschaftlichen Teile ist Sache der Stockwerkeigentümergemeinschaft. Sie ist also für den Unterhalt und die Reinigung, für bauliche Veränderungen, für die Verteilung der anfallenden Kosten, aber auch für eine Vermietung von gemeinschaftlichen Liegenschaftsteilen zuständig.

Was mit den gemeinschaftlichen Teilen zu geschehen hat, bestimmt die Gemeinschaft in der gesetzlich vorgesehenen Stockwerkeigentümerversammlung. Als Mitglied der Gemeinschaft können Sie Ihre eigenen Ansichten in der Versammlung vertreten, müssen sich aber den Beschlüssen der Mehrheit fügen (mehr dazu ab Seite 151).

Auch die Haftung für die gemeinschaftlichen Grundstücksteile liegt bei der Stockwerkeigentümergemeinschaft. Wird beispielsweise ein Passant durch einen herunterfallenden Dachziegel verletzt oder ertrinkt ein Kind im Biotop auf dem Grundstück, muss dafür die Gemeinschaft einstehen (zur Haftung siehe Seite 133).

Das Sonderrecht an Ihrer Einheit

Das Sonderrecht räumt Ihnen an Ihrer Stockwerkeigentumswohnung eine alleineigentümerähnliche Stellung ein. Was zu Ihrem Sonderrecht exakt gehört, können Sie aus der so genannten Begründungserklärung ersehen, mit der die Gesamtliegenschaft in Stockwerkeigentum aufgeteilt wurde. Vergewissern Sie sich aber, dass diese Begründungserklärung nicht mit einer späteren, öffentlich beurkundeten Vereinbarung der Stockwerkeigentümer abgeändert wurde. Auskunft erhalten Sie beim Grundbuchamt.

Einen bestimmten Gebäudeteil können Sie dann zu Sonderrecht erwerben, wenn er in sich abgeschlossen ist und über einen eigenen Zugang verfügt. Eine solche Stockwerkeinheit kann zusätzlich auch über getrennte Nebenräume verfügen, beispielsweise über einen Bastelraum im Keller oder ein Mansardenzimmer.

In Ihrer Wohnung sind Sie praktisch Alleineigentümer

Den Teil der Liegenschaft, der in Ihrem Sonderrecht steht, dürfen Sie allein nutzen, verwalten und baulich ausgestalten. Sie können Ihre Wohnung so gebrauchen, wie es Ihnen gefällt. In Ihren eigenen vier Wänden sind Sie der König bzw. die Königin. Eingeschränkt werden Sie nur insofern, als Sie mit Ihrer Nutzung die Interessen der anderen Stockwerkeigentümer sowie der Gemeinschaft nicht beeinträchtigen dürfen. Was Ihre Rechte angeht, haben Sie also nahezu die gleiche Stellung wie ein Alleineigentümer. Einschränkungen in den Benutzungsmöglichkeiten können sich aber durch das Reglement Ihrer Gemeinschaft ergeben.

Solange keine gemeinschaftlichen Teile betroffen sind und andere Stockwerkeigentümer nicht benachteiligt werden, sind Sie im Innenausbau Ihrer Einheit völlig frei. Sie dürfen die Fussbodenbeläge selber bestimmen, Zwischenwände ohne tragende Funktion entfernen oder einbauen, die Wände nach Ihrem Geschmack verkleiden, Küchen-, Bad- und Toiletteneinrichtungen auswählen... Selbstverständlich müssen sich Ihre baulichen Aktivitäten im Rahmen der Bauvorschriften Ihrer Gemeinde – zum Beispiel der Ausnützungsziffern – bewegen.

Vorsicht müssen Sie walten lassen, wenn Sie einen weichen Bodenbelag, beispielsweise einen Teppich, durch einen harten ersetzen wollen. Ergreifen Sie dann nicht zusätzlich Massnahmen zur Trittschallisolation, kann es leicht zu einer Beeinträchtigung kommen, die sich die Stockwerkeigentümerin unter Ihnen nicht gefallen lassen muss.

Urteil *Familie X. erwarb 1999 eine Eigentumswohnung und ersetzte den bestehenden Spannteppich durch Keramikplatten. Kurz darauf beklagte sich der Nachbar in der darunter liegenden Wohnung über die höhere Lärmbelästigung und verlangte, dass die Keramikplatten wieder herausgerissen und durch einen Teppich ersetzt würden. Er stützte sich dabei auf eine Bestimmung im Reglement, die es den einzelnen Stockwerkeigentümern verbot, Materialänderungen an den im Sonderrecht liegenden Böden vorzunehmen. Das Obergericht des Kantons Zürich hiess die Klage gestützt auf diese Reglementsbestimmung gut. Es hielt zudem fest, dass sich ein Stockwerkeigentümer auch gestützt auf Artikel 712a Absatz 2 ZGB gegen den Ersatz von Spannteppichen durch Keramikplatten wehren könne, wenn er nachweise, dass er mit dem neuen Belag unter übermässigem Lärm leide. Es sei allgemein bekannt – so das Gericht –, dass Keramikböden im Vergleich zu Spannteppichen das Risiko einer erhöhten Lärmbelastung in sich bergen. (Urteil des Obergerichts des Kantons Zürich vom 5.9.2003)*

Bauteile, die eine tragende Funktion haben oder die äussere Gestalt und das Aussehen des Gebäudes bestimmen, dürfen Sie auch dann nicht eigenmächtig verändern, wenn sich diese im von Ihrem Sonderrecht umfassten Bereich befinden oder unmittelbar daran angrenzen. Solche Bauteile sind nämlich zwingend gemeinschaftlich (siehe Seite 17). Ohne Einwilligung der Gemeinschaft dürfen Sie also weder neue Fensterrahmen oder Dachfenster einsetzen, noch die Sonnenstoren austauschen oder den Treppenabsatz vor Ihrer Wohnung umbauen.

Die Verwaltung der eigenen Wohnung

Das Recht zur Verwaltung Ihrer Eigentumswohnung steht Ihnen allein zu. Sie bestimmen im Rahmen der gesetzlichen Vorschriften und des Stockwerkeigentümerreglements sowie allenfalls der Hausordnung, wie Sie Ihre Einheit nutzen: ob Sie diese vermieten, sie mit Pfandrechten belasten, jemand anderem ein Wohnrecht einräumen. Selbstverständlich dürfen Sie aber die anderen Stockwerkeigentümer in der gesetzes- und reglementskonformen Nutzung ihrer Einheiten nicht beeinträchtigen. Die Einrichtung eines Kosmetiksalons in einer Wohnliegenschaft und das damit verbundene Kommen und Gehen müssten die anderen Eigentümer unter Umständen nicht akzeptieren.

Auch die für den Unterhalt Ihrer Einheit notwendigen Arbeiten sind Ihre Sache. Sie selber müssen die Handwerker beauftragen und bezahlen. Es liegt an Ihnen, ein Budget für Unterhalt oder Umbauten aufzustellen und Ihre Einnahmen und Ausgaben buchhalterisch festzuhalten. Der von der Gemeinschaft beauftragte Verwalter ist dafür nicht zuständig. Lassen Sie diese Aufgaben von einer Drittperson erledigen, müssen Sie für die Kosten allein aufkommen.

Achtung *Dass Sie für die Verwaltung Ihrer Einheit zuständig sind, heisst auch, dass Sie sich bei Baumängeln in einer neu erstellten Wohnung selber wehren müssen. Die Mängelrüge und wenn nötig Massnahmen zur Unterbrechung der Verjährungsfrist sind allein Ihre Sache (mehr dazu auf Seite 109), der Verwalter der Gemeinschaft ist dafür nicht zuständig. Selbstverständlich können Sie mit dieser Aufgabe aber eine Drittperson beauftragen.*

Sie dürfen sich zur Wehr setzen

Mit dem Kauf Ihrer Stockwerkeigentumseinheit erwerben Sie nicht nur Rechte und Pflichten punkto Benutzung, Verwaltung und bauliche

Ausgestaltung, sondern auch Abwehrrechte gegenüber Dritten oder anderen Stockwerkeigentümern. Behindern solche Personen Sie in der Ausübung Ihres Sonderrechts, dürfen Sie sich wehren. Als Faustregel können Sie davon ausgehen, dass Sie in Bezug auf Ihre Einheit gegenüber Dritten und anderen Stockwerkeigentümern über dieselben Rechte verfügen wie der Eigentümer eines frei stehenden Hauses (zu den Abwehrrechten siehe Seite 206 und 212).

Gegenüber den anderen Stockwerkeigentümern räumt Ihnen das Gesetz zudem weitere Ansprüche ein. Dazu zählen vor allem folgende Rechte, die jedem Stockwerkeigentümer zustehen:

- das Recht, die Aufstellung eines Stockwerkeigentümerreglements zu verlangen (siehe Seite 125)
- das Recht, einen Beschluss der Stockwerkeigentümergemeinschaft durch das Gericht aufheben zu lassen (siehe Seite 164)
- das Recht, einen Verwalter für die gemeinschaftlichen Teile einsetzen oder abberufen zu lassen (siehe Seite 142)

Sie haften für Ihre Eigentumswohnung

Für das, was in Ihrer Wohnung geschieht, haften Sie als Stockwerkeigentümer. Lassen Sie beispielsweise die Badewanne überlaufen und werden dadurch gemeinschaftliche Teile oder die Räume eines anderen Eigentümers beschädigt, müssen Sie für den Schaden aufkommen. Sie sollten also für Ihre Eigentumswohnung die nötigen Versicherungen abschliessen (siehe Seite 134).

Tipp *Gewisse Risiken sind bereits über die in den meisten Kantonen obligatorische Gebäudeversicherung sowie die Grundeigentümerhaftpflichtversicherung abgedeckt, welche die Gemeinschaft für die Gesamtliegenschaft abschliessen muss. Lassen Sie sich beraten.*

Das ausschliessliche Benutzungsrecht

Einige Grundstücksteile sind zwingend gemeinschaftlich (siehe Seite 17). Doch kann an solchen Teilen ein ausschliessliches Benutzungsrecht – auch Sonderbenutzungsrecht genannt – begründet werden. Auf diese Weise wird sichergestellt, dass Sie beispielsweise Ihren Gartensitzplatz oder Ihren Parkplatz allein nutzen können, obwohl der Boden eigentlich zwingend gemeinschaftlich ist. Gesetzliche Bestimmungen zum ausschliesslichen Benutzungsrecht suchen Sie allerdings vergebens; es war ursprünglich nicht vorgesehen und wurde von der Praxis entwickelt.

Achtung *Die Stockwerkeigentümergemeinschaft hat das Recht, einmal eingeräumte ausschliessliche Benutzungsrechte jederzeit zu widerrufen oder abzuändern. Im Reglement oder Begründungsakt lässt sich aber vereinbaren, dass ein ausschliessliches Benutzungsrecht nur mit der Zustimmung des Berechtigten aufgelöst oder abgeändert werden kann. Wenn Sie sicher sein wollen, dass Ihre ausschliesslichen Benutzungsrechte Bestand haben, sollten Sie unbedingt kontrollieren, ob das Reglement oder der Begründungsakt Ihrer Gemeinschaft eine solche Bestimmung enthält.*

Haben Sie an einem Gebäudeteil ein ausschliessliches Benutzungsrecht, dürfen Sie diesen nur benutzen, nicht aber darüber verfügen. Sie können also Ihren Parkplatz in der Tiefgarage nicht ohne weiteres an jemanden aus der Nachbarschaft verkaufen. Einzige Ausnahme ist das vom Bundesgericht anerkannte Recht eines Stockwerkeigentümers, sein ausschliessliches Benutzungsrecht an einen anderen Stockwerkeigentümer abzutreten (BGE 122 III 145). Im Übrigen liegt die rechtliche Verfügungsmacht – wenn nichts anderes vereinbart wurde – allein bei der Gemeinschaft.

Ein ausschliessliches Benutzungsrecht kann zudem nicht formlos entstehen. Auch wenn eine Stockwerkeigentümerin einen bestimmten Teil der Liegenschaft über längere Zeit allein nutzen durfte, kann sie deswegen nicht Anspruch auf ein ausschliessliches Benutzungsrecht erheben. Dieses Recht muss ihr durch den Begründungsakt, das Reglement oder durch einen Beschluss der Gemeinschaft eingeräumt werden.

Urteil *Die Stockwerkeigentümergemeinschaft Z. lebte in zwei Wohnhäusern, die durch einen Garagentrakt miteinander verbunden waren. Herr A. war seit 1973 Eigentümer der ans Flachdach der Garage angrenzenden Wohnung. Zur Wohnung gehörte gemäss Aufteilungsplan* *ein kleiner Teil des Garagendachs als Balkon. Im Lauf der Jahre erweiterte Eigentümer A. seinen Balkon und legte einen Dachgarten mit Plattenbelag, Mauerumrandung und Bepflanzung an. Keiner der anderen Eigentümer opponierte. Als 1997 das Garagendach saniert und der Dachgarten dazu teilweise entfernt werden musste, weigerte sich Herr A., die Kosten dafür zu tragen. Da stellte der findige Eigentümer B. fest, dass Herr A. gemäss Aufteilungsplan und Reglement gar kein ausschliessliches Benutzungsrecht für seinen Dachgarten hatte. Er reichte deshalb beim Bezirksgericht Klage ein und verlangte, Herr A. müsse die unberechtigte Benutzung des gemeinschaftlichen Garagendachs aufgeben und die von ihm angebrachten Bauteile entfernen.*

Das Bundesgericht, das schliesslich den Fall behandeln musste, gab dem Kläger Recht; die Begründung: Die Kompetenz, ausschliessliche Benutzungsrechte einzuräumen, liegt bei der Stockwerkeigentümerversammlung. Diese kann ein solches Benutzungsrecht mündlich mit Protokoll oder schriftlich auf dem Zirkulationsweg beschliessen. Aus Gründen der Rechtssicherheit genügt jedoch ein bloss mündlicher, nicht protokollierter Beschluss ausserhalb der Versammlung nicht. Da die Beschlüsse der Stockwerkeigentümerversammlung auch für die Rechtsnachfolger – beispielsweise für die Käuferin einer Einheit – verbindlich sind, müssen diese sich auf die Protokolle verlassen können. (BGE 127 III 506)

Das Entgelt für ein solches Sonderbenutzungsrecht zahlen Sie in der Regel mit dem Kaufpreis der Stockwerkeigentumseinheit. Eine periodische Abgabe – sozusagen einen Mietzins – müssen Sie deshalb nicht leisten. Im Gegenzug müssen Sie für den Unterhalt der Teile, die in Ihrem ausschliesslichen Benutzungsrecht stehen, meist selber aufkommen.

Gemeinschaftlich oder nicht?

Dass eine abgeschlossene Wohnung im Sonderrecht steht, ist eindeutig. Wie aber sieht es bei einer Dachterrasse aus, wie beim Garagenplatz? Eine Übersicht über diejenigen Gebäudeteile, über die immer wieder diskutiert wird.

Dach und Dachterrassen

Beim Dach handelt es sich zweifelsohne um einen Bauteil, der für den Bestand des Gebäudes von besonderer Bedeutung ist. Es gehört deshalb zum zwingend gemeinschaftlichen Teil der Liegenschaft.

Dachterrassen sind nicht dreidimensional abgeschlossen, können also auch nicht zu Sonderrecht ausgeschieden werden. Weil sie zudem die äussere Gestalt des Gebäudes mitbestimmen, ist ihre Zuordnung zu den gemeinschaftlichen Teilen zwingend. Einzelnen Stockwerkeigentümern kann aber ein ausschliessliches Benutzungsrecht an einer Dachterrasse eingeräumt werden (siehe Seite 22) und das kann einen Einfluss auf die Kostenverteilung bei einer Renovation des Daches haben.

Veranden, Loggien und Balkone

Veranden und Loggien sind zwar nicht vollständig abgeschlossen. Doch weil sie funktional zur Stockwerkeinheit gehören und mit ihr zusammen ein wirtschaftliches Ganzes bilden, kann ihr Innenbereich zu Sonderrecht erklärt werden.

Balkone sind noch weniger abgeschlossen als Veranden und Loggien. Trotzdem finden sich heute viele Reglemente, die den Innenbereich des Balkons als Sonderrecht bezeichnen. Nicht zu Sonderrecht erklärt werden kann hingegen der fassadenseitige Bereich des Balkons. Einerseits bestimmen die Balkone in der Regel die konstruktive Gliederung des Gebäudes mit, anderseits hat ihr Aussenbereich einen wesentlichen Einfluss auf das äussere Erscheinungsbild. Der Aussenbereich des Balkons gehört deshalb zu den zwingend gemeinschaftlichen Teilen.

Beispiel *Stockwerkeigentümer M. möchte seinen Balkon verglasen und darin einen Wintergarten einrichten. Das kann er nicht in eigener Regie tun. Er muss sein Vorhaben den anderen Mitgliedern der Gemeinschaft vorlegen und ihre Zustimmung einholen. Obwohl das Bundesgericht dieses Thema noch nie behandelt hat, sollte er – weil eine Balkonverglasung zu den luxuriösen baulichen Massnahmen zählt – einen einstimmigen Beschluss der Versammlung einholen (mehr dazu auf Seite 173).*

Boden, Garten und Gartensitzplatz

Der Boden gehört zu den zwingend gemeinschaftlichen Grundstücksteilen. Am Boden und damit am Garten kann deshalb kein Sonderrecht begründet werden.

Auch Gartensitzplätze können – obwohl sie nur von den Bewohnern der dazu gehörenden Parterrewohnung benutzt werden – nicht zu Sonderrecht erklärt werden. Stattdessen wird ein ausschliessliches Benutzungsrecht festgehalten. Ihren Gartensitzplatz dürfen Sie deshalb nicht beliebig verändern. Steht nichts anderes im Reglement, dürfen Sie Topfpflanzen, Tische, Stühle und Sonnenschirm aufstellen, das aber nur im üblichen Rahmen. Weder das äussere, einheitliche Erscheinungsbild der Liegenschaft noch die anderen Stockwerkeigentümer dürfen durch Ihre Einrichtung beeinträchtigt werden. Für eine Satellitenempfangsanlage, einen fest installierten Sichtschutz oder einen Wintergarten müssen Sie die Zustimmung der anderen Stockwerkeigentümer einholen. Mit welchem Quorum die entsprechenden Beschlüsse zu fassen sind, hängt von der geplanten Einrichtung ab (siehe Seite 172). Auch das Einpflanzen von Blumen, Büschen, Sträuchern – oder ihre Entfernung – braucht das Einverständnis der anderen Stockwerkeigentümer, denn fest mit dem Erdreich verbundene Pflanzen sind zwingend gemeinschaftlich.

Fassade, Fenster und Sonnenstoren

Die Aussenmauern sind für den Bestand des Gebäudes notwendig und deshalb zwingend gemeinschaftlich. Der Aussenverputz wie auch der Fassadenanstrich bestimmen das äussere Erscheinungsbild wesentlich, weshalb auch sie zum zwingend gemeinschaftlichen Teil gehören.

Auch Fenster gehören zum Bestand des Gebäudes. Wenn es sich um eigentliche Fensterfronten handelt, die die Funktion von Abschlussmauern übernehmen, sind sie zwingend gemeinschaftlich. Gewöhnliche Fenster und Balkontüren dagegen können zu Sonderrecht ausgeschieden werden. Weil die Fenster aber einen wesentlichen Einfluss auf das äussere Erscheinungsbild haben, liegt der Entscheid über die Gestaltung und das Aussehen immer in der Kompetenz der Stockwerkeigentümergemeinschaft. Es lässt sich deshalb mit Recht die Frage stellen, ob es überhaupt Sinn macht, die Fenster zum Sonderrecht zu schlagen. Praktischer dürfte eine Bestimmung im Reglement sein, die besagt, dass Unterhalt und Ersatz der Fenster zulasten des Eigentümers gehen, zu dessen Wohnung sie gehören.

Auch Rollläden, Jalousien und Sonnenstoren beeinflussen das Aussehen des ganzen Gebäudes. Über ihre Gestaltung entscheidet somit – wie bei den Fenstern – die Gemeinschaft. Sie können zwar grundsätzlich zum Sonderrecht geschlagen werden, doch ist dies kaum sinnvoll.

Autoabstellplätze

Abstellplätze im Freien können nicht zu Sonderrecht ausgeschieden werden, ebenso wenig Autoabstellplätze auf dem Dach des Hauses. In beiden Fällen handelt es sich nicht um Räume, zudem sind das Dach sowie der Boden zwingend gemeinschaftliche Teile.

Bei Parkplätzen in Einstellhallen besteht die Möglichkeit, sie im Sonderrecht zuzuteilen. Dazu müssen die Einstellplätze von abschliessbaren Gittern umgeben sein; Bodenmarkierungen allein genügen nicht (zur Einstellhalle siehe Seite 104).

Die Wertquote

Als Stockwerkeigentümer sind Sie Miteigentümer der gesamten Liegenschaft. Wie hoch Ihr Anteil ist, sagt die Wertquote. Sie beziffert den Anteil jeder Einheit in Hundertsteln oder Tausendsteln des Wertes der Liegenschaft (Art. 712e Abs. 1 ZGB). Für die Berechnung der Wertquoten enthält das Gesetz keine Vorschriften.

Als Grundlage für die Berechnung dient in der Praxis die Gesamtfläche der Wohneinheit, wobei vom Innenmass ohne Balkone, Kamine und Installationsschächte ausgegangen wird. Die so errechnete Fläche wird zum Faktor 1,0 eingesetzt. Die Grundflächen von Balkonen, Kellern, Waschküchen, Garagen und weiteren Nebenräumen, die weniger intensiv genutzt werden können, werden zu einem reduzierten Faktor (in der Regel 0,25 bis 0,6) berücksichtigt. Das Total der so berechneten Fläche, umgerechnet in Tausendstel, ergibt die «rohe Wertquote». Diese wird mit Gewichtungsfaktoren, den Koeffizienten, weiter verfeinert. So finden Aspekte wie Lage, Höhe, Besonnung, Aussicht etc. Eingang in die Berechnung. Die korrekte Bestimmung der Wertquoten ist äusserst schwierig und sollte deshalb immer durch eine ausgewiesene Fachperson vorgenommen werden (mehr dazu auf Seite 177).

Die Bedeutung der Wertquote
Beim Kauf einer Eigentumswohnung werden Sie meist mit bereits festgelegten Wertquoten konfrontiert. Trotzdem sollten Sie Ihre Quote genauer unter die Lupe nehmen, denn sie hat eine grosse Bedeutung:
- Die Wertquote nennt Ihren Miteigentumsanteil an der Gesamtliegenschaft.
- Die gemeinschaftlichen Kosten werden – wenn nicht ein anderer Kostenverteiler festgelegt wurde – nach Wertquoten aufgeteilt.
- Bei bestimmten Geschäften ist für die Beschlussfassung der Stockwerkeigentümergemeinschaft nicht nur ein Mehr nach Köpfen, sondern auch nach Wertquoten erforderlich (siehe Seite 162).

Keinerlei Aussagekraft kommt der Wertquote hingegen zu, wenn es um den Verkehrswert und den Kaufpreis einer Stockwerkeigentumseinheit geht. Dieser wird viel stärker von anderen Faktoren beeinflusst, beispielsweise von der Situation auf dem Immobilienmarkt.

Stockwerkeigentum im Baurecht

Immer häufiger wird Stockwerkeigentum in letzter Zeit auch im Baurecht errichtet. Eine solche Eigentumswohnung können Sie zu günstigeren Bedingungen erwerben, denn Sie müssen den Boden, auf dem das Gebäude steht, nicht mitkaufen. Sie bezahlen dafür lediglich einen jährlichen Baurechtszins. Ob Sie damit längerfristig besser fahren, sollten Sie allerdings genau prüfen.

Komplizierte rechtliche Konstruktion mit Konfliktpotenzial

Aus rechtlicher Sicht ist die Errichtung von Stockwerkeigentum im Baurecht eine äusserst komplexe Angelegenheit, die auch für die Käuferin einige Fallstricke bereithalten kann: Ihre Rechte basieren auf dem Baurechtsvertrag, der Stockwerkeigentumsbegründung, dem Stockwerkeigentümerreglement sowie dem Kaufvertrag. Sind diese Dokumente nicht sauber aufeinander abgestimmt, ist das Konfliktpotenzial hoch.

Was ist ein Baurecht?

Das Baurecht ist eine Dienstbarkeit, mit der der Eigentümer eines Grundstücks einem Bauherrn das Recht einräumt, auf diesem Grundstück ein ober- oder unterirdisches Bauwerk zu errichten. Erhält der Baurechtsnehmer dieses Recht für mindestens 30 Jahre und wird ihm auch die Möglichkeit eingeräumt, es auf eine Drittperson zu übertragen, spricht man von einem selbständigen und dauernden Baurecht. Ein solches selbständiges und dauerndes Baurecht ist rechtlich einem «normalen» Grundstück gleichgestellt (Art. 655 ZGB); es wird dafür auch ein eigenes Grundbuchblatt eröffnet. Auf diesem Baurechts-Grundstück kann dann Stockwerkeigentum begründet werden.

Wer zahlt den Baurechtszins?
Nebst dem Kaufpreis für Ihre Einheit müssen Sie während der gesamten Eigentumsdauer den Baurechtszins leisten. Wie hoch dieser ist, steht im Baurechtsvertrag. Schuldnerin des Baurechtszinses ist die Stockwerkeigentümergemeinschaft; Sie als Mitglied der Gemeinschaft leisten Ihren Anteil im Verhältnis zu Ihrer Wertquote. Etwas anderes gilt nur, wenn es im Reglement festgehalten ist.

Achtung *Zwar haften Sie nicht direkt für die Schulden der Stockwerkeigentümergemeinschaft (siehe Seite 133). Trotzdem sollten Sie sich bewusst sein, dass Sie unter Umständen Ihre Wohnung verlieren können, wenn ein anderer Stockwerkeigentümer seiner Zahlungspflicht nicht nachkommt und sich der Baurechtsgeber pfandrechtlich entsprechend abgesichert hat. Lassen Sie sich von der beurkundenden Notarin oder einem anderen Sachverständigen aufklären.*

Die Höhe des Baurechtszinses ist gesetzlich nicht beschränkt, sondern wird von den Parteien vereinbart. Meist geht man bei der Berechnung vom Verkehrswert aus, der in der Regel zu einem Satz verzinst wird, der zwischen dem Satz für Sparkonten und demjenigen für erste Hypotheken liegt. Prüfen Sie auch alle Klauseln genau, welche die Anpassung des Zinses an veränderte Verhältnisse während der Baurechtsdauer regeln, und stellen Sie sicher, dass diese Klauseln längerfristig nicht zu einem Zins führen, der für Sie gar nicht mehr tragbar ist. Diese Gefahr besteht insbesondere dann, wenn der Baurechtszins lediglich an Indices, etwa den Landesindex der Konsumentenpreise, gebunden ist.

Der Heimfall und die Entschädigung dafür

Ein Baurecht wird auf eine bestimmte Zeit, maximal für 100 Jahre, errichtet. Nach Ablauf der vereinbarten Dauer fällt das Baurecht dahin und die auf dem Grundstück errichtete Baute – und damit auch Ihre Wohnung – geht ins Eigentum des Baurechtsgebers über. Dieser muss dafür gemäss Gesetz eine angemessene Heimfallentschädigung leisten (Art. 779d ZGB).

Eine im Baurecht errichtete Wohnung können Sie also nicht für immer und ewig ihr Eigen nennen. Informieren Sie sich, wann und zu welcher Heimfallentschädigung das Baurecht an den Baurechtsgeber zurückfällt. Beachten Sie dabei auch, dass Vereinbarungen im Baurechtsvertrag, wonach das Baurecht nach seinem Ablauf um eine weitere Anzahl Jahre verlängert werde, rechtlich nicht verbindlich sind.

Tipps
- *Das Gesetz enthält keine Bestimmungen darüber, wer im Baurechtsverhältnis die öffentlichen und privaten Lasten – zum Beispiel Steuern, Anschlussgebühren der Gemeinde und Ähnliches – zu tragen hat. Enthält der Baurechtsvertrag dazu keine Bestimmungen, ist die Gefahr gross, dass es zu Uneinigkeiten kommt, die für Sie unangenehm werden können. Prüfen Sie deshalb, ob und wie das im Baurechtsvertrag geregelt ist.*
- *Der Baurechtsgeber hat von Gesetzes wegen ein Vorkaufsrecht an jeder Stockwerkeigentumseinheit. Um nicht im freien Verkauf Ihrer Wohnung eingeschränkt zu sein, sollten Sie deshalb darauf achten, dass dieses Vorkaufsrecht im Baurechtsvertrag wegbedungen wurde und dass darin auch keine anderen Beschränkungen enthalten sind.*
- *Änderungen des Baurechtsvertrags sind rechtliche Verfügungen über das Stammgrundstück. Und für solche ist gemäss Stockwerkeigentumsrecht ein einstimmiger Beschluss aller Stockwerkeigentümer nötig. Um*

sinnvolle Änderungen des Baurechtsvertrags nicht unnötig zu erschweren, empfiehlt es sich, im Vertrag und im Reglement der Gemeinschaft eine Bestimmung aufzunehmen, dass Änderungen des Baurechtsvertrags mit Mehrheitsbeschluss möglich sind, soweit davon keine Sonderrechte betroffen sind.
- Beabsichtigen Sie, Stockwerkeigentum im Baurecht zu erwerben, ist eine umfassende Beratung und Beurteilung durch einen Sachverständigen noch viel wichtiger als beim «normalen» Stockwerkeigentum. Lassen Sie den Baurechtsvertrag, die Stockwerkeigentumsbegründung, das Reglement und Ihren Kaufvertrag genau überprüfen.

Eignen Sie sich für Stockwerkeigentum?

Als Stockwerkeigentümer besitzen Sie an Ihren eigenen vier Wänden ein Sonderrecht und sind quasi Eigentümer. Auf der anderen Seite sind Sie Miteigentümer an der Gesamtliegenschaft und damit Teil eines grösseren Ganzen. Alle Aufgaben, die ausschliesslich Ihre Einheit angehen, müssen Sie selber an die Hand nehmen; durch die Rechte der anderen Eigentümer und der Gemeinschaft sind Sie aber in der freien Entfaltung Ihrer Ideen beschränkt.

Beispiel *Die neun Stockwerkeigentümer der Gemeinschaft «Moosmatt» leben seit gut 15 Jahren mehr oder weniger friedlich zusammen. Nun aber droht Streit: Stockwerkeigentümer T. riecht durch seine offenen Fenster vor allem in den Sommermonaten «strenge Düfte». Auf dem Balkon, beklagt er sich gegenüber den anderen Stockwerkeigentümern, könne er sich bei diesem Gestank kaum mehr aufhalten. Herr T. geht der Sache auf den Grund. Einige Wochen und einige Beobachtungen später ist er sich sicher: Der Geruch kommt aus der Wohnung von Frau W., die direkt unter seiner liegt. Herr T. fordert also seine Nachbarin auf, für Abhilfe zu sorgen. Doch diese will von üblen Gerüchen in ihrer Wohnung gar nichts wissen und gewährt Herrn T. auch keinen Zutritt. Weil Frau W. auch sonst sehr zurückgezogen lebt und, so weit Herr T. weiss, noch nie jemanden in ihre Wohnung gelassen hat, ist er überzeugt, die Nachbarin habe etwas zu verbergen.*

Nun wendet sich Herr T. an den Verwalter und bittet ihn, in der Wohnung von Frau W. mal nachzusehen. Aber auch den Verwalter lässt Frau W. nicht über die Schwelle. In der nächsten Stockwerkeigentümerversammlung stellt Herr T. deshalb den Antrag, seine Nachbarin sei gerichtlich zu verpflichten, den Verwalter in die Wohnung zu lassen, wie das im Reglement vorgesehen sei. Der Antrag wird angenommen; aber Frau W. widersetzt sich immer noch, die Sache eskaliert und schliesslich kommt es zum Gerichtsverfahren.

Einmal abgesehen davon, dass Frau W. auch vor Gericht unterliegen wird, weil sie einen rechtmässig gefassten Beschluss der Gemeinschaft sabotiert – durch ihr Verhalten isoliert sie sich und bringt den Frieden in der Gemeinschaft gehörig ins Wanken. Auch wenn die neun Eigentümer schliesslich doch noch eine gemeinsame Lösung finden sollten, dürfte das eingeleitete Gerichtsverfahren seine Spuren hinterlassen. Das Zusammenleben wird zumindest für ein paar Jahre kaum mehr so problemlos sein wie zuvor. Das gegenseitige Misstrauen wird dazu führen, dass auch alle anderen gemeinsamen Aufgaben wie die Gartenpflege oder notwendige Reparaturarbeiten nur noch mit grossem Aufwand erledigt werden können. Und das zieht zusätzliche Kosten für alle Beteiligten nach sich. Wer im Stockwerkeigentum leben will, muss sich bewusst sein, dass er oder sie Teil einer Gemeinschaft ist und sich an die «Spielregeln» zu halten hat. Anders funktioniert's nicht.

Die wichtigsten Instanzen im gemeinsamen Gefüge

Die Gemeinschaft in einer Stockwerkeigentumsliegenschaft ist ein komplexes Gebilde mit mehreren Faktoren, die einen ganz direkten Einfluss auf Ihren Alltag haben:

- **Die anderen Eigentümer:** Im Mehrfamilienhaus, aber auch in einer Reihenhaussiedlung lebt man eng aufeinander. Die anderen Eigentümer mit ihren Eigenarten, ihren musikalischen Vorlieben und ästhetischen Ansprüchen, ihren Familienfesten und Familienzwisten fordern täglich Ihre Toleranz. Und weil die Liegenschaft allen gehört und alle etwas angeht, kommt man sich näher als in einem Miethaus, in dem die Mieter zu vielen Geschäften gar nichts zu sagen haben.

- **Die Versammlung** der Stockwerkeigentümer ist das oberste Organ Ihrer Gemeinschaft. Sie haben ein Mitspracherecht, müssen sich aber den Beschlüssen der Versammlung beugen, auch wenn Sie einmal nicht einverstanden sind. Was hier beschlossen wird, betrifft Sie ganz direkt: Wenn eine Renovation der Liegenschaft ansteht, entscheidet die Versammlung über den Umfang und die Qualität der Arbeiten – und das hat einen Einfluss auf den Wert Ihrer Einheit. Und wenn Ihre Kinder auf dem Rasen Fussball spielen möchten, alle anderen aber gepflegte Blumenrabatten vorziehen, werden Sie sich damit abfinden müssen (mehr dazu auf Seite 151).
- **Der Verwalter** – falls Ihre Gemeinschaft einen hat – kümmert sich um die gemeinschaftlichen Aufgaben, zahlt Rechnungen, beaufsichtigt den Hauswart, gibt kleinere Reparaturen in Auftrag. Er ist Ihre erste Ansprechperson in allen Dingen, die die gemeinsame Liegenschaft betreffen (siehe Seite 142).
- **Das Reglement** der Stockwerkeigentümergemeinschaft sagt, welche Regeln im Zusammenleben gelten. Es kann Sie auch in Ihren eigenen vier Wänden einschränken, beispielsweise mit Auflagen dazu, welche Art Gewerbe Sie in Ihrer Wohnung ausüben dürfen (siehe Seite 122).
- **Die Hausordnung** schliesslich hat eine ähnliche Funktion wie im Miethaus. Darin sind die Details des Zusammenlebens geregelt: Ruhezeiten, Waschküchenbenutzung und Ähnliches (mehr dazu auf Seite 126).

Vor- und Nachteile im Vergleich zur Mietwohnung

Wer den Schritt von der Miet- zur Eigentumswohnung macht, will die Vor- und Nachteile kennen. Ein genereller Vergleich ist allerdings schwierig, zu viel hängt von der konkreten Situation und auch von den kantonalen Gesetzesbestimmungen ab – insbesondere vom Steuerrecht. Folgende Überlegungen helfen Ihnen bei der Abwägung:
- Der Verwaltungs- und Administrativaufwand einer Stockwerkeigentümerin ist deutlich höher als derjenige eines Mieters. Sind beispielsweise Reparaturen oder Erneuerungen in Ihrer Wohnung fällig, müssen Sie selber Kostenvoranschläge einholen, Handwerker beauftragen und schliesslich die Abrechnungen überprüfen.

- Mit der Verwaltung der eigenen Einheit haben Sie noch nicht alle Ihre Aufgaben erfüllt. Sie haben nämlich auch gemeinschaftliche Pflichten und müssen beispielsweise die vom Verwalter erstellte Abrechnung kontrollieren.
- Im Rahmen der Beschlussfassung in der Versammlung müssen Sie sich auch mit allen Fragen auseinander setzen, welche die Gemeinschaft als ganze betreffen – beispielsweise mit dem defekten Dach, mit dem Garten, mit Auflagen der Gemeinde oder mit Ansinnen der Nachbarn.
- Als Stockwerkeigentümer, der ja auch finanziell beteiligt ist, werden Sie sich bei Fragen des Unterhalts und Ausbaus der Liegenschaft häufiger einmischen. Das tun aber auch alle anderen Eigentümer, was immer wieder zu Konflikten führen kann.

Diesen Nachteilen stehen selbstverständlich alle Vorteile der Eigentümerstellung gegenüber, insbesondere:
- Sie sind unabhängig und können über Ihre Einheit selbständig verfügen.
- Je nach Marktlage und Standort stellt die Eigentumswohnung eine gute Vermögensanlage und Altersvorsorge dar.
- Wohneigentum bietet – je nach Kanton unterschiedlich grosse – steuerliche Vorteile.

2. Die Finanzierung

Nachdem Sie das Produkt «Stockwerkeigentum» kennen, stellt sich die Frage, in welcher Ausführung Sie es sich leisten können und wollen. Die Finanzierung von Stockwerkeigentum umfasst allerdings mehr als nur den Kaufpreis. Auch der laufende Unterhalt und die Fixkosten müssen mit eingerechnet werden.

Erste Überlegungen

Bevor Sie sich auf die Suche nach einer Stockwerkeigentumswohnung machen, müssen Sie den finanziellen Rahmen abstecken. Wie viel Ihr Eigenheim kosten darf, hängt von zwei Faktoren ab:
- Erstens stellt sich die Frage, wie viel Eigenkapital Sie beisteuern können und in welchem Umfang Sie Fremdkapital aufnehmen müssen.
- Zweitens müssen Sie sicherstellen, dass Sie die Zinsen für das Fremdkapital, die festen Wohnkosten und Rückstellungen für Unvorhergesehenes sowie Renovationsarbeiten auch in Zukunft finanzieren können.

Rund 20 Prozent des Kaufpreises müssen Sie aus eigenen Mitteln aufbringen. Als Eigenkapital können Sie neben Sparguthaben und Wertschriften auch Pensionskassengelder sowie Versicherungsguthaben einsetzen. Das in Ihre Wohnung investierte Eigenkapital bringt in Zukunft keine Zinserträge mehr. Hatten Sie Ihr Vermögen vorher gut angelegt, kann der Zinsverlust zu einer empfindlichen Einbusse führen. Auch dies sollten Sie in die Kalkulation Ihrer finanziellen Möglichkeiten mit einbeziehen.

Den weitaus grösseren Teil Ihrer Eigentumswohnung werden Sie mit Fremdkapital finanzieren, mit Geld also, das Sie von einem Finanzinstitut ausleihen. Hypothekaranbieter sind die Banken, die Post oder Versicherungsgesellschaften. Die Verzinsung dieses Fremdkapitals wird einen Grossteil Ihrer zukünftig anfallenden festen Wohnkosten ausmachen: Je höher der Fremdkapitalanteil, desto höher der Zinsaufwand und in der Folge die Wohnkosten. Dies umso mehr, als der Zinssatz für Fremdkapital bei einer hohen Verschuldung in der Regel steigt, weil der Kapitalgeber ein grösseres Risiko eingeht.

Tipp *Als Faustregel können Sie davon ausgehen, dass Banken und Versicherer bereit sind, Ihnen ungefähr 80 Prozent des Kaufpreises vorzuschiessen – vorausgesetzt, der Hypothekarzins ist für Sie tragbar. Um Enttäuschungen und unnötigen Aufwand zu vermeiden, lohnt es sich aber auf jeden Fall, möglichst frühzeitig mit Kapitalgebern in Kontakt zu treten und sich – unter Offenlegung der exakten finanziellen Verhältnisse – beraten zu lassen.*

Die Tragbarkeitsrechnung

In der Regel sollten Sie nicht mehr als ein Drittel Ihres Einkommens für Wohnkosten ausgeben, wobei je nach Finanzinstitut vom Netto- oder Bruttoeinkommen ausgegangen wird. Jede höhere Quote führt unweigerlich zu Engpässen. Neben der Finanzierung Ihres Eigenheims wollen Sie ja auch noch leben können, ohne auf alles und jedes verzichten zu müssen. Kalkulieren Sie deshalb auch ein, dass Sie als Stockwerkeigentümer jährliche Nebenkosten für Unterhalt und die Verwaltung aufzubringen haben.

Beispiel einer Tragbarkeitsrechnung

Grundlagen der Berechnung
- Kaufpreis der Liegenschaft   Fr. 760 000.−
- Eigenkapital
  - Eigene Mittel: Fr. 100 000.−
  - Privates Darlehen: Fr. 80 000.−   Fr. 180 000.−
- Benötigtes Fremdkapital
  - 1. Hypothek: 65 % von Fr. 760 000.−   Fr. 494 000.−
  - 2. Hypothek: 11,3 % von Fr. 760 000.−
    (maximal 15 %)   Fr. 86 000.−
- Jährliches Nettoeinkommen   Fr. 125 000.−

Jährliche Kosten
- Zinskosten
  - 1. Hypothek à 4,5 %: Fr. 22 230.−
  - 2. Hypothek à 5,5 %: Fr. 4730.−   Fr. 26 960.−
- Amortisation (Fr. 86 000.− in 20 Jahren)   Fr.   4 300.−
- Zinskosten für privates Darlehen: 2 % (je nach
  Vereinbarung mit Darlehensgeber)   Fr.   1 600.−
- Nebenkosten: 1 % des Anlagewerts   Fr.   7 600.−
- Total jährliche Kosten   Fr. 40 460.−

Tragbarkeit
1/3 des Nettoeinkommens   Fr. 41 670.−
- Jahreskosten für Wohneigentum   − Fr. 40 460.−
Überschuss   Fr.   1 210.−

Wenn die Rechnung aufgeht oder einen Überschuss ergibt, ist die Liegenschaft finanziell tragbar.

Die Finanzinstitute stellen bei der Prüfung Ihres Hypothekargesuchs jeweils eine so genannte Tragbarkeitsrechnung an. In dieser Rechnung wird eruiert, wie hoch Ihre monatliche Belastung mit einem bestimmten Objekt sein wird und in welchem Verhältnis diese Belastung zu Ihrem Einkommen steht (Beispiel siehe Seite 37).

Um abschätzen zu können, ob eine ins Auge gefasste Immobilie für Sie finanziell tragbar ist können Sie die Tragbarkeitsrechnung auch selbst anstellen. Allerdings dürfen Sie darin nicht den gerade aktuellen Zinssatz einsetzen, sondern einen künftig zu erwartenden Durchschnittszins. Am besten erkundigen Sie sich bei verschiedenen Banken nach den Sätzen, von denen sie ausgehen, und nehmen für Ihre eigene Berechnung einen Durchschnitt daraus. Für die jährlichen Nebenkosten inklusive Rückstellungen rechnen die Finanzinstitute normalerweise mit 0,75 bis 1 Prozent des Anlagewerts (Kaufpreis plus Umbaukosten und Ähnliches). Seien Sie sich aber bewusst, dass dieses eine Prozent nicht zur Deckung der längerfristig anfallenden Erneuerungskosten ausreicht (siehe Seite 196).

Tipp *Auf den Homepages verschiedener Finanzinstitute finden Sie automatische Tragbarkeitsrechner. Dort brauchen Sie nur noch Ihre Zahlen einzusetzen und wissen sofort, ob Sie sich eine bestimmte Eigentumswohnung leisten können.*

Beratung einholen

Die Frage, wie viel Fremd- und wie viel Eigenkapital Sie beim Erwerb von Wohneigentum einsetzen sollen, lässt sich nicht generell beantworten. Das Verhältnis hängt von Ihrer gesamten finanziellen Situation und auch von den kantonalen Steuergesetzen ab. Bevor Sie Entscheide über Finanzierung und Finanzierungsformen treffen, sollten Sie sich deshalb mit einer sachverständigen Person über die verschiedenen Möglichkeiten und ihre Vor- und Nachteile unterhalten. Wenden Sie sich an die Kundenberaterin Ihrer Hausbank oder an einen unabhängigen Finanzberater.

Seien Sie sich dabei auch immer bewusst, dass es nicht Ihr Ziel sein sollte, einen möglichst grossen Anteil der Anlagekosten selber zu finanzieren, denn die Aufnahme von Fremdkapital bringt Steuervergünstigungen mit sich. Stehen Sie vor der Pensionierung, sollten Sie zudem bedenken, dass es nach Eintritt ins Rentenalter schwieriger oder gar unmöglich sein kann, neue Hypotheken aufzunehmen. Aus Sicht der Finanzinstitute sind unter Umständen zusätzliche Schuldzinsen wegen des tieferen Renteneinkommens nicht mehr tragbar. Dies kann vor allem dann zu Problemen führen, wenn Sie noch eine Renovation oder einen Umbau planen.

Tipps
- Wenn Sie einen Berater suchen, holen Sie zwei, drei Offerten ein, lassen Sie sich Referenzen geben und überprüfen Sie diese.
- Um die beste Lösung zu finden, benötigt Ihre Beraterin möglichst detaillierte, in keiner Weise beschönigte Angaben zur Zusammensetzung Ihres Vermögens und zu Ihren Einkommensverhältnissen, aber auch Informationen über das Objekt, das Sie zu kaufen beabsichtigen. Geben Sie möglichst exakt Auskunft.

Unterlagen für das Beratungsgespräch

- Aktueller Grundbuchauszug oder Kaufvertragsentwurf mit Grundstücksbeschrieb und Angaben über die aktuellen Pfandrechte
- Situationsplan
- Angaben über Kaufpreis
- Baupläne und Baubeschrieb (bei Neubauten auf jeden Fall, ansonsten soweit vorhanden)
- Gebäudeversicherungsausweis
- Nettwohnflächen-Berechnung
- Stockwerkeigentumsbegründungsakt und Stockwerkeigentumsreglement mit Wertquotenangaben
- Bei Stockwerkeigentum im Baurecht: Baurechtsvertrag
- Falls Renovation oder Umbau geplant: Umbaupläne, Beschrieb und Kostenvoranschlag
- Lohnausweis oder für Selbständigerwerbende letzte Steuererklärung und Geschäftsabschlüsse
- Zusammenstellung der Eigenmittel
- Bei Finanzierung mit Pensionskassenguthaben: Pensionskassenausweis
- Amtlicher Ausweis (Pass, ID, Führerausweis)

Woher kommt das Eigenkapital?

Zum «Eigenkapital» gehört alles, was Sie selber beibringen, was also nicht mit einem Hypothekarkredit finanziert werden muss. Das sind natürlich zuerst einmal Ihre Sparguthaben und Wertschriften: Wie viel Bargeld wollen Sie für den Kauf Ihrer Wohnung einsetzen, wie viel sollten Sie als Reserve für die nächsten Monate auf dem Konto zurückbehalten? Wenn Sie Aktien, Obligationen oder Anlagefonds einsetzen, stellt sich die Frage, wie günstig der Zeitpunkt für einen Verkauf ist. Möglicherweise fahren Sie besser, wenn Sie die Wertpapiere nicht verkaufen, sondern bloss verpfänden.

Neben diesen direkt zugänglichen Finanzquellen können Sie aber auch andere Mittel einsetzen, um weniger Bankhypotheken aufnehmen zu müssen – die wichtigsten:
- Guthaben bei der Pensionskasse
- Erbvorbezug
- Privatdarlehen

Finanzierung mit Pensionskassenguthaben

Arbeitnehmerinnen und Arbeitnehmer, die ein jährliches Mindesteinkommen erreichen, sind obligatorisch der beruflichen Vorsorge unterstellt und leisten gemeinsam mit ihrem Arbeitgeber Beiträge an eine Pensionskasse. Das Guthaben, das Sie durch diese Beiträge äufnen, ist gebunden. Sie können darüber nicht frei verfügen, sondern erhalten nach Ihrer Pensionierung eine Rente bzw. eine Kapitalauszahlung.

Weil auch der Erwerb von Wohneigentum in gewissem Sinn der Vorsorge dient, besteht seit dem 1. Januar 1995 die Möglichkeit, für den Bau oder den Kauf eines selbst bewohnten Hauses bzw. einer Wohnung einen Teil des Pensionskassenguthabens im Voraus zu beziehen. Selbstverständlich reduziert sich im Umfang dieses Bezugs Ihr Versicherungsschutz. Aus diesem Grund stellt das Gesetz für den Vorbezug von Pensionskassengeld einige Bedingungen auf:

- Ein Vorbezug ist nur alle fünf Jahre möglich; der Mindestbezug beträgt 20 000 Franken. Für den Kauf von Anteilscheinen an einer Wohnbaugenossenschaft ist kein Mindestbetrag verlangt.

- Bis zum 50. Altersjahr können Sie Ihre gesamte Freizügigkeitsleistung vorbeziehen. Sind Sie älter als 50, können Sie entweder die Hälfte Ihrer aktuellen Freizügigkeitsleistung beziehen oder die ganze Summe, die Ihnen mit 50 zugestanden wäre – je nachdem, welcher Betrag höher ausfällt. Gar nichts mehr beziehen dürfen Sie, wenn Sie weniger als drei Jahre vor der frühest möglichen Pensionierung stehen.
- Pensionskassenguthaben können Sie nur für dauernd selbst bewohntes Wohneigentum einsetzen. Eine Ferienwohnung beispielsweise lässt sich damit nicht finanzieren.
- Sind Sie verheiratet, brauchen Sie für den Vorbezug die schriftliche Zustimmung Ihres Ehepartners oder Ihrer Partnerin.

Tipps
- *Auskunft darüber, wie hoch der Betrag ist, den Sie für Wohneigentum vorbeziehen können, erhalten Sie bei Ihrer Pensionskasse. Oft ist der Betrag auch auf Ihrem Vorsorgeausweis vermerkt.*
- *Bevor Sie die Finanzierung Ihres Eigenheims mit Hilfe von Pensionskassenguthaben ins Auge fassen, bedenken Sie Folgendes: Die Rendite auf Pensionskassenguthaben ist in der Regel gut, der Zinssatz auf Hypotheken zurzeit äusserst tief. Ein Vorbezug ist deshalb in finanzieller Hinsicht heute wenig attraktiv. Zudem muss der bezogene Betrag je nach kantonalem Steuergesetz versteuert werden.*

Verpfänden statt vorbeziehen

Mit einem Vorbezug des Pensionskassenguthabens sind Leistungskürzungen verbunden. Ihre Altersrente wird tiefer ausfallen und bei einigen Vorsorgeeinrichtungen wird auch die Leistung im Invaliditäts- oder Todesfall reduziert. Wollen Sie keine Einbusse bei der Altersrente, müssen Sie das vorbezogene Kapital inklusive Zinsen bis zu Ihrer Pensionierung wieder einzahlen. Leistungseinbussen bei Tod oder Invalidität können Sie mit einer Zusatzversicherung auffangen. Ihre Vorsorgeeinrichtung muss Ihnen eine solche Möglichkeit anbieten oder vermitteln. Die Prämien dafür sollten Sie aber unbedingt in Ihrer Budgetplanung berücksichtigen.

Anstelle eines Vorbezugs lässt sich das Pensionskassenguthaben auch verpfänden. Dabei dient das Kapital der Bank als Sicherheit und diese gewährt Ihnen dafür ein Darlehen in der Höhe der verpfändeten

Summe zu Zinsbedingungen, die ungefähr denjenigen einer ersten Hypothek entsprechen. Die Verpfändung ist also eigentlich keine Aufstockung des Eigenkapitals. Doch wegen der hohen Sicherheit akzeptieren die Banken eine Finanzierung mit Fremdkapital bis zu 90 Prozent des Kaufpreises.

Wenn Sie Ihr Pensionskassengeld verpfänden, bleibt Ihr Versicherungsschutz bestehen und das ganze Alterskapital wird weiter von der Pensionskasse verzinst. Auch werden keine Steuern fällig und Sie können erst noch höhere Hypothekarzinsen zum Abzug bringen. Allerdings müssen Sie diese Zinsbelastung auch in Zukunft tragen können.

Tipp *Die Verpfändung von Guthaben der 2. Säule ist eine attraktive Möglichkeit, um Ihre Hypothek zu erhöhen. Erkundigen Sie sich bei Ihrer Bank und lassen Sie sich von einer Fachperson beraten.*

Geld aus der Säule 3a

Auch Guthaben, die Sie in der gebundenen Vorsorge 3a angespart haben, können Sie zum Erwerb von selbst genutztem Wohneigentum einsetzen. Die Bedingungen sind dieselben wie bei der 2. Säule: Das Kapital kann vorbezogen werden – was ebenfalls steuerpflichtig ist – oder einem Finanzinstitut als Sicherheit für mehr Fremdkapital verpfändet werden. Im Unterschied zu den Pensionskassengeldern gibt es beim Bezug aus der Säule 3a keine untere Limite; ein Bezug ist aber ebenfalls nur alle fünf Jahre möglich.

Private Darlehen und Erbvorbezug

Eine häufig genutzte Möglichkeit, die Eigenmittel aufzustocken, sind **Privatdarlehen**. Zu welchen Konditionen Sie ein solches aufnehmen wollen und können, hängt von Ihrer persönlichen Situation ab. Die Zinssätze vereinbaren Sie direkt mit der Darlehensgeberin; meist liegen sie im Bereich der Zinsen einer ersten Hypothek oder darunter. Es kann auch abgemacht werden, dass keine Zinsen bezahlt werden müssen.

Die Darlehenszinsen und die Schuld können Sie in der Steuererklärung vom Einkommen bzw. vom Vermögen abziehen; versteuert wird die Summe weiterhin von der Darlehensgeberin. Allerdings laufen solche Darlehen oft nur über eine beschränkte Zeit. Zudem müssen Sie sich bewusst sein, dass finanzielle Abhängigkeiten eine Freundschaft stark belasten können.

Tipp *Damit es im Problemfall nicht zu Streitereien kommt, sollten Sie unbedingt einen Darlehensvertrag abschliessen, in dem Laufzeit, Zinssatz und Fälligkeit der Zinsen klar geregelt sind. Lassen Sie den Vertrag von einem Sachverständigen überprüfen.*

Sind Ihre Eltern in einer günstigen finanziellen Situation, können Sie eventuell auch einen **Erbvorbezug** erhalten: Die Eltern überlassen Ihnen eine bestimmte Summe schon zu Lebzeiten. Bei dieser Möglichkeit der Eigenkapitalbeschaffung sollten Sie folgende Punkte beachten:

- Erbvorbezüge dürfen die Pflichtteile der anderen Erben nicht beeinträchtigen; sonst kann es spätestens bei der Erbteilung zu Streit kommen.
- Ein Erbvorbezug unterliegt – wenn nichts anderes vereinbart wurde – der so genannten Ausgleichungspflicht. Das heisst, bei der späteren Erbteilung wird der Betrag an Ihren Erbteil angerechnet. Ist nichts anderes abgemacht, müssen Sie sich aber weder Zinsen noch die Teuerung anrechnen lassen. Damit es nicht zum Streit mit anderen Erben kommt, sollte unbedingt schriftlich festgehalten werden, ob und in welchem Umfang Sie sich den Betrag anrechnen lassen müssen.
- Erbvorbezüge sind steuerpflichtig. Die meisten Kantone verzichten aber auf eine Erbschafts- bzw. Schenkungssteuer, wenn es um die direkten Nachkommen geht.

Wohnbau- und Eigentumsförderungsgesetz (WEG): aufs Eis gelegt

Bis Ende 2001 förderte der Bund die Erstellung und den Erwerb von Wohneigentum. Er unterstützte angehende Eigenheimbesitzer, wenn die Immobilie den baulichen Anforderungen des Gesetzes entsprach und eine festgelegte Kostengrenze nicht überschritten wurde. Aufgrund von Sparmassnahmen sind diese Darlehen bis Ende 2008 vorläufig eingestellt worden. Die bereits zugesprochenen WEG-Hilfen werden noch während 25 Jahren auf der alten Rechtsgrundlage weitergeführt.

Fremdkapital: die Hypothek

Den grössten Anteil an die Finanzierung von Stockwerkeigentum steuert in der Regel ein Hypothekarkredit bei – ein langfristiges Darlehen einer Bank, der Post oder einer Versicherungsgesellschaft.

Hypotheken werden durch ein auf dem Eigentum lastendes Grundpfand sichergestellt. Dieses Pfandrecht wird meist mit einem Schuldbrief oder einer Grundpfandverschreibung dokumentiert. Je nach Höhe des Darlehens wird Ihnen die Bank eine Aufteilung in eine erste Hypothek – ca. zwei Drittel des Verkehrswerts – und eine zweite anbieten. Die zweite Hypothek müssen Sie innert einer bestimmten Frist amortisieren, das heisst zurückzahlen. Diese Konstruktion soll gewährleisten, dass die hohen Anfangsschulden nicht zur Dauerbelastung werden.

Vergleichen lohnt sich

Die verschiedenen Finanzinstitute offerieren eine ganze Palette von unterschiedlichen Hypotheken. Ein Vergleich der Angebote lohnt sich auf jeden Fall. Allerdings genügt es nicht, bloss die von den Banken publizierten Zinssätze zu vergleichen, Sie müssen mehrere konkrete Offerten einholen. Der Zinssatz, zu dem Sie heute Hypotheken offeriert bekommen, hängt nämlich wesentlich von Ihren eigenen finanziellen Verhältnissen ab. Beachten Sie vor allem folgende Punkte:

- **Rating:** Aufgrund Ihrer finanziellen und auch Ihrer familiären Situation stuft jedes Finanzinstitut Ihre Kreditwürdigkeit ein. Dieses Rating und damit der offerierte Zinssatz kann von Finanzinstitut zu Finanzinstitut ganz unterschiedlich ausfallen. Ein gutes Rating kann bis zu einem halben Prozent Zins ausmachen!
- **Zinsusanz:** Die Zinsen werden nicht bei allen Hypothekarformen und Finanzinstituten gleich berechnet. Bei der internationalen Zinsusanz – sie wird vor allem bei Libor-Hypotheken angewendet – zahlen Sie den Zins für die effektive Anzahl Tage des Jahres (also 365 oder 366), bei der Schweizer Usanz generell nur für 360 Tage. Die internationale Usanz ist also teurer.
- **Gebühren:** Auch die Bearbeitungsgebühren des Finanzinstituts haben einen Einfluss auf Ihre zukünftige finanzielle Belastung.

- **Anzahl Raten:** Prüfen Sie zudem, in wie vielen Raten Sie den jährlichen Hypothekarzins zu bezahlen haben. Je später Sie den aufgelaufenen Zins leisten müssen, desto länger können Sie von diesem Kapital profitieren.

Faktoren, die das Rating bestimmen

- **Höhe der Belehnung Ihrer Eigentumswohnung:** Hier geht es um das Verhältnis zwischen der Hypothekarschuld und dem Verkehrswert Ihrer Einheit. Je tiefer die Verschuldung und damit die Belehnungshöhe, desto geringer ist das Kreditausfallrisiko für die Bank und desto positiver ist das für Ihr Rating.
- **Tragbarkeit der Zinslast:** Die Tragbarkeitsrechnung zeigt das Verhältnis zwischen Ihrem Einkommen und der Zinslast (siehe Seite 37). Je besser dieses Verhältnis, desto günstiger fällt Ihr Rating aus.

Welches ist die richtige Hypothek?

Jedes Finanzinstitut bezeichnet seine verschiedenen Hypotheken mit ganz unterschiedlichen Namen. Dabei handelt es sich in der Regel aber um Variationen einiger Grundformen.

- **Variable Hypothek:** Dies ist die konventionellste Form. Der Zinssatz richtet sich nach den Verhältnissen am Kapitalmarkt und wird diesen laufend angepasst. Das bringt es mit sich, dass sich Ihr Hypothekarzins dauernd ändert. Bei Zinserhöhungen steigt Ihre Belastung, bei Senkungen profitieren Sie. Die Laufzeit der ersten Hypothek ist grundsätzlich unbefristet; die zweite Hypothek allerdings müssen Sie amortisieren – in der Regel innert 20 Jahren. Das führt zu einer kontinuierlichen Reduktion Ihrer Hypothekarbelastung, sofern Sie direkt amortisieren (siehe Seite 48).
- **Festhypothek:** Die Banken offerieren Festhypotheken normalerweise mit einer fixen Laufzeit. Während dieser Zeit bleibt der Zinssatz unverändert und wird nicht dem aktuellen Markt angepasst. Dies bringt für Sie den Vorteil, dass Sie Ihre Zinskosten über einige Jahre exakt budgetieren können und kein Risiko eingehen. Bei Ablauf gilt dann allerdings der aktuelle Satz für Neuhypotheken – was je nach Zinssiutation zu einer erheblichen Mehrbelastung führen kann.

- **Zinsstufenhypothek:** Bei der Zinsstufenhypothek gewährt Ihnen die Bank in den ersten Jahren eine Ermässigung. Sie zahlen also weniger als den aktuellen Marktzins. Der Fehlbetrag wird in späteren Jahren auf den Marktzins geschlagen. Ihr Vorteil: Die Zinsbelastung fällt in der Anfangsphase, in der Sie eventuell eine Zweithypothek amortisieren müssen, geringer aus. Seien Sie sich aber bewusst, dass Ihnen die Bank keinen Zins schenkt, sondern den erlassenen Betrag später einfordert. Einzelne Banken kapitalisieren die Zinsermässigungen der ersten Jahre und schlagen sie zur Hypothek dazu, was zu einer entsprechend höheren Verschuldung führt.
- **Annuitätenhypothek:** Bei diesem Finanzierungsmodell – auch Konstanthypothek genannt – ist der Zinssatz zwar variabel wie bei der konventionellen Hypothek. Trotzdem schulden Sie der Bank jährlich einen fixen Betrag, die Annuität, die sich aus einem Zins- und einem Amortisationsanteil zusammensetzt. Sinkt der Zinssatz, erhöht sich der Amortisationsanteil ohne zusätzliche Belastung für Sie. Steigt der Zinssatz hingegen, wird die Amortisationsquote entsprechend tiefer. Sie profitieren also während der Laufzeit der Annuitätenhypothek von einer kontinuierlichen Budgetierung und einem zunehmenden Schuldenabbau.
- **Libor-Hypothek:** Bei einer Libor-Hypothek richtet sich der Zinssatz nach dem Euro-Geldmarktsatz (**London Interbank Offered** Rate). Auf diesen Basiszinssatz schlägt die Bank je nach Kundenrating 1 bis 1,5 Prozent. Angepasst wird Ihr Hypothekarzinssatz je nach Finanzinstitut in einem Rhythmus von drei, sechs oder zwölf Monaten. Der Vorteil der Libor-Hypothek liegt in der völlig transparenten, marktgerechten Zinsgestaltung. Nachteilig sind dagegen die grossen Schwankungen. Um sich gegen allzu stark ansteigende Zinsen abzusichern, können Sie ein Zinsdach – einen Cap – vereinbaren. Dafür zahlen Sie jedoch eine Prämie, die von der Höhe der Hypothek und von der Laufzeit des Vertrags abhängt. Umgekehrt lässt sich auch ein Minimalzins vereinbaren, was eine entsprechende Reduktion zur Folge hat.
- **Kombinierte Hypotheken:** Kombi- oder Mix-Hypotheken verbinden die Elemente einer variablen und einer festen Hypothek. Dadurch wird ein Teil der Hypothek festverzinslich, der Rest richtet sich beispielsweise nach dem Libor. Mit einer solchen Aufteilung lässt sich das Zinsrisiko dosieren und an Ihre Risikobereitschaft anpassen.

Diese Grundformen stellen selbstverständlich nicht die ganze Palette dar. Viele Banken verfügen über kombinierte Angebote; die Zinssätze dafür variieren und werden regelmässig an die Marktsituation angepasst. Im Internet bieten verschiedene Institutionen Vergleiche der aktuellen Hypothekarangebote sowie weitere Informationen zu Fragen der Finanzierung an – beispielsweise das VZ Vermögenszentrum (www.vzonline.ch), das Bundesamt für Wohnungswesen (www.bwo.admin.ch) oder der Vergleichsdienst www.comparis.ch.

Bedenken Sie aber, dass sich Einsparungen heute nicht mehr unbedingt mit der Wahl einer bestimmten Hypothek bei einer bestimmten Bank erzielen lassen. Durch den starken Konkurrenzkampf und die Transparenz des Marktes sind die Zinsunterschiede für vergleichbare Hypothekarmodelle nur noch gering. Geld lässt sich vor allem mit der richtigen Zinsstrategie sparen. Entscheidend ist dabei Ihre Einschätzung der Zinsentwicklung sowie das Risiko, das Sie bei einer für Sie ungünstigen Entwicklung eingehen können. In Anbetracht der Gelder, die sich mit der richtigen Zinsstrategie sparen lassen, ist eine professionelle Beratung sicherlich angezeigt. Eine exakte Prognose allerdings wird auch ein Berater nicht abgeben können.

Yen-Hypotheken: Finger weg!

In Zusammenhang mit der Wirtschaftskrise in Japan und dem Zusammenbruch des dortigen Kapitalzinsmarkts werden auch in der Schweiz Yen-Hypotheken zu äusserst günstigen Konditionen angeboten. Von dieser Form der Finanzierung sollten Sie jedoch die Finger lassen. Die Kosten einer Yen-Hypothek hängen nämlich wesentlich vom Kursverhältnis zwischen dem Schweizerfranken und dem Yen ab, denn die Hypothek muss am Ende der Laufzeit in Yen zurückerstattet werden. Verändert sich der Wechselkurs zulasten des Schweizerfrankens, kann dies hohe Zusatzkosten bedeuten. Fassen Sie dennoch eine Yen-Hypothek ins Auge, lassen Sie sich auf jeden Fall seriös beraten!

Tipps • *Eine Libor-Hypothek ist vor allem für Stockwerkeigentümer geeignet, die direkt von fallenden Zinsen profitieren wollen, aber auch bereit und in der Lage sind, das Risiko von höheren Zinssätzen einzugehen.*

- In Zeiten tiefer Zinsen und vor allem, wenn Sie mit einem längerfristigen Anstieg rechnen, bietet sich die Festhypothek an. Möchten Sie das Risiko einer Erneuerung zu einem ungünstigen Zeitpunkt reduzieren, können Sie die Hypothekarsumme in zwei Tranchen mit unterschiedlichen Laufzeiten aufteilen.
- Verschiedene Institute bieten Ersterwerbern oder Familien mit Kindern Starthypotheken mit einem Zinsbonus an.
- Einzelne Banken gewähren günstigere Hypotheken für Objekte, die nach streng ökologischen Massstäben gebaut wurden.

Die Amortisation der zweiten Hypothek

Die zweite Hypothek muss – in der Regel innert 20 Jahren – zurückgezahlt werden. Dabei haben Sie grundsätzlich zwei Möglichkeiten: Sie amortisieren direkt und zahlen das Geld Jahr für Jahr der Bank zurück. Oder Sie wählen die indirekte Amortisation über ein Vorsorgekonto.

Vorteilhaft: die indirekte Amortisation

Prüfen Sie die Möglichkeit der indirekten Amortisation, denn die steuerlichen Vorteile sind gross – zumindest so lange das Steuergesetz den Abzug der Hypothekarkosten vom steuerbaren Einkommen zulässt. Wenn Sie indirekt amortisieren, überweisen Sie die Amortisationsbeiträge auf ein steuerbegünstigtes Konto der Säule 3a oder in eine Säule-3a-Police. Erst wenn dieses Guthaben bei der Pensionierung zur Auszahlung gelangt, wird es zur Amortisation der Hypothek verwendet. Von diesem Vorgehen profitieren Sie in dreifacher Weise:

- Die zweite Hypothek bleibt stehen und Sie können daher die vollen Schuldzinsen steuerlich absetzen.
- Die Einzahlungen auf das Vorsorgekonto können Sie im gesetzlich zulässigen Umfang vom steuerbaren Einkommen abziehen.
- Sie erhalten auf dem Amortisationsbetrag die günstigeren Zinssätze der Vorsorgekonten.

Achtung *Sollten der Eigenmietwert und die Möglichkeit, Hypothekarzinsen vom steuerbaren Einkommen abzuziehen, abgeschafft werden, sind indirekte Amortisationen auf einen Schlag steuerlich uninteressant.*

Die Hilfe der Hypothekar-Bürgschaftsgenossenschaft

Mit dem Ziel, die Wohneigentumsförderung auf eine breitere Basis zu stellen, wurde Ende 1992 auf Initiative des Bundesamts für Wohnungswesen unter der Federführung des HEV Zürich die Hypothekar-Bürgschaftsgenossenschaft für Wohneigentumsförderung HBW gegründet. Zweck dieser Genossenschaft ist die Erleichterung des Erwerbs, der Erstellung und Erneuerung von selbst genutztem Wohneigentum.

Die HBW leistet gegenüber der Hypothekarbank eine Solidarbürgschaft. Verbürgt werden meist der Betrag der zweiten Hypothek und darüber hinaus bis zu 90 Prozent des Kaufpreises. Die Bank verpflichtet sich, während der ganzen Dauer der Bürgschaft für den verbürgten Betrag höchstens den üblichen Zinssatz für erste Hypotheken und gute Schuldnerbonität anzuwenden.

Dank der HBW lässt sich also Ihre Eigentumswohnung mit nur zehn Prozent Eigenkapital finanzieren. Für luxuriöse Wohnungen allerdings erhalten Sie keine Bürgschaft, zudem müssen Ihre persönlichen und finanziellen Verhältnisse einigen Kriterien standhalten. Erkundigen Sie sich bei Ihrer Bank oder direkt bei der HBW (Adresse im Anhang).

Die Bürgschaft der HBW ist natürlich nicht gratis. Neben einer Verwaltungskostenentschädigung zahlen Sie jedes Jahr eine Bürgschaftsprämie von 0,2 bis 2 Prozent des verbürgten Betrags. Hinzu kommen die Kosten für die Vorabklärung und die definitive Behandlung Ihres Antrags sowie weitere Auslagen, beispielsweise wenn eine Liegenschaftsschätzung verlangt wird.

Tipp *Empfehlenswert ist der Weg über die Hypothekar-Bürgschaftsgenossenschaft, wenn Sie nur wenig Eigenkapital aufbringen können, aber über ein gutes, sicheres Einkommen verfügen, das ausreicht, um die Hypothekarzinsen und Amortisationen sowie die Bürgschaftsprämien zu finanzieren.*

Nicht vergessen: die laufenden Kosten

Wenn Sie die Finanzierung Ihrer Stockwerkeigentumseinheit planen, sollten Sie nicht nur den Kaufpreis berücksichtigen. Die laufenden Kosten werden in Zukunft ein fester Posten in Ihrem Jahresbudget sein. Unterschieden wird dabei zwischen den Kosten für den gemeinschaftlichen Teil und denjenigen für Ihre eigene Einheit. Gesamthaft belaufen sie sich auf 0,75 bis 1 Prozent des Anlagewerts. Darin nicht enthalten sind die Kosten für umfassende Sanierungen.

Die laufenden Kosten für Ihre eigene Einheit

Jede Stockwerkeigentümerin muss für die mit ihrer Eigentumswohnung direkt in Zusammenhang stehenden Kosten des Unterhalts, der Erneuerung, der Verwaltung sowie für Steuern und Abgaben selber aufkommen. Für den defekten Geschirrspüler, die abgetretenen Spannteppiche oder das Streichen Ihrer eigenen vier Wände sind also Sie allein zuständig.

Nicht direkt aufkommen müssen Sie aber für den Unterhalt von Bauteilen und Einrichtungen, die zum gemeinschaftlichen Teil gehören. Dazu zählen beispielsweise die Sanitär- oder Elektrohauptleitungen, die im Bereich Ihrer Stockwerkeinheit verlaufen, oder auch die Substanz von tragenden Wänden und Decken. Der Unterhalt von solch zwingend gemeinschaftlichen Teilen geht auf Kosten der Gemeinschaft.

Die laufenden Gemeinschaftskosten

Jeder Stockwerkeigentümer muss seinen Beitrag an die gemeinschaftlichen Kosten und Lasten leisten (Art. 712h ZGB). Dazu gehören beispielsweise der Hauswart, die Renovation des Treppenhauses, das Abonnement für die Grünabfuhr – kurz, all jene Kosten, die durch die Benutzung, den Unterhalt oder die Erneuerung der gemeinschaftlichen Teile sowie durch die gemeinschaftliche Verwaltung entstehen. Diese Kosten werden gemäss Gesetz im Verhältnis der Wertquoten auf die einzelnen Einheiten verteilt.

Je nach Situation entspricht diese Aufteilung der gemeinschaftlichen Kosten jedoch nicht den tatsächlichen Verhältnissen. Dies gilt insbesondere für Liegenschaften, in denen sich neben Wohnungen auch Geschäftslokale befinden. In solchen Fällen können die gemeinschaftlichen Kosten nach einem anderen Schlüssel auf die einzelnen Eigentümer verteilt werden. Eine spezielle Kostenverteilung sollte dem Verursacherprinzip entsprechen und dauerhaft gültig sein. Zudem empfiehlt es sich, den Verteilerschlüssel und den Umfang seiner Anwendung im Reglement festzuhalten (siehe Seite 188).

Tipp *Um die der Gemeinschaft entstehenden Kosten jederzeit problemlos bezahlen zu können, empfiehlt es sich, von den einzelnen Stockwerkeigentümern im Verhältnis der Wertquoten bzw. des vorgesehenen Kostenverteilers angemessene Vorschüsse zu verlangen. Diese sind auch dann vom Stockwerkeigentümer zu fordern, wenn er seine Einheit vermietet hat (siehe Seite 191).*

Der Erneuerungsfonds

Der Erneuerungsfonds bildet eine finanzielle Reserve für grössere Unterhalts- und Erneuerungsarbeiten, beispielsweise für eine Dachreparatur oder die Sanierung der Fassade. Die Äufnung eines solchen Fonds ist vom Gesetz nicht zwingend vorgesehen, jedoch jeder Stockwerkeigentümergemeinschaft dringend zu empfehlen. Unvorhergesehene Ausgaben könnten sonst plötzlich zu Belastungen führen, für die Sie vielleicht nicht genügend vorgesorgt haben. Die in den Erneuerungsfonds zu leistenden Beiträge bestimmen sich nach dem Reglement oder den von der Gemeinschaft gefassten Beschlüssen (mehr dazu auf Seite 195).

Stockwerkeigentum und Steuern

Zu den Finanzierungsfragen gehört schliesslich auch die Auswirkung von Stockwerkeigentum auf Ihre Steuerrechnung – einerseits beim Erwerb, vor allem aber auf Ihre zukünftige Einkommens- und Vermögenssteuer.

Steuern beim Erwerb

Die Handänderungs- und die Grundstückgewinnsteuer sind so genannte Objektsteuern, das heisst, ihre Höhe hängt nicht von der wirtschaftlichen Leistungsfähigkeit des Steuerschuldners ab.

Handänderungssteuer

Diese Steuer wird nicht nur erhoben, wenn ein Grundstück verkauft wird, sondern bei jedem Rechtsgeschäft, das dem Erwerber ermöglicht, über eine Liegenschaft wirtschaftlich wie ein Eigentümer zu verfügen. Deshalb unterliegt zum Beispiel auch die Einräumung eines Baurechts der Handänderungssteuer. Das Steuermass beträgt je nach Kanton einen festen Prozentsatz des Handänderungswerts (zwischen 0,4 und 3,3 Prozent) – der Kanton Zürich verlangt seit neuestem keine Handänderungssteuer mehr. Besteuert werden sämtliche Leistungen, die der Erwerber an den Veräusserer zahlt.

Tipps
- *Um die Handänderungssteuer tief zu halten, müssen Sie darauf achten, dass nur der effektive Wert der Stockwerkeigentumseinheit in den Kaufpreis einbezogen wird. Über andere, zusätzliche Zahlungen – beispielsweise für den Erneuerungsfonds oder für Mobiliar, das Sie übernehmen – sollten Sie separat abrechnen.*
- *An sich ist die Handänderungssteuer vom Käufer zu zahlen. In vielen Kantonen ist es heute aber üblich, sie zwischen Verkäufer und Käufer zu halbieren. Halten Sie dies so in Ihrem Kaufvertrag fest.*
- *Fast jeder Kanton kennt Ausnahmesituationen, in denen keine Handänderungssteuer erhoben wird: beispielsweise beim Erbgang, bei Schenkungen oder Handänderungen unter Verwandten. Fragen Sie in einem solchen Fall beim Steueramt nach.*

Grundstückgewinnsteuer

Die Grundstückgewinnsteuer wird erhoben, wenn Grundstücke des Privatvermögens verkauft werden; Gewinne aus der Veräusserung von Grundstücken im Geschäftsvermögen unterliegen in der Regel der Einkommens- oder Gewinnsteuer. Besteuert wird der Gewinn des Verkäufers, das heisst die Differenz zwischen dem Verkaufspreis und dem Anlagewert des Grundstücks. Steuerpflichtig ist der Verkäufer.

Zum Anlagewert gehören nicht nur der seinerzeitige Erwerbspreis, sondern auch die Kosten des Erwerbs (Gebühren, Handänderungssteuer etc.) sowie Aufwendungen für Wertvermehrungen, beispielsweise für einen Ausbau des Dachstocks oder für den Einbau einer modernen Küche. Im Sinn einer Bekämpfung der Grundstücksspekulation erheben die Kantone zudem oft einen prozentualen Zuschlag für kurze Eigentumsdauer oder gewähren eine Ermässigung bei langer Eigentumsdauer.

Tipps
- *Um die Grundstückgewinnsteuer nicht ungerechtfertigt zu erhöhen, sollten Beiträge an die gemeinschaftlichen Kosten und Lasten immer separat abgerechnet und nicht in den Kaufpreis der Eigentumswohnung mit einbezogen werden. Sonst leistet der Verkäufer Steuern auf Beträgen, die er selber in Form von Vorschüssen an die gemeinschaftlichen Kosten bezahlt hat.*
- *Als Käufer sollten Sie sich absichern, für den Fall dass die Verkäuferin die Grundstückgewinnsteuer nicht bezahlt. In den meisten Kantonen kann die Gemeinde in einem solchen Fall nämlich ein Pfandrecht auf der Liegenschaft errichten und die Schuld bleibt, wenn die Verkäuferin zahlungsunfähig wird, an Ihnen hängen. Bewährt hat sich folgendes Vorgehen: Erfragen Sie bei der Gemeinde die voraussichtliche Höhe der Grundstückgewinnsteuer, zahlen Sie diesen Betrag direkt ans Steueramt oder auf ein Sperrkonto und ziehen Sie ihn vom Kaufpreis ab. Ist klar, wie hoch die Grundstückgewinnsteuer ausfällt, erhält die Verkäuferin den Restbetrag ausgezahlt. Halten Sie diese Zahlungsmodalitäten im Kaufvertrag fest.*

Stockwerkeigentum und Vermögenssteuer

Privatvermögen wird nur kantonal besteuert. Steuerbar sind alle Vermögensbestandteile abzüglich der Schulden und der steuerfreien Beträge – selbstverständlich gehören auch Grundeigentum und damit die Stockwerkeigentumseinheiten dazu. Massgebend für den Steuerwert Ihrer Eigentumswohnung ist die Katasterschatzung, die Ihnen vom Steueramt mitgeteilt wird. Es empfiehlt sich, neue Schatzungen jeweils zu überprüfen und wenn nötig innert der Beschwerdefrist anzufechten.

Vom Privatvermögen können alle Privatschulden abgezogen werden, wodurch sich der Steuerwert vermindert. Für Sie als Stockwerkeigentümer sind dies vor allem die Hypothekarkredite und Privatdarlehen. Aus diesem Grund ist es keinesfalls erstrebenswert, das gesamte Wohneigentum mit Eigenmitteln zu finanzieren.

Hinweis *Der eine oder andere Wohnungsbesitzer belastet sein Eigenheim mit Hypotheken, die nicht direkt dem Erwerb dienen, und investiert die dadurch frei gewordenen Vermögenswerte in steuergünstige Anlagen mit hoher Rendite. Das kann allerdings sehr risikoreich sein. Denn ein Teil des Werts Ihres Eigenheims wird dadurch den Schwankungen der Börse ausgesetzt. Wenn Sie überhaupt eine solche Transaktion ins Auge fassen wollen, sollten Sie sich seriös beraten lassen und Ihre gesamte Vermögenssituation mit einbeziehen.*

Stockwerkeigentum und Einkommenssteuer

Der Einkommenssteuer unterliegt das ganze, während der Bemessungsperiode erzielte Einkommen. Darunter fällt auch so genanntes Naturaleinkommen und damit der Eigenmietwert – das heisst der mutmassliche Mietwert der vom Eigentümer selbst bewohnten Wohnung. Auch dieser wird Ihnen von der Steuerbehörde mitgeteilt.

Basis der Berechnung der Einkommenssteuer bildet das Roh- oder Bruttoeinkommen. Davon dürfen die so genannten Gewinnungskosten abgezogen werden, also alle Auslagen, die zur Erzielung des Roheinkommens notwendig sind. Für die Stockwerkeigentumseinheit sind dies neben den Hypothekarzinsen vor allem die Kosten des Liegenschaftsunterhalts. Um möglichst steuergünstig zu leben, müssen Sie deshalb Ihr Augenmerk auf zwei Komponenten richten: Einerseits müssen Sie dafür besorgt sein, dass der Eigenmietwert Ihrer Einheit und somit Ihr Roheinkommen nicht zu gross ausfällt; anderseits gilt es, die Gewinnungskosten möglichst hoch zu halten.

Achtung *Sollten der Eigenmietwert und die Möglichkeit, Hypothekarzinsen vom steuerbaren Einkommen abzuziehen, abgeschafft werden, verändern sich die steuerrechtlichen Perspektiven schlagartig.*

Wie wird der Eigenmietwert berechnet?

Die Bemessung des Eigenmietwerts ist kantonal recht unterschiedlich. Die meisten Kantone haben schriftliche Richtlinien erlassen, die bei den Steuerverwaltungen erhältlich sind. Der Bund stellt bei der Ermittlung des Eigenmietwerts auf den Gebrauchswert der Liegenschaft samt Zugehör ab. Massgebend ist die Lage am Wohnungsmarkt; es gilt also derjenige Betrag, der bei der Vermietung der Liegenschaft an eine Drittperson erzielt werden könnte oder den Sie aufwenden müssten, um ein gleichartiges Objekt zu mieten. Dieser Mietwert kann nie exakt ermittelt werden. Es lohnt sich auf jeden Fall, die Eigenmietwertbemessung durch Kanton und Bund zu prüfen und allenfalls während der Rechtsmittelfrist gegen die Einschätzung Einsprache zu erheben.

Tipps
- *Erscheint Ihnen der Eigenmietwert zu hoch, können Sie die Einschätzung der Steuerbehörde anfechten. Natürlich müssen Sie dies begründen: beispielsweise mit wertmindernden Faktoren wie vermehrtem Fluglärm oder Geruchsimmissionen von einem neu erstellten Industriebetrieb, welche die Steuerbehörde nicht berücksichtigt hat.*
- *Wenn Sie umfangreiche Renovationen, insbesondere An- oder Ausbauten, vornehmen, müssen Sie mit einem höheren Eigenmietwert rechnen.*

Was kann vom Roheinkommen abgezogen werden?

Neben den Hypothekarzinsen sind es vor allem die Auslagen für den Unterhalt Ihrer Eigentumswohnung, die Sie vom Roheinkommen abziehen können. Abzugsberechtigt sind aber nur Aufwendungen, die nicht zu einer Wertvermehrung führen. Dazu gehören vor allem

- Ausgaben, die den Wert der Einheit erhalten: Das sind beispielsweise Unterhaltsarbeiten, Reparaturen und Ersatzanschaffungen von Hauseinrichtungen aller Art, Reparaturen grösserer Elementarschäden, Sachversicherungsprämien etc.

- Verwaltungskosten: Wenn Sie die Verwaltung selbst besorgen, sind beispielsweise Telefonkosten, Porti, Inserate und Bankspesen zum Abzug zugelassen. Übergeben Sie die Verwaltung an Externe, können Sie das ganze Honorar abziehen. Für eine professionelle Verwaltung gemäss den Richtlinien des SVIT müssen Sie je nach Grösse der Liegenschaft mit 300 bis 500 Franken pro Jahr und Einheit rechnen. Dazu kommt ein jährliches Grundhonorar für die Gesamtliegenschaft von 2500 Franken (siehe Seite 146).

- **Zahlungen an die Gemeinschaft**: Selbstverständlich können Stockwerkeigentümer auch die Beiträge für den gemeinschaftlichen Unterhalt vom Roheinkommen abziehen. Welche Unterhaltskosten im Detail abzugsfähig sind, ist von Kanton zu Kanton unterschiedlich geregelt. Die Einlagen in den Erneuerungsfonds dürfen hingegen nur im Ausmass der effektiven Auslagen aus dem Fonds abgezogen werden.
- **Energiesparaufwendungen**: In einzelnen Kantonen können auch Aufwendungen beispielsweise für Nachisolation, Installation von Solarzellen und andere umweltgerechte Investitionen abgezogen werden, meist in Form von zusätzlichen Pauschalbeträgen.

Beim Bund und in fast allen Kantonen haben Sie die Wahl, Ihre Unterhaltskosten entweder in der effektiven Höhe oder in Form einer Pauschale steuerlich berücksichtigen zu lassen. Die Pauschalabzüge richten sich nach dem Alter der Einheit zu Beginn der Steuerperiode und belaufen sich je nach Kanton auf 10 bis 35 Prozent des Eigenmietwerts. Um Missbräuchen vorzubeugen, ist die einmal getroffene Wahl meist für längere Zeit in dem Sinn verbindlich, dass Sie nur dann von der Pauschale zum Abzug der effektiven Kosten wechseln können, wenn Sie nachweisen, dass Ihre tatsächlichen Unkosten durch den Pauschalabzug auf die Dauer nicht gedeckt werden.

Fazit: Stockwerkeigentum bringt Steuervorteile

Der Erwerb von Stockwerkeigentum bringt steuerrechtlich eigentlich nur den Nachteil der einmalig anfallenden Kosten für die Handänderungssteuer mit sich, die das Budget entsprechend belasten. Als Stockwerkeigentümer haben Sie jedoch den Vorteil, dass Sie verschiedene Unterhalts- und Verwaltungskosten zum Abzug bringen können, die bei einer Mietwohnung im Mietzins enthalten sind oder separat beglichen werden müssen. Wenn Sie also Ihre Einheit mit einem Ihrem Gesamtvermögen angepassten Verhältnis von Eigenmitteln und Fremdkapital finanzieren und zudem alle steuerlich zulässigen Abzüge geltend machen, nehmen Sie gegenüber dem Mieter eine privilegierte Stellung ein.

Die Finanzierung an zwei Beispielen

Beispiel *Familie A. mit einem Nettoeinkommen von 8000 Franken pro Monat kauft eine Eigentumswohnung für 550 000 Franken. Ihr Eigenkapital beträgt 130 000 Franken. Familie B. erwirbt eine gleich teure Wohnung, hat dasselbe Einkommen, bringt aber 300 000 Franken Eigenkapital mit. Zudem erhält sie 50 000 Franken als Darlehen von Freunden. Wie ist die finanzielle Belastung der beiden Familien?*

Monatliche Belastung für Familie A und Familie B.

	Familie A.	Familie B.
Grundlagen		
• Anlagewert	Fr. 550 000.–	Fr. 550 000.–
• Eigenkapital	Fr. 130 000.–	Fr. 300 000.–
• Notwendiges Fremdkapital	Fr. 420 000.–	Fr. 250 000.–
• Privatdarlehen zu 3 %		Fr. 50 000.–
• 1. Hypothek (maximal) zu 4,25 %	Fr. 366 000.–	Fr. 200 000.–
• 2. Hypothek zu 5,25 %	Fr. 54 000.–	
Aufwandberechnung		
• Zins Privatdarlehen		Fr. 1 500.–
• Zins 1. Hypothek	Fr. 15 555.–	Fr. 8 500.–
• Zins 2. Hypothek	Fr. 2 835.–	
• Amortisation 2. Hypothek (in 10 Jahren)	Fr. 5 400.–	
• Nebenkosten (1% des Anlagewerts)	Fr. 5 500.–	Fr. 5 500.–
• Zahlung in Erneuerungsfonds	Fr. 1 650.–	Fr. 1 650.–
Total Kosten	Fr. 30 940.–	Fr. 17 150.–
Steuereinsparung (Eigenmietwert minus Schuldzinsen und Unterhalt, je nach Wohnkanton verschieden)	– Fr. 940.–	– Fr. 750.–
Aufwand pro Jahr	Fr. 30 000.–	Fr. 16 400.–
Aufwand pro Monat	Fr. 2 500.–	Fr. 1 366.–
Aufwand im Verhältnis zum Nettoeinkommen	31%	17%

Drei Hinweise: Die Hypothekarzinssätze sind – verglichen mit dem gegenwärtigen Ansätzen – relativ hoch gewählt; schliesslich sollen die beiden Familien ihr Eigenheim auch in ein paar Jahren noch finanzieren können. Dasselbe gilt für die Amortisation der zweiten Hypothek, die bei verschiedenen Finanzinstituten auch auf zwanzig Jahre verteilt wird. Und schliesslich wird im Beispiel auf eine Amortisation des Privatdarlehens von Familie B. verzichtet. Muss ein Privatdarlehen zurückgezahlt werden, ist dies wie bei der Amortisation der zweiten Hypothek von Familie A. zu berücksichtigen.

3. Das richtige Objekt finden

In Ihrer Eigentumswohnung werden Sie vermutlich viele Jahre lang leben. Da lohnt es sich, genügend Zeit in die Suche zu investieren. Worauf Sie dabei achten sollten, zeigen Ihnen die folgenden Seiten.

Die Zukunft einplanen

Bei der Suche nach der richtigen Stockwerkeigentumseinheit stellen sich zuerst einmal viele Fragen: Wo will ich wohnen, in der Stadt, stadtnah oder lieber auf dem Land? Welche Vorstellungen habe ich vom Grundriss und von der Umgebung meiner Eigentumswohnung? Wie sollte sie ausgebaut sein? Nicht immer decken sich die Wünsche und Vorstellungen mit den finanziellen Möglichkeiten. Sollten auch Sie mit dieser Situation konfrontiert sein, lassen Sie sich nicht entmutigen. Mit ein paar Ideen, einigen zumutbaren Einschränkungen sowie etwas Geduld und Verhandlungsgeschick lässt sich auch Ihr «Nahezu-Wunschobjekt» finden.

Gehen Sie bei der Suche nicht nur von Ihrer heutigen Situation aus, sondern planen Sie auch die Zukunft sorgfältig mit ein. Nur allzu schnell sind zehn Jahre vergangen und Ihre beruflichen oder familiären Verhältnisse haben sich möglicherweise grundlegend geändert. Auch wenn sich solche Veränderungen nicht immer in ihrer vollen Tragweite voraussehen lassen, sollten Sie versuchen, sie bei der Evaluation Ihrer Eigentumswohnung zu berücksichtigen.

Flexible Wohnungen

Nicht jede mögliche zukünftige Entwicklung ist planbar. Deshalb sollte Ihr neues Eigenheim verschiedene Nutzungsvarianten erlauben – was unter anderem auch den Wiederverkaufswert erhöht. Variable Nutzbarkeit im Wohnbereich heisst, dass die Raumeinteilungen sich verändern lassen und dass die einzelnen Räume vom Grundriss und von der Grösse her nicht nur dem heutigen, sondern auch einem anderen Zweck dienen können. Lässt sich im Elternschlafzimmer auch ein Büro einrichten? Könnten Sie, wenn die Kinder erwachsen und ausgeflogen sind, ohne Probleme einen Teil der Wohnung abtrennen und untervermieten?

Kaufen Sie Ihre Eigentumswohnung vor der Fertigstellung und können Sie beim Innenausbau mitreden, planen Sie Veränderungen von allem Anfang an mit ein:

- Schaffen Sie wenn möglich Raumreserven.

- Achten Sie darauf, dass möglichst viele Innenwände nichttragend sind, damit bei Bedarf die Raumaufteilung geändert werden kann.
- Lassen Sie jedes Zimmer mit Anschlüssen für Telefon und Kabelfernsehen ausrüsten und auch Leerrohre für weitere Leitungen, beispielsweise für ein Computernetzwerk, verlegen.

Wo liegt Ihr zukünftiges Zuhause?

Der Standort Ihrer Eigentumswohnung ist eines der wichtigsten Kriterien für Ihre künftige Lebensqualität. Liegt sie beispielsweise zu weit von Ihrem Arbeitsplatz entfernt, werden Sie täglich viel Zeit fürs Pendeln aufwenden. Dies bringt nicht nur Zeitverlust, sondern auch Risiken mit sich. Wählen Sie auf der anderen Seite ein Objekt in unmittelbarer Nähe Ihres Arbeitsorts und befindet sich dieser in der Stadt, sind allenfalls Ihre Kinder in der Entfaltung ihrer Bedürfnisse beeinträchtigt. Die richtige Mischung zwischen den Wünschen aller Bewohnerinnen und Bewohner zu finden ist oft recht schwierig – eine Checkliste mit den wichtigsten Kriterien finden Sie auf Seite 62.

Viele dieser Fragen lassen sich bereits anhand von Karten, Plänen, Reglementen und weiteren Unterlagen beantworten. Für andere Informationen ist die Gemeindeverwaltung eine gute Auskunftsstelle. Wichtig aber ist natürlich, dass Sie die ganze Umgebung auch einmal vor Ort anschauen. Es empfiehlt sich dabei, Ihre Besuche auf verschiedene Tage (Arbeits- und Feiertage) und unterschiedliche Tageszeiten zu legen. Je nachdem wo Ihr zukünftiges Heim liegt, zeigt die Umgebung zu den einzelnen Tageszeiten ein ganz anderes Bild.

Tipps
- *Erkundigen Sie sich auf jeden Fall bei der Gemeinde nach zukünftigen grösseren Bauprojekten in der Nachbarschaft. Diese können sich nicht nur auf Ihre Lebensqualität, sondern auch auf den Wert Ihrer Eigentumswohnung auswirken.*
- *Sollte das Erdreich des Grundstücks beispielsweise mit versickerten Industrieabfällen verseucht sein, kann dies kostspielige Folgen haben. Mehr Informationen erhalten Sie aus dem Altlastenverdachtsflächenkataster oder bei der Umweltfachstelle der Gemeinde bzw. des Kantons.*

Checkliste Standort

Grobe Beurteilung
- Wie lange dauert die Reise zum und vom Arbeitsplatz – heute und in Zukunft?
- Ist der Arbeitsplatz mit öffentlichen Verkehrsmitteln oder nur mit dem Auto erreichbar?
- Wie gut sind die Verbindungen mit den öffentlichen Verkehrsmitteln? Wann fährt der erste Zug oder Bus am Morgen, wann der letzte am Abend? Wie häufig fahren sie pro Stunde, wie häufig während der Stosszeiten?

Verhältnisse vor Ort
- Können die Kinder die Grundschule und den Kindergarten selbständig erreichen?
- Ist der Schulweg sicher (Verkehr, «einsame» Wege)?
- Wie gross ist die Entfernung zu den höheren Schulen? Sind diese mit öffentlichen Verkehrsmitteln erreichbar?
- Wie gut sind die Einkaufsmöglichkeiten? Wo liegt die nächste Poststelle?
- Bestehen genügend Erholungs- und Sportangebote (Vereine, Sportplätze, informelle Treffpunkte)?
- Ist ein Spielplatz vorhanden oder leicht erreichbar?
- Entspricht das kulturelle und das Vereinsangebot Ihren Ansprüchen?
- Ist die ärztliche Versorgung gewährleistet?

Umgebung
- Entspricht die Nachbarschaft, das Quartier Ihren Vorstellungen?
- Stimmt die Altersstruktur – auch für die Kinder?
- Ist die Umgebung emissionsfrei (Lärm, Geruch)?
- Ist Ihre Wohnung zu jeder Jahreszeit genügend besonnt?
- Haben Sie die gewünschte Aussicht und kann diese auch in Zukunft nicht verbaut werden?

Nutzungsmöglichkeiten
- In welcher Bauzone liegt Ihre Stockwerkeigentumseinheit nach der kommunalen Bauordnung und was ist in dieser Zone gemäss Baureglement zulässig?
- Wie hoch ist die Ausnützungsziffer dieser Zone? Können Sie Ihre Einheit später eventuell ausbauen?

Passt die Wohnung zu Ihnen?

In einem ersten Schritt haben Sie die Umgebung überprüft; nun geht es darum herauszufinden, ob die Stockwerkeigentumseinheit auch Ihren übrigen Bedürfnissen und Vorstellungen entspricht. Hier beurteilen Sie Punkte wie Raumangebot, Balkon, Gartenbenutzung, Parkplätze, Besonnung, Ruhebedürfnis, Mitbewohner im Haus und Nachbarn ringsum etc. Eine Checkliste dazu finden Sie auf Seite 64.

Wichtig ist vor allem, dass Sie versuchen, objektiv zu bleiben, und nicht wegen Details, die Ihnen am einzelnen Objekt besonders gut gefallen, subjektiv entscheiden. Denken Sie aber daran, dass die Wohnung, die Sie schliesslich wählen, Ihr zukünftiger Lebensmittelpunkt sein wird und Sie deshalb möglichst keine einschneidenden Kompromisse eingehen sollten.

Kriterien für den Innenausbau

Im Detail stecken oft die grössten Kosten und damit auch die bedeutendsten Einsparungen. Es empfiehlt sich deshalb, dem Innenausbau genügend Aufmerksamkeit zu schenken. Sie ersparen sich damit grössere Aufwendungen im Nachhinein.

Eine zumindest rudimentäre Prüfung des Standards von Inneneinrichtung und Ausbau der verschiedenen Objekte können Sie selbst anhand der Checkliste auf Seite 65 vornehmen. Holen Sie aber speziell bei der Beurteilung der Sanitär- und Elektroinstallationen Rat ein und lassen Sie die Wohnung von einem aussen stehenden sachverständigen Dritten begutachten. Er kann Sie in der heutigen Zeit der rasanten technischen Entwicklungen am besten auf fehlende oder veraltete Einrichtungen und auf allenfalls notwendige Vorbereitungen für spätere Installationen hinweisen. Die Kosten für eine solche Beratung sind im Verhältnis zu den Erwerbskosten Ihrer Eigentumswohnung meist gering.

Versuchen Sie auch bei den Inneneinrichtungen und Installationen, möglichst vorausschauend zu planen. Nehmen Sie allfällige Mehrkosten für Vorbereitungsarbeiten zukünftiger Installationen in Kauf. Der nachträgliche Einbau von Leitungen oder Rohren ist meist wesentlich teurer.

Checkliste Liegenschaft

Gebäude und Raumangebot
- ❏ Welchen Energiestandard weist das Gebäude auf? Ergeben sich dadurch Einsparungen?
- ❏ Wie wird das Gebäude beheizt (Öl, Gas, Erdsonde mit Wärmepumpe, Holz etc.)? Wie erfolgt die Warmwasseraufbereitung? Ist genügend Warmwasser vorhanden?
- ❏ Wie hoch ist Ihr Raumbedarf tatsächlich, was wünschen Sie sich zusätzlich? Entspricht das Objekt Ihren Vorstellungen?
- ❏ Inwieweit wird sich Ihr Raumbedarf verändern (Kinder, Berufsaussichten)?
- ❏ Entsprechen Balkon, Terrasse oder Garten Ihren Vorstellungen?
- ❏ Ist genügend Stauraum (Schränke, Keller, Estrich) vorhanden?
- ❏ Bestehen genügend Parkplätze sowie Abstellräume für Velos und Motorfahrräder?
- ❏ Sind Gästeparkplätze vorgesehen?
- ❏ Sind die Parkmöglichkeiten auch für die Zukunft ausreichend?

Raumeinteilung
- ❏ Können Sie die Raumeinteilung weitgehend selbständig bestimmen?
- ❏ Sind die Wohnräume genügend besonnt?
- ❏ Sind die Schlafräume möglichst ruhig?
- ❏ Lassen sich die Räume unterschiedlich nutzen?
- ❏ Sind genügend sanitäre Einrichtungen vorhanden und sind sie gut angeordnet?
- ❏ Verfügen die einzelnen Zimmer über einen eigenen Zugang?
- ❏ Macht Ihnen der Grundriss generell einen sympathischen Eindruck?
- ❏ Lassen sich die einzelnen Räume mit vernünftigem Aufwand nach Ihren Vorstellungen möblieren?
- ❏ Können Sie vorhandene Möbel verwenden?

Die anderen Stockwerkeigentümer
- ❏ Passen Sie und Ihre Familie ins Haus bzw. in die Siedlung?
- ❏ Haben Sie Ihre unmittelbaren Nachbarn kennen gelernt und ist der erste Eindruck positiv?
- ❏ Wie wirkt der Umgangston im Haus auf Sie? Gibt es innerhalb der Stockwerkeigentümergemeinschaft Probleme?
- ❏ Sind im Haus nur Wohnungen oder werden einzelne Einheiten gewerblich genutzt? Wenn ja, für welche Art Gewerbe?

Checkliste Innenausbau

Sanitäre Einrichtungen
❏ Sind Küche und Bad zweckmässig und modern eingerichtet und natürlich belüftet?
❏ Sind WC und Bad getrennt?
❏ Ist eine Badewanne und eine separate Dusche vorhanden?
❏ Sind zumindest Anschlüsse für eine private Waschmaschine vorhanden?

Anschlüsse
❏ Sind genügend Steckdosen vorhanden und auch geschaltet?
❏ Befinden sich die Telefonanschlüsse in den richtigen Zimmern?
❏ Sind Leerrohre für Telefon, Antennen oder ein Computernetzwerk installiert?
❏ Bestehen in den richtigen Zimmern Anschlüsse für Radio, TV und Internet nach Ihren Bedürfnissen?

Heizung
❏ Sind alle Räume beheizbar?
❏ Lässt sich die Heizleistung in den einzelnen Räumen separat regulieren?
❏ Sind überall automatische Thermostatventile vorhanden?

Ausgestaltung
❏ Sind Küche und Bad zweckmässig gekachelt?
❏ Entspricht die Qualität des Anstrichs oder der Tapeten Ihren Vorstellungen?
❏ Sind die Bodenbeläge pflegeleicht, Ihren Vorstellungen entsprechend und von guter Qualität?
❏ Sind genügend Einbauschränke vorhanden?

Überlegungen beim Kauf von Altbauwohnungen

Altbauwohnungen haben oft einen ganz eigenen Charme und man ist deshalb auch eher bereit, Unzulänglichkeiten in Kauf zu nehmen. Wirken sich diese Unzulänglichkeiten aber über längere Zeit störend aus, mindern sie die Lebensqualität und der Wunsch nach Abhilfe nimmt überhand. Leider ist der finanzielle Aufwand für eine Verbesserung in solchen Fällen meist relativ hoch. Es lohnt sich deshalb, bereits vor dem Kauf den Renovationsbedarf abzuschätzen.

Für Laien ist es praktisch unmöglich, versteckte Mängel zu erkennen. Dies gilt vor allem auch für das Mauerwerk: Unter einem frischen Anstrich oder einer neuen Tapete können ohne weiteres komplett verfaulte Baustrukturen lauern. Fassen Sie den Kauf einer Altbauwohnung ins Auge, sollten Sie deshalb unbedingt Fachleute beiziehen, zum Beispiel einen Architekten oder anderen Bauexperten. Nur diese können Schwachstellen sofort erkennen und Ihnen Auskunft über die Art der Behebung und die Kosten geben.

Checkliste Altbauwohnung

Um- und Ausbau
- Welche Wände haben tragende Funktion und lassen sich nicht verschieben?
- Welche Wände können allenfalls ganz herausgerissen werden?
- Lassen die Strukturen die von Ihnen geplanten Um- und Ausbauten zu (Statik, Einbauhöhen, Verbindung von verschiedenen Materialien etc.)?
- Wie lässt sich die Ausnutzung mit einem Um- oder Ausbau verbessern?
- Wie viel Ausbau lassen die Bauvorschriften und der Zonenplan zu?
- Hat allenfalls die Denkmalpflege ein Wort mitzureden?

Zustand des Gebäudes
- Ist das Fundament in Ordnung?
- Ist das Dach renovationsbedürftig?
- Sind die beim Bau verwendeten Materialien von guter Qualität?
- Hat das Heizsystem noch eine längere Lebensdauer?
- Besteht ein Verdacht auf Altlasten – im Gebäude bzw. auf dem Grundstück?

Installationen
- Entsprechen die elektrischen Installationen den heutigen Vorschriften und sind sie in gutem Zustand?
- Wie gut ist die Wohnung gegen Wärmeverlust isoliert?
- Entspricht der Schallschutz innerhalb des Hauses den Anforderungen an eine Eigentumswohnung?
- Verfügen die Fenster über eine moderne Verglasung und einen entsprechenden Dämmwert?

Bedenken Sie zudem, dass Altbauwohnungen in der Regel nicht nach heutigem Standard gegen Schall und Wärmeverlust isoliert sind. Dies führt dazu, dass Sie einerseits mit einer deutlich grösseren Lärmbelastung zu leben haben, anderseits aber auch Ihre Heizkosten höher ausfallen werden.

Kommt der Experte zur Ansicht, dass der Zustand des Objekts nicht mehr voll befriedigt, sollten Sie ihn auf jeden Fall auch nach den voraussichtlichen Renovationskosten fragen und diese mit einkalkulieren. Eine günstig gekaufte Wohnung, die im Nachhinein mit hohem Renovationsbedarf überrascht, kommt meist deutlich teurer zu stehen als ein neu erstelltes Objekt. Die nebenstehende Checkliste hilft Ihnen, dem Experten die richtigen Fragen zu stellen.

Altlasten können teuer werden

Liegenschaften, die vor 1990 gebaut oder renoviert wurden, bergen die Gefahr von Altlasten, von Materialien also, die bei unsachgemässer Behandlung oder wenn sie nicht entfernt werden, Ihre Gesundheit belasten. Am häufigsten sind folgende Stoffe anzutreffen:

- **PCP** (Pentachlorphenol) wurde als Beigabe zu Holzschutzlasuren in vielen Häusern verstrichen. Gelangt es in die Raumluft, kann es Kopfschmerzen, Müdigkeit und Schlafstörungen verursachen. Seit 1989 ist PCP deshalb verboten.
- **PCB** (Polychlorierte Biphenyle) wurden bis zu ihrem Verbot 1986 in Fugendichtungsmassen und Brandschutzanstrichen verwendet. Gelangen sie in die Raumluft können sie Hautbeschwerden verursachen.
- **Asbestfasern:** Werden asbesthaltige Bodenbeläge oder Abdeckungen ohne Schutzmassnahmen entfernt, gelangen Krebs erregende Asbestfasern in die Raumluft. Asbesthaltige Produkte wurden in den Siebziger- und frühen Achtzigerjahren verwendet für Abdeckungen hinter Heizkörpern, in Elektroschränken, als Brandschutz bei Heizungsraumtüren und sehr häufig in den Rückseiten von Bodenbelägen aus Kunststoff.
- **Formaldehyd** kann, wenn es an die Raumluft abgegeben wird, Augen und Schleimhäute reizen. Es ist vor allem in alten Spanplatten in höherer Konzentration anzutreffen.

Altlasten beeinträchtigen nicht nur die Gesundheit, sondern können auch das Budget stark belasten. Die fachgerechte Entsorgung eines Quadratmeters asbestverseuchten Bodens beispielsweise kostet rasch einmal 200 Franken. Lassen Sie deshalb vor einem Kaufentscheid von einer Fachperson abklären, ob das ins Auge gefasste Objekt Altlasten enthält. Je nach Verdacht kann eine solche Untersuchung zwar einiges kosten. Doch dieses Geld ist gut eingesetzt. Entdecken Sie gefährliche Substanzen vor dem Kauf, lassen sich die Kosten für die Entsorgung allenfalls vom Kaufpreis abziehen. Wenn der Verkäufer allerdings nicht darauf eingeht, müssen Sie sich entscheiden, ob Sie die Wohnung trotz Altlasten übernehmen wollen.

Überlegungen beim Kauf von Neubauwohungen

Wenn Sie eine Neubauwohnung kaufen, können Sie dies entweder ab Plan oder nach Fertigstellung tun. Welche Variante Sie wählen, hängt weitgehend von Ihren persönlichen Vorlieben ab. Sind Sie bereit, ein gewisses finanzielles Risiko zu tragen und ist Ihnen die individuelle Ausgestaltung Ihres Heims wichtig, ist der Kauf ab Plan sicherlich die bessere Variante. Möchten Sie anderseits möglichst grosse finanzielle Sicherheit und ist es für Sie wichtig, Ihr Objekt vor dem Kauf in Realität besichtigen zu können, dann werden Sie den Kauf nach Fertigstellung vorziehen.

Kauf ab Plan

Die meisten Bauunternehmer suchen heutzutage die Käufer für ihre Häuser und Wohnungen, bevor diese fertiggestellt sind. Wenn Sie sich für einen Neubau interessieren, schliessen Sie deshalb häufig einen Kaufvertrag über eine Stockwerkeigentumseinheit ab, die erst auf dem Papier besteht. Im Zeitpunkt des Vertragsabschlusses liegen Ihnen lediglich der so genannte Begründungsakt für das Stockwerkeigentum, der Grundbuchauszug, die Pläne und der Baubeschrieb vor.

Der Nachteil dieser Konstellation: Sie können das Objekt vor dem Erwerb nicht in Realität besichtigen und müssen in der Lage sein, sich einen fertig erstellten Bau anhand der Pläne vorzustellen. Ohne geschultes Vorstellungsvermögen ist dies nicht ganz einfach.

Auf der anderen Seite haben Sie beim Kauf ab Plan oft die Möglichkeit, in Fragen des Innenausbaus mitzubestimmen und in gewissem Rahmen Ihre eigenen Ideen einzubringen. Wie weit Ihnen ein solches Mitbestimmungsrecht zukommt, wer die Kosten für Änderungswünsche trägt und wie lange Sie solche Wünsche anbringen können, sollten Sie unbedingt im Kaufvertrag festhalten. Bedenken Sie aber auf jeden Fall, dass – auch wenn Sie ein grosses Mitspracherecht haben – zwischen Ihnen und den Handwerkern kein Vertragsverhältnis besteht. Sie haben diesen gegenüber auch kein direktes Forderungsrecht. Selbstverständlich können Sie die Bauhandwerker mit Arbeiten beauftragen, die nicht im Kaufvertrag enthalten sind. Dann müssen Sie aber auch für die dadurch entstehenden Kosten aufkommen.

Sichern Sie sich ab
Der grösste Nachteil beim Kauf ab Plan ist die Gefahr, dass Ihre Wohnung mangelhaft gebaut oder gar nicht fertig erstellt wird. Der Verkäufer muss im Zeitpunkt des Vertragsabschlusses noch beträchtliche Leistungen, verbunden mit entsprechenden Investitionen, erbringen. Trotzdem vereinbaren die Parteien oft, dass der grösste Teil des Verkaufspreises bereits mit Vertragsabschluss zu zahlen ist. Sollte der Verkäufer aus wirtschaftlichen Gründen dann doch nicht in der Lage sein, Ihr Objekt zu bauen, können Sie die bereits bezahlte Summe zwar zurückfordern. Doch oft hat der Verkäufer das Geld bereits vollständig in den Bau investiert und ist zur Rückzahlung gar nicht in der Lage. Dann bleibt Ihnen nichts anderes übrig, als die noch nicht ausgeführten Arbeiten aus der eigenen Tasche zu begleichen.

Absichern müssen Sie sich auch gegen so genannte Bauhandwerkerpfandrechte: Bezahlt der Verkäufer die Handwerker nicht, haben diese das Recht, im Umfang ihrer Leistung ein Grundpfand auf der Liegenschaft errichten zu lassen. Im schlimmsten Fall müssen Sie dann die Handwerker selbst bezahlen, wenn Sie verhindern wollen, dass Ihre teuer erworbene Eigentumswohnung versteigert wird (mehr dazu auf Seite 95).

Tipps
- *Prüfen Sie vor Abschluss eines Kaufvertrags ab Plan unbedingt die finanzielle Situation und die Seriosität des Verkäufers. Lassen Sie sich Referenzen nennen.*
- *Leisten Sie Ihre Zahlungen nach dem Baufortschritt.*
- *Verlangen Sie vom Verkäufer eine Bank- oder Versicherungsgarantie. Damit verpflichtet sich die Bank oder der Versicherer, allfällige Bauhandwerkerpfandrechte abzulösen.*
- *Welche Leistungen der Bauherrschaft im Kaufpreis inbegriffen sind, ergibt sich aus dem Baubeschrieb. Prüfen Sie diesen gründlich und bringen Sie Änderungswünsche vor Abschluss des Kaufvertrags an.*
- *Sind Sie sich zum Zeitpunkt des Vertragsschlusses über einige Fragen des Innenausbaus und die dadurch verursachten Kosten noch nicht schlüssig, vereinbaren Sie mit dem Verkäufer ein Kostendach für die von ihm zu erbringenden Leistungen.*
- *Schliesslich ist es beim Kauf ab Plan äusserst ratsam, während der Erstellung des Objekts in regelmässigen Abständen den Baufortschritt zu begutachten. Schenken Sie dabei vor allem auch den Details, zum Beispiel den Installationsvorbereitungen, genügend Aufmerksamkeit.*

Kauf nach Fertigstellung

Nach Fertigstellung können Sie sowohl eine neue, baulich vollendete Stockwerkeigentumseinheit kaufen als auch eine Wohnung in einer – allenfalls eben erst in Stockwerkeigentum umgewandelten – Altbauliegenschaft (siehe Seite 65).

Der Vorteil des Erwerbs einer Eigentumswohnung nach Fertigstellung ist klar: Sie kaufen nicht die Katze im Sack, sondern haben die Möglichkeit, das fertige Objekt vor Vertragsabschluss zu besichtigen und die tatsächliche Wohnatmosphäre zu erleben. Sie laufen zudem nicht Gefahr, dass Bauverzögerungen Ihren Einzug hinausschieben oder dass der Verkäufer in finanzielle Schwierigkeiten gerät.

Auf der anderen Seite haben Sie aber auch nicht die Gelegenheit, Ihre eigenen Ideen in den Bau einzubringen. Ihr zukünftiges Heim verliert dadurch ganz sicher eine individuelle Note und entspricht vor allem in den Details nicht voll und ganz Ihren Wünschen.

Tipps
- Einen fertig erstellten Bau können Sie vor dem Kauf besichtigen. Nehmen Sie diese Gelegenheit wahr und prüfen Sie sorgfältig, ob das Objekt wirklich Ihren Wünschen entspricht.
- Vergewissern Sie sich, dass die Fristen für Mängelrügen noch nicht abgelaufen sind (siehe Seite 109).
- Wenn Sie – eventuell auch später – einen zusätzlichen Ausbau wünschen, klären Sie ab, ob ein solcher möglich ist und wie viel er Sie kosten würde.

Die Qualität des Baus

Eine geräumige Eigentumswohnung für einen guten Preis – doch leider stellt sich bald heraus, dass die Schritte der Nachbarin im oberen Stock unangenehm laut zu hören sind. Und bei der ersten Stockwerkeigentümerversammlung ist die Rede von alten, schlecht isolierten Wasserleitungen, die demnächst ausgetauscht werden müssen. Baumängel können einem das schönste Eigenheim verleiden. Damit Sie dem Verkäufer die richtigen Fragen stellen können, finden Sie im Folgenden einige Hinweise auf die wichtigsten Problemzonen an einem Bau. Trotzdem sollten Sie sich bewusst sein, dass es für Laien oft schwierig ist, versteckte Mängel und Fehlplanungen zu erkennen. Wollen Sie sich Ihrer Sache ganz sicher sein, lohnt es sich, eine unabhängige Bauexpertin mit der Überprüfung der Qualität Ihres zukünftigen Heims zu beauftragen.

Tipp
Ob Neubau oder Altbau, der allenfalls noch renoviert werden muss – überprüfen Sie jede nicht alltägliche Konstruktion nicht nur auf ihre Ästhetik, sondern auch auf Funktionalität und lassen Sie sich nicht von optischen Gags blenden. Nicht selten stellen sich ausgefallene, dekorative Konstruktionen, die Sie auf den ersten Blick vielleicht faszinieren, später als unnütz oder gar hinderlich heraus. Prüfen Sie deshalb auf jeden Fall, ob Inneneinrichtungen, Einbaugeräte und vor allem die Raumaufteilung Ihren Ansprüchen auch im Alltag entsprechen.

Problemzonen Fassade und Dach

Risse in den Wänden sind bei alten Häusern praktisch immer vorhanden, bei neueren Bauten keine Seltenheit. In den meisten Fällen gefährden sie die Standfestigkeit des Gebäudes nicht, lassen sich in der Regel aber auch nicht oder nur mit grossem Aufwand reparieren.

Kleinere Risse rühren sehr oft von den unterschiedlichen Dehnungswerten der verschiedenen beim Bau eines Hauses verwendeten Werkstoffe her. Ursache sind meist mangelnde Dehnungsfugen. Problematisch werden solche kleineren Risse nur, wenn Wasser eindringen und zu Spreng- oder Fauleffekten führen kann.

Bedenklich sind hingegen grosse Fugen und Risse, die sich mit der Zeit ausdehnen. Sie deuten auf Probleme beim Fundament oder bei der tragenden Konstruktion hin. Solche grösseren Risse und Fugen können die Standfestigkeit des Gebäudes beeinträchtigen und damit den Wert Ihrer Stockwerkeigentumseinheit massgeblich mindern.

Tipp *Stellen Sie grössere Risse in der Fassade fest, lohnt es sich auf jeden Fall, fachlichen Rat einzuholen. Nur so erhalten Sie die richtige Diagnose der Ursache.*

Bei Häusern ohne Dachvorsprung sind Feuchtigkeitsschäden an der Fassade keine Seltenheit. Hält nämlich kein Überstand den Regen ab, kann durch kleine Öffnungen in der Fassade oder kleine Unregelmässigkeiten an den Anschlüssen anderer Bauteile Wasser ins Aussenmauerwerk dringen und mit der Zeit die äusseren Fassadenschichten absprengen.

Flachdächer

Das Dach soll nicht nur die Bewohner vor Witterungseinflüssen schützen, sondern auch das Gebäude selber. Jede Dachkonstruktion hat ihre Vor- und Nachteile. In der Praxis ist aber vor allem das Flachdach als Problemdach verschrien.

Die Ursache der Mängel an Flachdächern ist in den meisten Fällen in fehlerhafter Handwerksarbeit zu suchen, in zweiter Linie entstehen sie durch falsche Konstruktion im Aufbau. Ob allenfalls ein solcher Konstruktionsmangel vorliegt, können Laien kaum feststellen. Handelt es sich beim Haus, in dem Sie eine Eigentumswohnung zu kaufen beabsichtigen, um eine etwas ältere Baute, sollten Sie auf jeden Fall beim Verkäufer oder bei zukünftigen Nachbarn nachfragen, ob bereits Probleme mit dem Flachdach aufgetreten sind.

Achtung *Reparaturen am Flachdach sind meist sehr aufwändig. Wird eine solche nötig, müssen Sie sich im Verhältnis Ihrer Wertquote an den entstehenden Kosten beteiligen.*

Hervorstehende Gebäudeteile und Tropfkanten
Balkone, Vordächer, Wandscheiben leiten die Wärme aus dem Haus in kalte Zonen im Mauerwerk. Wo kalte und warme Gebäudeteile aufeinander treffen, bildet sich Kondenswasser, was wiederum zu Feuchtigkeitsschäden führt, etwa zu feuchten Flecken an der Zimmerdecke oder im Fensterbereich. Achten Sie deshalb darauf, dass solche Gebäudeteile isoliert sind oder werden. Die nachträgliche Behebung des Mangels ist nämlich meist nur mit grossem Aufwand möglich.

Um Wasseransammlungen und damit das Eindringen von Feuchtigkeit zu verhindern, muss Regen möglichst rasch abgeführt werden. Tropfkanten – auch Wassernasen genannt – an allen hervorstehenden Gebäudeteilen verhindern, dass Wasser an den Vorsprüngen zurückläuft und in die Fassade eindringt. Fehlen solche Tropfkanten, sind Bauschäden die Folge. Dasselbe gilt auch für Fenster und Türen.

Tipp *Bei Neubauten sollten Sie besonders den auskragenden Betonteilen Beachtung schenken. Tropfkanten später anzubringen ist meist nur mit sehr grossem Aufwand möglich.*

Fenster
Nicht selten sind die Fenster die neuralgischen Punkte. Sind sie mangelhaft konstruiert, kann Wasser in die Wohnung, aber auch ins Mauerwerk dringen. Zudem lassen auch isolierverglaste Fenster immer noch deutlich mehr Wärme ins Freie abwandern als eine normale Hauswand und verursachen damit erheblich höhere Heizkosten. Vor allem bei Ihren Ansprüchen an die Fenstergrösse sollten Sie zwischen Ästhetik und Wärmeisolation abwägen.

Fenster hängen in einem Rahmen, der in die Fassade eingebaut ist. Auch hier treffen verschiedene Materialien mit unterschiedlichen Ausdehnungskoeffizienten aufeinander, was Probleme verursachen kann. Um Risse zu vermeiden, ist es deshalb notwendig, dass die Fenster richtig eingefugt werden bzw. worden sind. Prüfen Sie die Fenster aber auch auf festen Sitz. Lassen sie sich in irgendeiner Weise im Mauerwerk bewegen, sind Schäden wie eindringendes Wasser und faulendes Mauerwerk die Folge.

Mängel im Innenausbau

Der Innenausbau sollte möglichst behaglich, praktisch und pflegeleicht sein. Von besonderer Bedeutung ist dabei die Wahl der richtigen Materialien für die einzelnen Räume. Fehl am Platz in Bad oder Küche ist beispielsweise ein Teppichboden, der Feuchtigkeit und Mikrostaub zurückhält und damit ideale Wachstumsbedingungen für Bakterien und Mikroorganismen bietet.

Feuchtigkeitsschäden

Vor allem in Neubauten, aber auch in renovierten Altbauten sind aufgrund der gesetzlichen Bestimmungen die Isolierwerte der verwendeten Baustoffe sehr hoch. Der gute Isolierwert, der die Heizwärme besser im Hausinnern zurückhält, hat aber auch seine Kehrseite: Ohne dass Fenster geöffnet werden, dringt nur noch wenig Frischluft ein. Weil auch die Feuchtigkeit, die im Haus produziert wird, nicht mehr nach aussen abwandert, kann sich vor allem im Zusammenhang mit mangelnder Wärmedämmung und falsch gebauten Wänden Schimmel bilden. Dieser tritt meist in von Möbeln verdeckten Nischen oder Ecken auf.

Um Schimmelpilzen trotz Isolierverglasung keine Chance zu geben, braucht es – neben dem täglichen mehrmaligen Durchlüften – genügend grosse Abzugshauben oder Ventilatoren in Räumen, in denen erhebliche Dampfmengen produziert werden, also vor allem in Küche und Bad. Zudem sollten die Wände mit Materialien verkleidet sein, die sich leicht abwaschen lassen und Schimmel nur wenig Möglichkeit zur Entwicklung bieten. Gut geeignet sind zum Beispiel gefliesste oder mit einem abwaschbaren Anstrich versehene Wände.

Problem Schallschutz

Bei der Wahl Ihrer Eigentumswohnung sollten Sie dem Schallschutz besondere Aufmerksamkeit widmen. Dies gilt nicht nur für den Schutz gegen die Wohneinheiten anderer Hausbewohner, sondern auch innerhalb der eigenen vier Wände. Ein Fachmann kann allenfalls die Dämmwerte der einzelnen Mauern messen. Beim Schallschutz gilt es zu unterscheiden zwischen vermeidlichem und unvermeidlichem Schall, der sich trotz grösster Rücksichtnahme nicht verhindern lässt. Bedenken Sie, dass eine Gewöhnung an Lärmbelästigungen nur bis zu einem gewissen Grad möglich ist.

Schall verbreitet sich ähnlich wie Wasser durch jede noch so kleine Ritze. Im Unterschied zum Wasser dringt er aber auch durch schwächere Bauteile. Eine dicke Wand mit hervorragenden Dämmwerten nützt Ihnen deshalb herzlich wenig, wenn sie an ein schwaches Bauelement angrenzt. Gerade Türen und Türrahmen können Problemzonen sein. Solide Türen auch im Innenbereich sind keine Fehlinvestition.

Ein weiteres, unvermeidliches Problem ist der Trittschall, der – wie sein Name schon sagt – besonders die Konstruktion von Fussböden und Decken betrifft. Harte Materialien verursachen trotz moderner Betondecken in der Regel wesentlich mehr Trittschall als etwa Teppiche (Beispiel siehe Seite 20).

Tipp *Lassen Sie sich zeigen, mit welchen Bodenbelägen die Wohnungen der anderen Stockwerkeigentümer ausgelegt sind, und achten Sie darauf, mit welchem Schuhwerk Ihre Nachbarn in den Räumen herumgehen. Überprüfen Sie den Trittschall auch innerhalb Ihrer eigenen Wohnung.*

Schliesslich sollten Sie auch an eine mögliche Geräuschbelästigung durch Wasserleitungen und sanitäre Einrichtungen denken. Dies gilt insbesondere für Toiletten, die unmittelbar an Schlafräume angrenzen. Nichts ist unbefriedigender, als jede Nacht von einer rauschenden WC-Spülung aus dem Schlaf gerissen zu werden.

Neuralgischer Punkt: Schliessanlage

Eine moderne Schliessanlage, die es erlaubt, für alle zur Einheit gehörenden Nebenräume und Zugänge sowie für den Briefkasten denselben

Schlüssel zu benützen, dient nicht nur dem Komfort, sondern auch dem Schutz vor Einbrüchen. Sollten Sie allerdings einen Schlüssel verlieren, entstehen Ihnen beträchtliche Kosten, da die gesamte Schliessanlage ausgewechselt werden muss. Zudem bietet auch das modernste Sicherheitsschloss keinen Schutz, wenn es nur mangelhaft eingebaut wurde. Vorstehende Schliesszylinder können mit schwerem Werkzeug gewaltsam herausgebrochen werden. Achten Sie deshalb darauf, dass die Schlösser von Aussentüren mit Rosetten versehen sind, die das Ansetzen von Werkzeug verhindern. Und selbstverständlich nützt eine noch so teure und moderne Schliessanlage nur wenig, wenn die Scharniere unterdimensioniert oder so konstruiert sind, dass die Türen ohne weiteres aus den Angeln gehoben werden können.

Hinweis *Oft bilden gar nicht die Eingangstüren die Schwachstellen von Eigentumswohnungen, sondern vor allem Balkontüren und kleinere Fenster in Neben- und Abstellräumen, die nicht im Sichtfeld von Passanten oder Nachbarn liegen. Es empfiehlt sich deshalb, auch solche Zugänge auf ihre Schliesssicherheit zu überprüfen.*

Installationen

Sanitäre und elektrische Installationen sind, auch wenn von aussen kaum sichtbar, die Voraussetzung für Komfort und Behaglichkeit. Selbstverständlich bringt aber jede Installation gewisse Probleme mit sich.

- Frischwasserleitungen bringen das Wasser mit ca. 8 bis 12 °C ins Haus. Achten Sie darauf, dass diese Leitungen isoliert sind. Sonst beginnen sie wegen des Temperaturunterschieds zur Wand, in die sie eingelassen sind, zu «schwitzen», was zu dunklen Streifen auf dem Verputz und schliesslich zu Schimmel führt. Isolierte Frischwasserleitungen haben zudem den Vorteil, dass sie auch in ungeheizten Räumen nur schwer einfrieren.
- Warmwasserleitungen müssen zur Vermeidung von Energieverlust schon von Gesetzes wegen isoliert sein.
- In der heutigen Zeit, in der wir für alles und jedes ein strombetriebenes Gerät benützen, sind drei Steckdosen pro Raum kein Luxus. Selbstverständlich lassen sich auch im Nachhinein neue Stromleitungen verlegen, mit vernünftigem Aufwand jedoch nur auf Putz, also sichtbar.

- Damit bei einem Kurzschluss nicht alle elektrischen Geräte und das Licht ausfallen, müssen mehrere separate Stromkreise installiert sein. Je mehr Stromkreise, desto höher die Sicherheit gegen einen Totalausfall; aus Kostengründen dürften aber sechs Stromkreise das obere Limit darstellen.

Raumklima und Heizung

In einer gut isolierten Wohnung kann praktisch ein eigenes Klima entstehen. Von den damit verbundenen Problemen wie Schimmel und Nässeflecken, vom Lüften, von Dampfabzügen und Ventilatoren war bereits die Rede. Neben solchen technischen Hilfsmitteln ist aber auch die Raumkonstruktion von grosser Bedeutung. Nicht ohne Grund wurden die Räume früher deutlich höher gebaut. Das gesunde Raumklima wird nämlich in erster Linie von der Luftmenge im Zimmer bestimmt. Warme und schadstoffbelastete Luft hat zudem die angenehme Eigenschaft, zu steigen und sich unter der Decke zu stauen. In hohen Räumen liegt die schlechte Luft deshalb ausserhalb der Atemzone.

Alle Räume Ihrer Eigentumswohnung sollten beheizbar sein. Das dient nicht nur der flexiblen Nutzung, sondern verhindert auch Feuchtigkeitsschäden. Um die einzelnen Räume individuell beheizen zu können – kühles Schlafzimmer, angenehm warmer Fernsehraum –, sollten alle Heizkörper mit individuellen Thermostatventilen ausgerüstet sein.

Heizen mit Heizkörpern

Für eine ideale Heizleistung und einen geringen Wärmeverlust ist die richtige Anordnung der Heizkörper eine wesentliche Voraussetzung. Hohe Wärmeverluste entstehen immer dann, wenn Hitze und Kälte direkt aufeinander prallen, beispielsweise wenn der Warmluftschleier, der über dem Heizkörper aufsteigt, sofort mit der kalten Fensterscheibe in Berührung kommt. Isolierglas mindert die Wärmeverluste zwar erheblich; trotzdem ist der Energieverbrauch deutlich höher, wenn der Heizkörper direkt unter bzw. vor einem Fenster steht, als wenn er vor einer Wandfläche montiert ist. Aus Gründen der Zirkulation werden Heizkörper aber auch heute noch oft bei den Fenstern angebracht.

Achten Sie zudem darauf, dass Anzahl, Grösse und Leistung der Heizkörper richtig berechnet sind. Befindet sich nämlich nur ein Heizkörper im Raum und ist dieser relativ klein bemessen, muss er mit hohen Temperaturen betrieben werden. Die Folge ist ein erhöhter Energieverbrauch.

Heizen mit einer Bodenheizung

Wird Ihre Eigentumswohnung mit einer Bodenheizung beheizt, müssen Sie darauf achten, dass die Heizschlangen genügend dicht verlegt sind – dies insbesondere in den Randzonen. Erwarten Sie zudem nicht, dass Ihr Boden durch eine Fussbodenheizung der neueren Generation spürbar warm wird. Die Temperatur des durch die Heizschlangen geführten Wassers liegt aus energietechnischen Gründen nur bei ca. 40 °C. Das reicht zwar für die Beheizung der Räume absolut aus, führt aber gerade bei Stein- und Keramikböden nicht zu einer spürbaren Erwärmung.

Wissen müssen Sie zudem, dass eine Bodenheizung viel träger reagiert als Heizkörper. Bis nach dem Einschalten die gewünschte Raumtemperatur erreicht ist, vergehen ca. zwölf Stunden. Gerade vor grossen Fenstern kann sich das unangenehm bemerkbar machen. In Jahreszeiten mit unbeständiger Witterung und wechselhafter Sonneneinstrahlung besteht zudem die Gefahr, dass Ihre Wohnung mal zu warm, dann wieder zu kalt ist.

Tipp *Kaufen Sie eine Wohnung mit Fussbodenheizung ab Plan, sollten Sie sich die Verlegungspläne aushändigen lassen und sie einem unabhängigen Heizungsingenieur zur Überprüfung geben. Vorsicht ist bei Fussbodenheizungen vor allem deshalb geboten, weil sich ein mangelhaftes System mit vernünftigem Aufwand kaum mehr korrigieren lässt. Um beispielsweise die Heizschlangendichte zu verbessern, müsste der ganze Fuss- und Unterlagsboden herausgerissen werden.*

Minergie

Häuser nach Minergie-Standard liegen gross im Trend und werden sowohl vom Bund und den Kantonen als auch von Wirtschaftsträgern gefördert und unterstützt. So offerieren beispielsweise verschiedene Banken günstigere Ökohypotheken für Neubauten nach Minergie-Standard. Gebäude, die nach dem Minergie-Standard errichtet oder saniert wurden, bieten einen grossen Wohn- und Arbeitskomfort und benötigen nur rund halb so viel Energie wie konventionell gebaute. Mit dem neueren Minergie-P-Standard lassen sich nochmals rund 30 Prozent Energie sparen. Solche Gebäude sind nicht nur volkswirtschaftlich interessant, sie garantieren auch für eine grössere Werthaltigkeit.

Minergie-Häuser verfügen über eine dichte Gebäudehülle, sodass keine kalte oder warme Luft hineinziehen kann. Eine Wärmedämmung sorgt dafür, dass im Winter die Wärme nicht durch Wände oder Dach verloren geht und im Sommer die Hitze nicht eindringen kann. Ein gutes Belüftungssystem ersetzt das Fensterlüften in der kalten Jahreszeit. Dieses Belüftungssystem soll zudem den Komfort steigern: Die Fenster können in allen Räumen – auch in Nasszellen – ganztags geschlossen bleiben, was mehr Ruhe, eine gleichmässige Wärme und Schutz vor belasteter Luft mit sich bringt. Zudem werden Feuchtigkeitsschäden sowie trockene Luft im Winter vermieden. Dank der guten Wärmedämmung lassen sich Gebäude nach Minergie-Standard auch mit erneuerbaren Energien genügend heizen.

Noch mehr Komfort bei noch weniger Energiebedarf verspricht der Minergie-P-Standard. Eine noch kompaktere Bauweise und bessere Isolation helfen, den Energiebedarf so weit zu senken, dass Radiatoren oder eine Fussbodenheizung überflüssig werden. Die Beheizung erfolgt ebenfalls über das Belüftungssystem durch die Zufuhr erwärmter Luft.

Achtung *In Inseraten werden immer wieder «Energiesparhäuser» oder «Ökohäuser» angeboten. Solche Bezeichnungen garantieren weder für Qualität noch für die Einhaltung irgendwelcher Standards. Halten Sie sich an die eingeführten Labels und verlangen Sie einen Nachweis des Energieverbrauchs mit Messungen.*

Der Kaufpreis

Der Preis Ihrer Stockwerkeigentumseinheit hängt vor allem von zwei Faktoren ab: vom Landanteil und von den Baukosten des Gebäudes. Da die tatsächlichen Verkaufspreise von Liegenschaften nicht veröffentlicht werden – die Angaben in Immobilieninseraten sind meist bloss eine

Verhandlungsbasis –, lassen sich Durchschnittspreise vergleichbarer Objekte nie exakt ermitteln. Wollen Sie den Verkehrswert Ihrer Einheit zuverlässig wissen, müssen Sie eine Fachperson mit der Schätzung beauftragen. Neben spezifischen Kenntnissen im bautechnischen Bereich sollte sich diese auch auf eine längere Berufserfahrung und Insiderwissen über den regionalen Markt abstützen können.

Je nachdem ob es sich um ein gewerblich genutztes Objekt oder eine Wohnung für den Eigenbedarf handelt, wird der Verkehrswert einer Liegenschaft nach unterschiedlichen Regeln berechnet. Für Wohnungen zum Eigenbedarf steht die Bestimmung des so genannten Realwerts im Vordergrund.

Wie hoch ist der Realwert?

Der Realwert setzt sich zusammen aus dem Zeitwert des Gebäudes, den Umgebungs- und Baunebenkosten sowie dem Landwert.

Ausgangspunkt für die Berechnung des Landwerts ist der an der konkreten Lage gehandelte Bodenpreis. Dieser hängt nicht nur vom Ausmass der frei überbaubaren Flächen ab, sondern vor allem von der Lage: von der Nähe zu grösseren Agglomerationen, vom Erschliessungsgrad, von Aussicht, Besonnung, Steuerfuss, Ausnützungs- und Bebauungsziffern.

Die zweite Komponente des Realwerts Ihrer Eigentumswohnung ist der Zeitwert. Dieser wird berechnet aus dem Neuwert – das ist der geschätzte Aufwand, der für die Erstellung eines gleichartigen Gebäudes nötig wäre –, reduziert um die technische Alterung. Ebenfalls dazu ge-

Durchschnittliche Bodenpreise in der Schweiz

	Billige Lage	Mittlere Lage	Teure Lage
Ländliche Gemeinden	Fr. 250.–/m²	Fr. 370.–/m²	Fr. 500.–/m²
Agglomerationsgemeinden	Fr. 390.–/m²	Fr. 520.–/m²	Fr. 770.–/m²
Mittelgrosse Städte	Fr. 480.–/m²	Fr. 650.–/m²	Fr. 910.–/m²
Grosszentren	Fr. 840.–/m²	Fr. 1160.–/m²	Fr. 2730.–/m²

Die Angaben stammen aus einer Umfrage des Hauseigentümerverbands Schweiz von 2003. Sie sind als Richtwerte zu verstehen.

hören die Umgebungskosten (Gartengestaltung, Zufahrten, Rampen etc.) sowie die Baunebenkosten (zum Beispiel Bewilligungen, Gebühren, Erschliessungen).

Tipps
- *Der Bausekretär Ihrer Gemeinde oder in einer grösseren Stadt der Kreisarchitekt wissen häufig gut Bescheid über die Bodenpreise in ihrem Gebiet. Informationen zur Entwicklung im Immobilienmarkt finden Sie unter anderem auch auf der Homepage des Hauseigentümerverbands Schweiz (www.hev-schweiz.ch) unter der Rubrik Statistik/Immo-Umfrage.*
- *Grundstückpreise hängen sehr von der Lage ab. Zuverlässig lässt sich der Landwert daher nur durch eine professionelle Schätzung ermitteln. Solche Schätzungen werden von Immobilientreuhändern, Architektinnen und einer Vielzahl anderer Personen aus der Bauwirtschaft angeboten. Die Bezeichnung «Schätzer mit eidgenössischem Fachausweis» gibt Ihnen die Sicherheit, dass der Inhaber des Titels über die nötigen Fachkenntnisse verfügt. Daneben sind aber auch Marktkenntnisse und eine grosse Erfahrung notwendig.*

Kennen Sie den Landwert des Grundstücks, den Zeitwert der Liegenschaft und sind Ihnen auch die Umgebungs- und Baunebenkosten bekannt, können Sie den Wert Ihrer Stockwerkeigentumseinheit anhand von zwei in der Praxis gebräuchlichen Methoden berechnen:
- Eine erste Variante beruht auf dem Verhältnis Ihrer Nettowohnfläche zur Nettowohnfläche der Gesamtüberbauung. Als Nettowohnfläche gilt die Summe sämtlicher begeh- und belegbarer Bodenflächen innerhalb der Wohnung, einschliesslich der Grundfläche von Einbauten und wohnungsinternen Treppen. Nicht einbezogen sind Wandquerschnitte, Schächte, Kamine, Tür- und Fensternischen, Balkone, Sitzplätze sowie Räume oder Raumteile unter 1,5 Meter lichter Höhe. Abweichungen vom Normalstandard – zum Beispiel überdurchschnittliche Besonnung, speziell schöne Aussicht, luxuriöser Ausbau – müssen Sie separat berücksichtigen.
- Die zweite Möglichkeit, den Wert Ihrer Einheit nachzuprüfen, besteht darin, dass Sie die Wertquote mit dem Realwert der Gesamtliegenschaft multiplizieren.

Beispiel einer Realwertberechnung

1. Realwert der Gesamtliegenschaft
- Grundstückswert (unbebaut)
  1600 m² à Fr. 500.–/m²   Fr. 800 000.–
- Gebäudewert (Baujahr 1994)
  Baukosten 2727 m³ à Fr. 550.–   Fr. 1 500 000.–
  Alterentwertung (1% pro Jahr)   – Fr. 150 000.–   Fr. 1 350 000.–
- Umgebungskosten   Fr. 70 000.–
- Baunebenkosten (inkl. Bauzinsen)   Fr. 180 000.–
  Total Realwert der Gesamtliegenschaft   Fr. 2 400 000.–

2. Realwert einer einzelnen Stockwerkeigentumseinheit
- Aufgrund des Nettowohnflächenverhältnisses
  Nettowohnfläche der Gesamtliegenschaft G = 700 m²
  Nettowohnfläche der Einheit X = 130 m²
  Nettowohnflächenverhältnis = X : G = 13 : 70
  Realwert der Einheit = $^{13}/_{70}$ x Fr. 2 400 000.–   Fr. 445 714.–

- Aufgrund der Wertquote
  Wertquote der Einheit X = 185 ‰
  Realwert der Einheit = 0.185 x Fr. 2 400 000.–   Fr. 444 000.–

Der Verkehrswert

Der Verkehrswert ist der Preis, der für eine Liegenschaft im Moment des Verkaufs tatsächlich gelöst werden kann. Er ist abhängig vom Realwert – ungewöhnliche Verhältnisse oder persönliche Vorlieben (Liebhaberpreise) werden nicht berücksichtigt.

Da die Situation auf dem Immobilienmarkt rasch ändert, lässt sich der effektive Verkehrswert oft erst nach dem Kauf bzw. Verkauf aufgrund des gelösten Preises ermitteln. Viele Faktoren – am wichtigsten wohl die Nachfrage, die Kaufkraft und der Umfang der frei überbaubaren Fläche – beeinflussen den Verkehrswert positiv oder negativ. Eine zuverlässige Einschätzung der aktuellen Verhältnisse ist nur Fachleuten möglich, die sich tagtäglich mit Grundstücken und Grundstückspreisen auseinander setzen und die aktuellen Strömungen und Trends kennen.

Die hedonistische Bewertungsmethode

Die traditionellen Verfahren der Wohnraumbewertung versuchen, den tatsächlichen Marktwert einer Liegenschaft aufgrund von messbaren Grössen zu bestimmen. Einen anderen Weg geht die hedonistische Methode, die mittlerweile auch von grösseren Banken eingesetzt wird. Basis der Berechnung sind die effektiv bezahlten Marktpreise sowie zahlreiche Kriterien wie Standort, Bauqualität und Ähnliches, die den Marktwert einer Liegenschaft bestimmen. Ein Vorteil dieser neuen Art der Wohnraumbewertung liegt im Preis; sie ist um einiges günstiger als eine Bewertung nach klassischer Real- und Verkehrswertmethode.

In der Schweiz erfasst das Informations- und Ausbildungszentrum für Immobilien IAZI seit 1996 die tatsächlich für Liegenschaften bezahlten Preise sowie rund 50 weitere Faktoren (Wohnfläche, Anzahl Zimmer, Steuersatz, Nähe zu grösseren Städten, Mietzinsniveau, Ausländeranteil, Einfluss des Tourismus etc.). Anhand dieses Datenmaterials lässt sich der Wert einer Immobilie in den meisten Schweizer Gemeinden schätzen.

Tipp *IAZI bietet die hedonistische Beurteilung auch im Internet an (www.iazi.ch). Dort können Sie die Daten zu einem Objekt, das Sie interessiert, selber eingeben. Dabei müssen Sie sich allerdings bewusst sein, dass das Resultat nur so gut sein kann wie Ihre – möglicherweise laienhafte – Einschätzung der Liegenschaft.*

4. Den Kaufvertrag richtig abschliessen

Sie haben sich nach gründlicher Prüfung für «Ihre» Eigentumswohnung entschieden. Nun gilt es, den Kauf vorzubereiten und den Kaufvertrag für Ihr neues Heim so abzuschliessen, dass er Ihnen auch später die Freude am Wohnen nicht vergällen kann.

Der Vorvertrag

Vor allem beim Kauf ab Plan wird häufig verlangt, dass Sie zuerst einen Vorvertrag – auch Reservationsvereinbarung oder Reservationsvertrag genannt – abschliessen. Denn der Verkäufer braucht eine bestimmte Anzahl solcher Verträge, um von den Banken die nötige Finanzierung für eine neue Überbauung zu erhalten. Bei der Unterzeichnung eines Vorvertrags sollten Sie Vorsicht walten lassen, insbesondere dann, wenn damit eine Zahlung an den Verkäufer verbunden ist.

Ob ein solcher Vertrag sinnvoll ist, kommt ganz auf die konkrete Situation an. Sinn macht er beispielsweise dann, wenn Sie sich eine Wohnung unbedingt sichern wollen, bevor das Stockwerkeigentum überhaupt begründet ist. Dann können Sie nämlich, weil die Stockwerkeigentumseinheit noch nicht im Grundbuch eingetragen ist, gar keinen Kaufvertrag abschliessen.

So vermeiden Sie Probleme

Ein Vorvertrag ist rechtlich nur gültig und im Streitfall durchsetzbar, wenn er öffentlich beurkundet wird. Nicht selten werden Vorverträge aber der Einfachheit halber und um Gebühren zu sparen, ohne diese Beurkundung abgeschlossen. Was bedeutet das?

Jeder nicht öffentlich beurkundete Vorvertrag ist nichtig. Das hat für Sie als Käufer Vor- und Nachteile: Treten Sie von einem solchen Vertrag zurück, kann der Verkäufer nichts dagegen unternehmen und auch keine Forderungen geltend machen. Umgekehrt haben Sie selbst keine rechtliche Gewähr, dass der Kauf der Liegenschaft wirklich zustande kommt.

Der Vorvertrag muss alle wesentlichen Vertragsbestandteile des zukünftigen Kaufvertrags über die Stockwerkeigentumseinheit enthalten oder mindestens umschreiben – andernfalls ist er ebenfalls nichtig. In einen Vorvertrag gehören vor allem:

- Bezeichnung der Vertragsparteien
- Kaufpreis
- Kaufobjekt
- Vereinbarung eines Reuegelds, sofern vorgesehen

Die Kosten für einen Vorvertrag sind von Kanton zu Kanton unterschiedlich.

Tipps
- Werden der Vorvertrag und der Hauptvertrag beim gleichen Notar beurkundet, reduziert sich in der Regel die Beurkundungsgebühr. Erkundigen Sie sich beim zuständigen Notariat.
- Weil es in Kantonen mit Amtsnotariat manchmal schwierig ist, innert nützlicher Frist einen Beurkundungstermin zu erhalten, schlagen Immobilienverkäufer ab und zu vor, den Vorvertrag in einem anderen Kanton beurkunden zu lassen. Ob ein solcher Vorvertrag gültig ist, hängt vom kantonalen Beurkundungsgesetz ab. Erkundigen Sie sich auf dem für Ihr zukünftiges Grundstück zuständigen Grundbuchamt.

Vorsicht mit dem Reuegeld

In der Regel zahlen Sie dem Verkäufer bei Abschluss des Vorvertrags einen bestimmten Betrag – das Haft- oder Reuegeld. Wenn Sie sich dann anders besinnen und vom Kauf zurücktreten, verfällt diese Summe.

Hinweis *Auch wenn in Ihrem Vertrag von einer «Anzahlung an den Kaufpreis» die Rede ist, heisst das noch nicht, dass Sie diesen Betrag bei Nichtkauf zurückerhalten. Oft wird zudem nicht exakt bestimmt, ob es sich bei dem Betrag um ein Haft- oder Reuegeld handelt. Das Gesetz vermutet für solche Fälle, dass ein Haftgeld vereinbart worden ist. Das ist für Sie als Käufer ungünstig, weil Sie der Verkäufer dann auch über die vereinbarte Summe hinaus für den Schaden verantwortlich machen kann, der ihm aus Ihrem Vertragsrücktritt entsteht. Das kann Ihnen beim Reuegeld nicht passieren. Hier schulden Sie ausschliesslich den vereinbarten Betrag. Achten Sie also darauf, dass die von Ihnen zu leistende Summe ausdrücklich als Reuegeld bezeichnet wird, und lassen Sie sich im Zweifelsfall beraten.*

Wenn Sie ein Reuegeld oder eine Anzahlung vereinbart haben, sollten Sie den Betrag nicht auf ein Konto des Verkäufers überweisen. Sonst kommt Ihr Geld, wenn Ihr Vertragspartner Konkurs gehen sollte, in die Konkursmasse und ist damit unter Umständen verloren. Leisten Sie deshalb Ihre Zahlung nur auf ein Sperrkonto, das zu Ihren Gunsten verzinst wird, und halten Sie fest, dass das Geld dem Verkäufer erst nach Abschluss des Kaufvertrags oder bei Ihrem Rücktritt vom Vorvertrag ausgehändigt werden darf.

Was gilt bei einem Rücktritt?

Treten Sie vom Vorvertrag zurück, verfällt das Reuegeld und eventuell auch eine Anzahlung zugunsten des Verkäufers. Reicht das nicht aus, um seine Aufwendungen zu decken, kann er auch noch weitere Kosten geltend machen – beispielsweise für die Ausarbeitung des Kaufvertrags oder für Änderungen, die er auf Ihren Wunsch an der geplanten Stockwerkeigentumseinheit vorgenommen hat.

Wurde der Vorvertrag nicht beurkundet, können Sie beim Rücktritt die Anzahlung oder das Reuegeld zurückverlangen – der Vorvertrag ist ja gar nicht gültig. Ihr Rückforderungsanspruch verjährt allerdings bereits ein Jahr, nachdem Sie Kenntnis davon erhalten haben, dass der Vorvertrag nichtig ist. Die absolute Verjährungsfrist beträgt zehn Jahre ab Leistung der Zahlung.

Erfüllt der Verkäufer den – gültig abgeschlossenen – Vorvertrag nicht und baut beispielsweise die Ihnen zugesagte Wohnung gar nicht, können Sie auf die Erfüllung des Hauptvertrags klagen. Das dürfte in der Regel allerdings sehr aufwändig sein. Meist lässt sich in einem solchen Fall die Erfüllung des Hauptvertrags nicht erstreiten, sondern Sie können nur das Reuegeld zurückverlangen und Schadenersatz fordern. Beispielsweise dann, wenn Sie Ihre alte Wohnung bereits gekündigt haben und nun unnötige Umzugskosten anfallen.

Der Kaufvertrag

Für den Kauf und Verkauf von Grundstücken – und das ist eine Eigentumswohnung – bestehen besondere Gesetzesbestimmungen (Art. 216 bis 221 OR).

Das Eigentum an einem Grundstück geht erst vom Verkäufer auf die Käuferin über, wenn diese im Grundbuch eingetragen ist. Nicht oder unrichtig beurkundete Kaufverträge weist das Grundbuchamt zurück und verhindert damit den Eigentumsübergang. An die Käuferin kann ein Grundstück nur in dem Umfang übergehen, wie es im Grundbuch eingetragen ist. Deshalb sollten Sie vor Abschluss des Kaufvertrags unbedingt prüfen, ob das Kaufobjekt mit allen vom Verkäufer zugesicherten Rechten im Grundbuch eingetragen ist. Wollen Sie absolute Sicherheit haben, müssen Sie beim Grundbuchamt direkt ins Grundbuch Einsicht nehmen. Auf Auszüge können Sie sich nicht hundertprozentig verlassen, wie folgender Fall zeigt.

Urteil *An der Liegenschaft L. besteht Stockwerkeigentum. Die Autoeinstellhalle dazu ist in Miteigentum aufgeteilt. 18 Einstellplätze bzw. Miteigentumsanteile sind untrennbar mit Stockwerkeinheiten verbunden: zur Stockwerkeinheit 7 gehört der Einstellplatz 7, zur Stockwerkeinheit 10 der Einstellplatz 10 etc. Herr S. kaufte die Stockwerkeinheit 7 und den entsprechenden Miteigentumsanteil an der Autoeinstellhalle; die Ehegatten B. erwarben die Stockwerkeinheit 10 samt Einstellplatz. Dann verkaufte Herr S. seine Einheit und den damit verbundenen Einstellplatz «mit allen Rechten und Lasten» an Herrn K. Rund acht Jahre später teilte dieser den Ehegatten B. mit, dass er am Einstellplatz Nr. 10 ein Benutzungsrecht habe. Die B.s wollten von einem solchen Benutzungsrecht nichts wissen: Sie hätten den Einstellplatz 10 lastenfrei erworben, im Grundbuchauszug, der Bestandteil ihres Kaufvertrags sei, stehe nichts von einer Dienstbarkeit. Schliesslich landete der Fall vor Gericht.*

Das Bundesgericht gab Herrn K. Recht, mit folgender Begründung: Zwar stand im Grundbuchauszug, auf den sich das Ehepaar berief, tatsächlich nichts über ein Benutzungsrecht der Stockwerkeinheit 7 am Einstellplatz 10. Doch das hatte einen Grund: Die Dienstbarkeit war zwar im Zeitpunkt des Kaufs der B.s bereits angemeldet und im Tagebuch eingeschrieben, wurde aber erst später ins Hauptbuch eingetragen und war deshalb im Auszug nicht vermerkt. Einem Grundbuchauszug für sich kommt der öffentliche Glaube des Grundbuchs nicht zu, er hat lediglich Beweisfunktion, soweit er mit dem Grundbuch übereinstimmt. Das Ehepaar hätte sich also nicht auf den Auszug verlassen dürfen, sondern hätte Abklärungen im Grundbuch selbst vornehmen müssen. (BGE 130 III 306)

Der Kaufvertrag muss beurkundet werden

Ausgearbeitet wird ein Grundstückkaufvertrag meist vom Notar, der ihn anschliessend beurkundet. Natürlich haben die Vertragsparteien auch die Möglichkeit, den Vertrag selber zu formulieren. Dann hat der Notar lediglich die Aufgabe, den Kaufvertrag zu überprüfen und die Parteien auf Punkte aufmerksam zu machen, die sie nicht bedacht haben.

Ein Grundstückkaufvertrag ist ein komplexes Vertragswerk, und es empfiehlt sich deshalb auf jeden Fall, ihn durch einen ausgewiesenen Sachverständigen ausarbeiten zu lassen. Unterbreitet Ihnen der Verkäufer einen Vertrag, sollten Sie diesen unbedingt von einer unabhängigen Fachperson überprüfen lassen.

Tipp *Die Notarin, die den Kaufvertrag beurkundet, nimmt eine staatliche Aufgabe wahr. Für ihre Aufwendungen hat sie Anspruch auf eine Beurkundungsgebühr. Darin ist die Abgeltung für das Abfassen des Vertrags wie auch für die meisten anderen mit der Beurkundung verbundenen Tätigkeiten enthalten. Lassen Sie den Vertrag von einem Dritten abfassen, der ja für seine Arbeit auch ein Honorar verlangt, zahlen Sie unter Umständen für dieselbe Leistung doppelt, denn die Mindestgebühr gemäss Beurkundungsgesetz muss die Notarin verrechnen.*

Was gehört in den Kaufvertrag?

Auch wenn Sachverständige Ihren Kaufvertrag ausarbeiten, für den Inhalt sind letztlich Sie und Ihr Vertragspartner verantwortlich. Sie müssen also den Entwurf kontrollieren und auch korrigieren, wenn er nicht den Abmachungen mit dem Verkäufer entspricht. Folgende Punkte gehören in den Kaufvertrag:

- Namen, Personalien und aktuelle Adressen der Parteien
- Beschreibung des Stammgrundstücks und der Stockwerkeigentumsliegenschaft (inkl. Sonderrechte, Wertquote, Dienstbarkeiten etc.)
- Kaufpreis
- Übergang von Nutzen und Gefahr, evtl. Konditionen eines früheren Besitzesantritts
- Zahlungsmodalitäten
- Sicherstellung des Kaufpreises
- Sicherstellung der Grundstückgewinnsteuer

- Zustand, in dem das Kaufobjekt zu übergeben ist
- Bestimmungen über die Gewährleistung des Verkäufers (für Baumängel und Bauhandwerkerpfandrechte) oder Ausschluss einer Gewährleistung, soweit gesetzlich zulässig
- Abrechnung über die laufenden Kosten und Abgaben
- Anerkennung des Reglements und der bereits gefassten Beschlüsse der Stockwerkeigentümergemeinschaft durch die Käuferin
- Zustimmung des Ehegatten des Verkäufers, falls es sich beim Objekt um die Familienwohnung handelt (Art. 169 ZGB)
- Vereinbarung über die Verteilung der Beurkundungs- und Grundbuchgebühren
- Vereinbarung, wer die mit dem Geschäft anfallenden Steuern trägt, falls eine andere als die gesetzliche Verteilung vorgesehen ist
- Eintragungsantrag an das Grundbuchamt
- je nach Kanton: Erklärung der Parteien, dass die Urkunde ihren Willen enthält
- Datum und Unterschrift der Parteien
- Beurkundungsformel
- evtl. weitere Bestimmungen gemäss kantonalem Beurkundungsrecht

Die Beurkundung

Kaufverträge über Grundstücke sind nur gültig, wenn sie öffentlich beurkundet werden. Zweck dieser Beurkundung ist es, die Parteien vor übereilten Geschäften zu schützen, ihnen ein Beweismittel für allfällige Streitigkeiten in die Hand zu geben und eine einwandfreie Grundlage für den Grundbucheintrag zu schaffen.

Wie genau die öffentliche Beurkundung abläuft, bestimmt das kantonale Recht. Das Verfahren ist aber überall ähnlich: Die Notarin bringt den Vertragsparteien den Inhalt des Vertrags zur Kenntnis, erklärt ihn und nimmt von ihnen die Bestätigung entgegen, dass dieser mit ihrem Willen übereinstimmt. Anschliessend unterzeichnen beide Parteien und die Notarin die Urkunde.

Achtung *Gelegentlich wollen Verkäufer aus steuerlichen Gründen im Kaufvertrag einen zu tiefen Kaufpreis festhalten und lassen sich die Differenz schwarz bezahlen. Gehen Sie auf keinen Fall darauf ein. Ein falsch* beurkundeter Kaufpreis macht den ganzen Vertrag nichtig; zudem kann ein solches Vorgehen auch strafrechtlich verfolgt werden.

Je nach Kanton sind für die Beurkundung nur Notare mit Sitz im Kanton zugelassen. In einigen Kantonen sind Amtsnotare oder eine Behörde zuständig, in anderen haben Sie die Möglichkeit, aus freiberuflichen Notaren Ihre Urkundsperson zu wählen. Welches System in Ihrer Region zur Anwendung kommt, erfahren Sie auf der Gemeindeverwaltung.

Sofern nichts anderes vereinbart wurde, trägt der Käufer die Beurkundungskosten. Einzelne kantonale Beurkundungsgesetze sehen eine andere Kostenverteilung vor. Häufig wird aber im Kaufvertrag abgemacht, dass die Parteien die Kosten der Beurkundung und der Eintragung im Grundbuch je zur Hälfte übernehmen.

Grundstückkauf und Eherecht

Wenn Ehepaare Wohneigentum erwerben, tun sie dies häufig gemeinsam. Dafür haben sie zwei Möglichkeiten: Miteigentum oder Gesamteigentum (siehe Seite 16). Jede dieser Möglichkeiten hat Vor- und Nachteile. Welche die bessere ist, hängt vom ehelichen Güterstand und von der finanziellen Situation der Eheleute ab. Auch erbrechtliche Überlegungen können eine Rolle spielen. Zudem sollte man kurz überlegen, was denn im Fall einer Scheidung die bessere Variante wäre.

Beispiel *Günter und Andrea L. kaufen gemeinsam eine Eigentumswohnung. Frau L. hat in den letzten Jahren sehr gut verdient. Der Kaufpreis von 600 000 Franken kommt deshalb aus ihrem Ersparten, ohne dass die beiden eine Hypothek aufnehmen müssen. Für die L.s, die eine richtige Musterehe unter dem Güterstand der Errungenschaftsbeteiligung führen, ist es gar keine Frage, dass ihre Wohnung im Miteigentum je zur Hälfte stehen soll.*

Zwei Jahre später ist es vorbei mit dem Eheglück, die beiden scheiden. Andrea L. staunt nicht schlecht, als sie ein Schreiben des Anwalts ihres Noch-Ehemanns erhält: Günter L. sei gemäss Grundbuch Miteigentümer zur Hälfte, also gehöre ihm die halbe Wohnung. Frau L.

habe ihrem Mann, als sie die ganze Wohnung aus ihrer Errungenschaft finanzierte und ihn zum Miteigentümer machte, seine Hälfte geschenkt. Schenkungen gehörten bei der Errungenschaftsbeteiligung zum Eigengut, das jeder Ehegatte nach der Scheidung behalte.
Aber das Schreiben geht noch weiter: Frau L. habe ihre Hälfte der Wohnung aus ihrer Errungenschaft finanziert. Die Errungenschaften von Mann und Frau würden bei der güterrechtlichen Auseinandersetzung je hälftig geteilt. Günter L. habe deshalb Anspruch auch auf die Hälfte des Miteigentumsanteils seiner Frau an der Wohnung. Insgesamt gehörten Herrn L. also drei Viertel der Wohnung. Andrea L. fällt aus allen Wolken und sucht ihren Anwalt auf. Doch zu ihrem Entsetzen bestätigt dieser die Ansicht von Herrn L.s Anwalt als richtig.

Ein krasses Beispiel, das sich in einer etwas anderen Konstellation tatsächlich so zugetragen hat. Besonders gravierend ist das Resultat auch

---

Das sagt das Eherecht

Wenn ein Ehepaar nicht in einem Ehevertrag etwas anderes vereinbart hat, lebt es im ordentlichen Güterstand der Errungenschaftsbeteiligung. Dieser unterscheidet zwischen Eigengut von Ehefrau und Ehemann sowie Errungenschaft von Ehefrau und Ehemann:

- **Eigengut:** Dazu gehören in erster Linie die Vermögenswerte, die Sie in die Ehe eingebracht haben, sowie die Gegenstände, die Ihnen zum persönlichen Gebrauch dienen (Kleider, Schmuck, Hobbyausrüstung etc.). Auch Erbschaften und Schenkungen, die Sie während der Ehe erhalten, fallen – wenn nichts anderes festgehalten wird – ins Eigengut.
- **Errungenschaft:** Dazu gehört alles Vermögen, das während der Ehe erarbeitet wurde (Lohn, Renten der Sozialversicherung, Taggelder der Arbeitslosenkasse), sowie die Erträge aus dem Eigengut (zum Beispiel Zinsen des Sparkontos, Wertschriftenerträge, Mietzins einer Wohnung).

Während der Ehe verwaltet und nutzt jede Seite ihr Eigengut und ihre Errungenschaft selbständig. Wichtig wird die Aufteilung in Eigengut und Errungenschaft vor allem bei einer Scheidung oder beim Tod eines Ehegatten: Mann und Frau behalten je ihr Eigengut, die Errungenschaften aber werden aufgeteilt. Jede Seite erhält – wenn nicht in einem Ehevertrag etwas anderes vereinbart wurde – die Hälfte der Errungenschaft der anderen.

deshalb, weil die L.s die Wohnung ohne jegliches Fremdkapital kauften und so keine Schulden teilen müssen. Wollen Sie keine Überraschungen erleben, sollten Sie sich vor dem Kauf einer Stockwerkeigentumswohnung beraten lassen.

Schutz der Familienwohnung

Gemäss Eherecht können Mann und Frau selbständig über ihr eigenes Vermögen verfügen, also auch Grundstücke kaufen und verkaufen. Haben Sie und Ihr Partner bzw. Ihre Partnerin eine Eigentumswohnung im Miteigentum gekauft und nichts anderes vereinbart, können Sie beide ohne Zustimmung des anderen über den eigenen Anteil verfügen.

Anders sieht dies aus, wenn die Einheit Ihnen als Familienwohnung dient. Artikel 169 ZGB hält nämlich fest, dass eine verheiratete Person das Haus oder die Wohnung der Familie nur mit der ausdrücklichen Zustimmung der Ehefrau bzw. des Ehemanns veräussern kann. Auch wenn ein Verheirateter das Haus oder die Wohnung weitervermieten oder jemandem ein Wohnrecht daran einräumen will, braucht er dazu das schriftliche Einverständnis seiner Partnerin. Als Familienwohnung gelten all jene Räumlichkeiten, die nach dem Willen eines Ehepaars dauernd als gemeinsame Unterkunft dienen und das Zentrum des Ehe und Familienlebens bilden. Eine Ferienwohnung beispielsweise fällt nicht darunter.

Hinweis *Hat ein Ehepaar in einem Ehevertrag Gütergemeinschaft vereinbart, ist eine gemeinsam erworbene Wohnung Gesamteigentum. Dann können Mann und Frau nur zusammen darüber verfügen (siehe Seite 16).*

Heikle Punkte im Kaufvertrag

Zwar ist es Aufgabe des Notars, die Parteien auf die rechtlichen Konsequenzen der vertraglichen Vereinbarungen aufmerksam zu machen. Bei folgenden Punkten sollten Sie aber auf jeden Fall besonders genau hinschauen.

Achtung Bauhandwerkerpfandrechte

Bauhandwerker, die für Bauten auf einem Grundstück Arbeit leisten oder Material liefern, haben das Recht, zur Sicherung ihrer Bezahlung ein Pfandrecht auf diesem Grundstück zu errichten. Und zwar unabhängig davon, ob ihr Auftraggeber die Grundeigentümerin oder der Verkäufer des Grundstücks ist und ob es sich um Arbeiten bzw. Material für eine einzelne Einheit oder für die Gesamtliegenschaft handelt.

Ein solches Bauhandwerkerpfandrecht kann nur innert drei Monaten nach Beendigung der Arbeiten eingetragen werden. Es gibt dem Handwerker das Recht, wenn er vom Schuldner nicht bezahlt wird, die Versteigerung des Grundstücks zu verlangen und aus dem Erlös seine Forderung zu decken. Was bedeutet das für Sie als Stockwerkeigentümer?

Gerade beim Erwerb von neu erstelltem Stockwerkeigentum kann es Ihnen passieren, dass Sie zwar den vollen Kaufpreis für Ihre Einheit entrichtet haben, der Bauherr seinerseits aber die Handwerker nicht bezahlt und diese ein Pfandrecht auf der Liegenschaft errichten. Ein solches Pfandrecht wird im Verhältnis der Wertquoten auf die einzelnen Einheiten verlegt. Sie müssen also – wollen Sie nicht die Zwangsversteigerung Ihrer Einheit riskieren – einen entsprechenden Anteil an der Forderung des Handwerkers übernehmen, obwohl Sie mit dem Kaufpreis bereits Ihren Teil daran beglichen haben. Um nicht für die gleiche Leistung zweimal bezahlen zu müssen, sollten Sie sich schon im Kaufvertrag absichern.

Tipps
- *Mit einer Klausel im Kaufvertrag können Sie den Verkäufer verpflichten, Pfandrechte, die nach dem Verkauf zulasten Ihrer Wohnung eingetragen werden, abzulösen. Kommt der Verkäufer seiner Pflicht nicht nach, stellt dies eine Vertragsverletzung dar und Sie können auf dem ordentlichen Klageweg die Ablösung des Pfandrechts verlangen.*
- *Eine solche Klausel hilft jedoch wenig, wenn der Verkäufer selber in finanzielle Nöte gerät und seinen Verpflichtungen gar nicht nachkommen kann. Verlangen Sie deshalb von ihm eine Bank- oder Versicherungsgarantie. Mit einer solchen Garantie verpflichtet sich die Bank bzw. der Versicherer, Pfandrechte anstelle des zahlungsunfähigen Verkäufers abzulösen.*

- Eine weitere Möglichkeit ist der Rückbehalt eines grossen Teils des Kaufpreises, bis zumindest die Anmeldefrist für Bauhandwerkerpfandrechte von drei Monaten abgelaufen ist. Dies bringt aber allenfalls einen zusätzlichen Zinsaufwand mit sich.

Der Übergang von Nutzen und Gefahr

Unter dem Begriff «Nutzen» ist die Befugnis des Käufers zu verstehen, das von ihm erworbene Grundstück ab einem bestimmten Zeitpunkt zu gebrauchen. Der Begriff «Gefahr» meint den Übergang des Preisrisikos. Für den Grundstückkaufvertrag enthält das Gesetz eine spezielle Regelung, wonach Nutzen und Gefahr grundsätzlich mit der Übernahme des Grundstücks durch den Käufer auf diesen übergehen (Art. 220 OR). Der Begriff der Übernahme wird vom Gesetz hingegen nicht definiert. Deshalb wird der Übergang von Nutzen und Gefahr üblicherweise im Kaufvertrag geregelt. Achten Sie darauf, dass eine entsprechende Klausel auch in Ihrem Vertrag enthalten ist. Andernfalls gehen Nutzen und Gefahr bereits mit dem Eintrag des Kaufvertrags im Grundbuch auf Sie über.

Ab dem Zeitpunkt des Übergangs dürfen Sie den Nutzen aus Ihrer Einheit ziehen. Das bedeutet aber keineswegs, dass Sie ohne weiteres auf diesen Termin die Liegenschaft beziehen können. Dies ist bei neu erstellten Objekten erst dann der Fall, wenn die im öffentlichen Recht festgelegten Sicherheitsvorschriften für Bauten erfüllt sind.

Nach Übergang der Gefahr können Sie, auch wenn die Liegenschaft untergeht oder in einer anderen Weise beschädigt oder unbrauchbar wird, vom Verkäufer keinen Schadenersatz und auch keine Reduktion des Kaufpreises mehr fordern – ausser der Schaden wäre vom ihm selbst verursacht worden. Spätestens ab diesem Zeitpunkt sollten Sie deshalb Ihre Eigentumswohnung versichern.

Das Datum richtig festlegen

Um allfälligen Verantwortlichkeiten auch für den Fall einer Bauverzögerung vorzubeugen, empfiehlt es sich, bei neu erstellten Liegenschaften den Übergang von Nutzen und Gefahr frühestens auf den Zeitpunkt der baupolizeilichen Abnahme Ihrer Wohnung zu vereinbaren.

Sonst kann es Ihnen passieren, dass Nutzen und Gefahr auf Sie übergehen, bevor das Objekt überhaupt bezugsbereit ist.

Kaufen Sie ein bei der Beurkundung bereits fertig gestelltes und abgenommenes Objekts, sollte der Übergang von Nutzen und Gefahr der Klarheit halber auf ein bestimmtes Datum und nicht allgemein auf den «Zeitpunkt der Übernahme» fixiert werden. Wann die massgebende Übernahme und damit die Besitzesübergabe stattgefunden hat, ist im Nachhinein nämlich oft nicht mehr so klar. In einem Schadenfall aber kann es auf einen Tag mehr oder weniger ankommen.

Konventionalstrafe vereinbaren

Beispiel *Die Mietwohnung ist auf Ende September gekündigt, ein Teil des Hausrats bereits in Kisten verpackt und das Zügelunternehmen bestellt. Da erhält Familie R. einen Brief von Generalunternehmer T.: Wegen der nasskalten Witterung sei der Bau schlecht ausgetrocknet und das habe grössere Verzögerungen im Terminplan nach sich gezogen. Ein Bezug der neuen Wohnungen sei frühestens per Ende Oktober möglich. Nach dem ersten Schreck sucht Herr R. eine Rechtsanwältin auf und fragt um Rat. Der Generalunternehmer habe für Schaden aus der Verzögerung aufzukommen, meint diese. Allerdings müsse man ihm beweisen können, wie gross der Schaden sei. Die R.s beginnen zu rechnen: Hotelaufenthalt für vier Personen einen Monat lang, Kosten fürs Einstellen der Möbel und mindestens ein Monatseinkommen von Frau T., die von zu Hause aus als Buchhalterin arbeitet. Zudem wird das Zügelunternehmen, wenn die Wohnung endlich fertig ist, ein zweites Mal gebraucht, um die Familie aus dem Hotel und ihre Habseligkeiten aus dem Zwischenlager ins neue Heim zu bringen. Der Schaden beläuft sich auf 14 320 Franken. Doch Generalunternehmer T. akzeptiert diese Rechnung nicht: Es gebe billigere Möglichkeiten als einen Hotelaufenthalt und Frau T. könne nicht behaupten, sie hätte während der Umzugszeit ihr durchschnittliches Einkommen erzielt. Familie T. – unterdessen im Hotel – sieht ein längeres Hin und Her auf sich zukommen.*

Um in einer ähnlichen Situation Diskussionen um die Höhe des Schadenersatzes gar nicht erst aufkommen zu lassen, vereinbaren Sie mit dem Verkäufer am besten eine Konventionalstrafe für jeden Tag, um den sich die Übergabe Ihrer Eigentumswohnung verzögert. Diese sollte so hoch bemessen sein, dass allfällige Hotelkosten, die Auslagen fürs Zwischenlagern Ihrer Habseligkeiten, zusätzliche Umzugskosten etc. gedeckt sind. Halten Sie auch fest, dass Ihnen trotz Konventionalstrafe die Geltendmachung von weiterem Schaden sowie die Durchsetzung aller Ihrer Ansprüche vorbehalten bleibt.

Sonderrechte und ausschliessliche Benutzungsrechte

Stellen Sie sicher, dass die Gebäude- und Grundstücksteile, die Ihnen gemäss Kaufvertrag zu Sonderrecht zustehen, im Begründungsakt oder mit späterer Zustimmung aller Stockwerkeigentümer tatsächlich zu Sonderrecht ausgeschieden wurden. Vergewissern Sie sich zudem, dass die Ihnen gemäss Kaufvertrag zustehenden ausschliesslichen Benutzungsrechte im Begründungsakt oder Reglement als solche definiert und Ihnen zugeschrieben sind. Und prüfen Sie schliesslich auch noch, dass die ausschliesslichen Benutzungsrechte laut Reglement nur noch mit Ihrer Zustimmung beschränkt oder entzogen werden können (siehe Seite 23).

Nur wenn diese Voraussetzungen erfüllt sind, sind Sie sicher, dass Ihre Wohnung und beispielsweise ein dazugehörender Sitzplatz Ihnen wirklich zur ausschliesslichen Nutzung zustehen.

Tipp *Verlangen Sie vom Verkäufer neben dem Begründungsakt und dem Reglement auch alle Protokolle der bisherigen Stockwerkeigentümerversammlungen. Die darin festgehaltenen Rechte und Pflichten gelten auch für Sie.*

Spezialfall Autoabstellplatz

Autoabstellplätze können auf ganz unterschiedliche Weise zu den einzelnen Stockwerkeigentumseinheiten gehören: als ausschliessliches Benutzungsrecht, als Miteigentumsanteil oder als Dienstbarkeit. Überprüfen Sie, ob diese Zuordnung für Sie auch in Zukunft zweckmässig ist (mehr dazu auf Seite 104).

Der Baubeschrieb

Erwerben Sie eine Eigentumswohnung in einer noch im Bau befindlichen Liegenschaft, ist der Baubeschrieb ein wichtiger Bestandteil Ihres Kaufvertrags. Darin sind die Leistungen, die der Verkäufer zu erbringen hat, exakt umschrieben. Nur was im Baubeschrieb aufgeführt ist, schuldet Ihnen der Verkäufer – und nur in der dort genannten Qualität. Was nicht im Baubeschrieb enthalten ist, muss er nur gegen zusätzliche Vergütung leisten.

Tipps
- *Stellen Sie sicher, dass der Baubeschrieb einen integrierenden Bestandteil Ihres Kaufvertrags bildet und dass darin alle mit dem Verkäufer vereinbarten baulichen Ausführungen verzeichnet sind.*
- *Haben Sie ein Recht auf freie Materialwahl und Mitbestimmung beim Innenausbau, lassen Sie sich beraten, welcher Standard mit den im Baubeschrieb definierten Budgetposten möglich ist. Andernfalls könnten Ihnen grosse zusätzliche Kosten entstehen.*

Die Gewährleistung

Der Verkäufer einer Stockwerkeigentumseinheit muss dem Käufer von Gesetzes wegen für die Mängelfreiheit des verkauften Objekts einstehen. Weist die von Ihnen erworbene Einheit Mängel auf, haben Sie gegenüber dem Verkäufer je nach Vereinbarung im Kaufvertrag verschiedene Mängelrechte.

- **Nach Obligationenrecht:** Ist nichts anderes vereinbart, richtet sich die Mängelhaftung nach den Bestimmungen zum Grundstückkaufvertrag im Obligationenrecht (Art. 216 bis 221 OR). Beim Kauf einer Wohnung ab Plan oder einer Wohnung, die vom Verkäufer noch umgebaut werden muss, kommt unter Umständen auch das Werkvertragsrecht (Art. 363 bis 379 OR) zum Zug. In beiden Fällen haben Sie die Pflicht, Ihre Wohnung möglichst rasch auf Mängel zu überprüfen und diese Mängel sofort nach Entdeckung beim Verkäufer zu rügen. Je nach Situation können Sie dann vom Verkäufer eine Preisreduktion (Minderung) oder – zumindest bei Werkvertragsrecht – eine Nachbesserung verlangen. In einem ganz krassen Fall können Sie vom Vertrag zurücktreten (Wandlung; zu den Mängelrechten siehe Seite 111).

- **Nach SIA-Norm 118:** Die Gewährleistungsregeln des Obligationenrechts sind für Sie als Käufer sehr ungünstig, denn die Fristen, innert der Sie Mängel rügen und anschliessend die Mängelrechte durchsetzen müssen, sind äusserst kurz bemessen. Nur allzu leicht können Ihre Ansprüche untergehen. Achten Sie deshalb darauf, dass in Ihrem Kaufvertrag die günstigeren Bestimmungen der SIA-Norm 118 als verbindlich erklärt werden.

SIA-Norm 118

Die SIA-Normen sind private Regelwerke, die vom Schweizerischen Ingenieur- und Architektenverein herausgegeben werden. Für die Regelung von allfälligen Mängeln eines Bauwerks kennt die SIA-Norm 118 wesentlich käuferfreundlichere Bestimmungen als das Obligationenrecht:
- Der Käufer kann die von ihm festgestellten Mängel innert einer Frist von zwei Jahren seit der Übergabe rügen und braucht nicht sofort nach der Entdeckung aktiv zu werden. Damit wird das Risiko, dass Sie Ihre Mängelrechte verwirken, deutlich kleiner.
- Das OR verlangt von der Käuferin, dass sie einen gerügten Mangel beweist. Diese Beweislast wird in der SIA-Norm während der zweijährigen Rügefrist für sichtbare Mängel umgedreht: Der Unternehmer muss beweisen, dass kein Mangel vorliegt.
- Weiter gesteht die SIA-Norm 118 dem Verkäufer oder Unternehmer ausdrücklich ein Recht zur Nachbesserung zu, was für beide Parteien häufig die beste Art der Mängelbehebung ist (mehr dazu auf Seite 111).

Hinweis *Vor allem beim Kauf ab Plan bringen die Käufer häufig Änderungswünsche am Innenausbau an: eine bessere Küche, ein Cheminée im Wohnzimmer etc. Bezüglich solcher Leistungen gilt dann nicht Kaufvertrags-, sondern Werkvertragsrecht, was vor allem Auswirkungen bei den Mängelrechten hat (siehe Seite 110). Oft hört man in diesem Zusammenhang auch den Ausdruck «Generalunternehmervertrag»; dieser enthält also sowohl Elemente eines Kauf- wie eines Werkvertrags.*

Darauf sollten Sie beim Kauf ab Plan oder kurz nach Fertigstellung achten

Beim Kauf ab Plan ist Ihre Wohnung vor Abschluss des Kaufvertrags noch gar nicht fertig gebaut, kann also auch nicht besichtigt und auf

Mängel geprüft werden. Deshalb sollten Sie vom Verkäufer eine viel umfassendere Gewährleistung verlangen.

Dasselbe gilt für fertig gebaute Stockwerkeigentumseinheiten bis zu einem Alter von fünf Jahren. In der Regel zeigen sich nämlich Baumängel in den ersten Jahren. Das Risiko, eine mangelhafte Einheit zu erwerben, ist also bei einem Neubau viel höher. Kommt dazu, dass der Verkäufer meist selber noch Gewährleistungsrechte gegenüber den Bauhandwerkern besitzt. Er wird deshalb viel eher bereit und in der Lage sein, Ihnen eine grosszügigere Regelung einzuräumen.

Tipps
- *Die Prüfungs- und Rügefrist nach Obligationenrecht ist sehr kurz. Aber auch die zwei Jahre nach SIA-Norm 118 sind nicht gerade lang und zudem muss ein versteckter Mangel, der später entdeckt wird, ebenfalls sofort gerügt werden. Versuchen Sie, diese Fristen mit einer Vereinbarung im Kaufvertrag zu verlängern. Eine solche Erstreckung ist bis maximal zehn Jahre möglich. Achten Sie aber darauf, dass nicht nur die Frist für die Rüge des Mangels, sondern auch die Verjährungsfrist erstreckt wird – diese beträgt nämlich ohne anders lautende Vereinbarung nur fünf Jahre (siehe Seite 115).*
- *Eine andere Möglichkeit, Ihre Position als Käufer zu stärken, besteht darin, dass Sie sich vom Verkäufer vertraglich von der Prüfung der Wohnung entbinden und berechtigen lassen, die Mängelrüge während der gesamten Verjährungsfrist – die bis auf zehn Jahre ausgedehnt werden kann – jederzeit zu erheben.*
- *Ob ein Verkäufer Garantiearbeiten bereitwillig übernimmt, hängt auch von seiner finanziellen Situation ab. Prüfen Sie diese auf jeden Fall vor Vertragsabschluss. Um ganz sicher zu sein, sollten Sie zudem eine Verkäufergarantie verlangen. Dabei verbürgt sich eine Bank oder eine Versicherungsgesellschaft, für die Durchführung der gemäss Kaufvertrag geschuldeten Garantiearbeiten aufzukommen, falls der Verkäufer aus irgendeinem Grund dazu nicht in der Lage ist. Die Verkäufergarantie ist in der Regel während der ersten zwei Jahre nach dem Verkauf gültig.*
- *Eine für den Verkäufer nicht besonders attraktive Möglichkeit ist der Garantierückbehalt. Haben Sie im Kaufvertrag einen solchen Rückbehalt vereinbart, können Sie eine gewisse Summe – meist rund fünf*

Prozent des Rechnungsbetrags – zurückbehalten, bis Mängel, die in der Garantiefrist zum Vorschein kommen, behoben sind. Lässt der Verkäufer die Mängel nicht beheben, können Sie das zurückbehaltene Geld dafür einsetzen.
- *Immer wieder versuchen Verkäufer auch bei neuen Objekten, die Gewährleistung im Kaufvertrag einzuschränken oder gar auszuschliessen. Wenn Sie überhaupt auf solche Klauseln eingehen wollen, sollten Sie sie unbedingt von einem Sachverständigen kontrollieren lassen. Ist ein Gebäude allerdings mehr als fünf Jahre alt, ist ein Ausschluss der Gewährleistung die Regel.*

Abtretung der Garantieansprüche: eine heikle Sache

In Kaufverträgen über neue Eigentumswohnungen findet sich häufig die Formulierung, dass der Verkäufer seine Mängelrechte, die ihm als Besteller gegenüber den einzelnen Handwerkern zustehen, an die Käuferin abtrete. Eine solche Regelung wirkt auf den ersten Blick sehr elegant und für die Käuferin äusserst interessant, doch sie birgt eine Reihe von Klippen in sich:

- Erstens kann der Verkäufer gemäss der geltenden Rechtsprechung seine Mängelrechte nur unvollständig auf Sie übertragen. Er kann Ihnen nur das Nachbesserungsrecht und das Recht auf den Ersatz von Mangelfolgeschäden abtreten, die Minderungs- und Wandlungsrechte jedoch nicht (mehr zu den einzelnen Rechten finden Sie auf Seite 111).
- Zweitens kennen Käufer in der Regel die zwischen den Handwerksfirmen und dem Verkäufer abgeschlossenen Verträge nicht. Folglich wissen sie auch nicht, welche Regelungen punkto Mängel darin vereinbart sind. Wenn Sie sich diese Verträge oder die Garantiescheine der Handwerker nicht einzeln aushändigen lassen, kaufen Sie «die Katze im Sack». Daran ändert auch die Pflicht des Verkäufers nichts, Sie im Streitfall mit einer Handwerksfirma zu unterstützen und Ihnen alle für die Durchsetzung Ihrer Ansprüche benötigten Unterlagen auszuhändigen.
- Drittens wissen Sie in der Regel nicht, wann die einzelnen Handwerker ihre Arbeit abgeschlossen und das Werk dem Verkäufer übergeben haben. Doch mit dieser Übergabe beginnen die Gewährleistungsfristen zu laufen. Und weil dieser Zeitpunkt bereits vor der Eigentumsübertra-

gung liegt, werden Ihre Fristen dadurch noch kürzer, als sie eh schon sind.
- Viertens müssen Sie sich bei dieser Regelung selber um jeden einzelnen Mangel kümmern, allenfalls mit mehreren Handwerkern herumstreiten und Ihr Recht wenn nötig gegen jeden von ihnen gerichtlich durchsetzen. Dies kann sehr zeitintensiv und kostspielig werden. Zudem haben Handwerksfirmen in der Regel wesentlich weniger Interesse, Ihnen als Privatperson einen perfekten Service zu bieten, als einem grösseren Unternehmer, von dem sie unter Umständen wieder einen Auftrag erwarten dürfen.
- Schliesslich besteht immer ein Risiko, dass eine am Bau beteiligte Firma Konkurs geht und Mängelrechte gar nicht mehr durchgesetzt werden können. Dieses Risiko tragen Sie bei der Gewährleistungsabtretung ebenfalls selbst.
- Beim Erwerb einer Stockwerkeigentumseinheit kommt ein zusätzliches Problem hinzu: Mit der Abtretung der Mängelrechte an die einzelnen Stockwerkeigentümer wird der einheitliche Werkvertrag für ein Werk – nämlich für das ganze Gebäude, das sich unter Umständen kaum unterteilen lässt – aufgespalten. Das kann Sie bei der Wahrnehmung Ihrer Mängelrechte behindern und diese Rechte unter Umständen auch schmälern. Ein undichtes Dach beispielsweise betrifft zwar alle, aber nicht alle gleich stark – wer streitet dann mit den Handwerkern?

Alles in allem ist die Abtretung der Gewährleistungsansprüche für Sie als Käufer wenig vorteilhaft. Wenn immer möglich sollten Sie deshalb einer solchen Klausel im Vertrag nicht zustimmen. Allerdings dürfen Sie sich keine Illusionen machen: Gerade bei gefragten Stockwerkeigentumswohnungen sind die Verkäufer in solchen Fragen oft nicht diskussionsbereit.

Die Gewährleistung beim Kauf einer älteren Wohnung

Beim Kauf einer älteren Stockwerkeigentumseinheit sind Ihre Gewährleistungsrechte – ähnlich wie beim Kauf eines Gebrauchtwagens – beschränkt. «Älter» meint eine Wohnung, die vor mehr als fünf Jahren gebaut wurde und für die auch der Verkäufer gegenüber den Handwerkern keine Gewährleistungsansprüche mehr hat. In einem solchen Fall wird meist ein Kauf «wie besehen» vereinbart. Dann gehen die abblätternden Türrahmen oder die alte, zu wenig abgesicherte Stromleitung in Ihrer Wohnung zu Ihren Lasten – Sie haben die Wohnung so gekauft, wie sie bei der Besichtigung war. Der Verkäufer haftet nur noch für arglistig verschwiegene Mängel.

Tipp *Haben Sie vereinbart, dass der Verkäufer vor der Übernahme noch einzelne Mängel ausbessern lässt oder wurden kurz vor dem Kauf Renovationsarbeiten ausgeführt, sollten Sie für diese auf Ihren Gewährleistungsansprüchen bestehen.*

Spezialfall Autoeinstellhalle

Autoeinstellhallen in Stockwerkeigentumsüberbauungen geben immer wieder zu Diskussionen Anlass. Einerseits wegen der Kostenverteilung (siehe Seite 194), anderseits aber auch bei der Frage, wie und an wen die Einstellplätze übertragen werden dürfen. Die Antwort hängt davon ab, in welchem rechtlichen Verhältnis Ihre Eigentumswohnung und die Einstellplätze zueinander stehen. Die verschiedenen Varianten haben für Sie als zukünftiger Stockwerkeigentümer Vor- und Nachteile.

Zuteilung im Sonderrecht oder zur ausschliesslichen Nutzung

Plätze in der Autoeinstellhalle können nur dann im Sonderrecht stehen, wenn sie mit Drahtgittern, Latten oder Ähnlichem dreidimensional abgeschlossen sind (siehe Seite 19). Meist aber sind Einstellplätze bloss mit Bodenmarkierungen abgetrennt und können deshalb nicht im Sonderrecht zugeteilt werden.

Häufig findet man die Lösung, dass den einzelnen Stockwerkeinheiten ein ausschliessliches Benutzungsrecht an einem Einstellplatz zusteht (siehe Seite 22). Dies hat jedoch den Nachteil, dass Sie Ihren Einstellplatz grundsätzlich nur noch zusammen mit Ihrer Wohnung verkaufen können.

Zuteilung mittels Dienstbarkeiten

Der Autoeinstellplatz kann Ihnen auch über eine Dienstbarkeit zugeteilt werden. Je nachdem ob es sich dabei um eine Grund- oder eine Personaldienstbarkeit handelt, sind die Regeln unterschiedlich:

- Eine **Grunddienstbarkeit** liegt dann vor, wenn Ihrer Stockwerkeinheit das Recht eingeräumt wird, einen Parkplatzplatz auf dem Grundstück «Einstellhalle» zu benutzen. Auf dem Grundbuchblatt Ihrer Einheit finden Sie in der Rubrik «Dienstbarkeiten und Grundlasten» folgenden Eintrag: «Recht: Benutzung des Einstellhallenplatzes Nr. 20 z. L. Grundstück Einstellhalle XY». Im Grundbuchblatt der Einstellhalle ist die gleiche Dienstbarkeit als Last vermerkt. Solche Grunddienstbarkeiten kann der Verkäufer nicht nur den Stockwerkeinheiten, sondern auch Nachbargrundstücken einräumen und ist so freier im Verkauf der Einstellplätze. Sie als Stockwerkeigentümer können aber Ihren Einstellplatz nur zusammen mit Ihrer Einheit verkaufen.

- Über eine **Personaldienstbarkeit** an Ihrem Einstellhallenplatz verfügen Sie, wenn das Recht auf Benutzung des Platzes Ihnen persönlich eingeräumt wird. In diesem Fall finden Sie auf dem Grundbuchblatt Ihrer Stockwerkeinheit keinen Eintrag, während dasjenige der Einstellhalle unter der Rubrik «Dienstbarkeiten und Grundlasten» folgenden Eintrag aufweist: «Last: Personaldienstbarkeit zugunsten von Herrn Z. auf Benutzung des Einstellhallenplatzes Nr. 20». Für den Verkäufer ist diese Variante sehr attraktiv, weil er damit die Einstellplätze auch an beliebige Drittpersonen verkaufen kann. Personaldienstbarkeiten sind von Gesetzes wegen weder übertragbar noch vererblich, sie können aber vertraglich dazu erklärt werden. Wollen Sie zukünftig Ihren Einstellplatz jemand anderem übertragen oder vererben können, müssen Sie deshalb darauf bestehen, dass im Dienstbarkeitsvertrag die Dienstbarkeit als «frei übertragbar und vererblich» bezeichnet ist.

Achtung *Wenn Sie eine Stockwerkeigentumseinheit mit Einstellhallenplatz via Personaldienstbarkeit kaufen, verlangt die Hypothekarbank in der Regel, dass die Personaldienstbarkeit in eine Grunddienstbarkeit umgewandelt wird. Nur so kann auch der Einstellhallenplatz als Grundpfand für die Bank dienen. Diese Umwandlung kann für Sie als Käufer zu zusätzlichen Kosten führen.*

Zuteilung im Miteigentum

Am häufigsten wird für die Zuteilung von Einstellhallenplätzen folgende Lösung gewählt: Die ganze Autoeinstellhalle wird zu Sonderrecht erklärt und wird damit zu einer eigenen Stockwerkeinheit. Das erkennen Sie daran, dass die Einstellhalle über eine eigene Wertquote verfügt. Anschliessend wird die Stockwerkeinheit «Einstellhalle» entsprechend der Anzahl der Abstellplätze in Miteigentum aufgeteilt. Als Stockwerkeigentümer erwerben Sie einen Miteigentumsanteil an der Einstellhalle und erhalten so Ihren Parkplatz.

Achtung *Bei der Veräusserung eines Miteigentumsanteils haben die anderen Miteigentümer von Gesetzes wegen ein Vorkaufsrecht. Dieses Vorkaufsrecht kann aber vertraglich ausgeschlossen werden. Wollen Sie bei einem späteren Verkauf Ihres Abstellplatzes nicht eingeschränkt sein, müssen Sie darauf achten, dass das Vorkaufsrecht im Grundbuch bei der Einstellhalle ausdrücklich aufgehoben ist.*

Der Vorteil dieser Lösung: Einstellhallenplätze im Miteigentum können – wenn das Vorkaufsrecht der Miteigentümer aufgehoben wurde – praktisch beliebig verkauft und übertragen werden.

Der Nachteil dieser Variante besteht darin, dass solche Miteigentumsanteile auch an Nicht-Stockwerkeigentümer verkauft werden können. Diese haben dann nicht nur Zugang zur Einstellhalle, sondern in beschränktem Rahmen auch ein Mitspracherecht in der Eigentümergemeinschaft. Die Stockwerkeinheit «Einstellhalle» hat nämlich ebenfalls eine Kopfstimme und im Umfang der Wertquote eine Quotenstimme in der Versammlung. Eigentümer der Stockwerkeinheit «Einstellhalle» sind alle Einstellplatz-Inhaber. In der Versammlung können sie ihre Stimme nur gemeinsam abgeben, müssen sich also jeweils zuerst einigen (zur Beschlussfassung siehe Seite 160). Im Rahmen ihrer Wertquote oder des speziellen Verteilerschlüssels müssen die Miteigentümer der Einstellhalle natürlich auch Beiträge an die Stockwerkeigentümergemeinschaft leisten.

5. Die Übergabe der Stockwerkeinheit

Nachdem Sie sich während Monaten mit Besichtigungen, Berechnungen und rechtlichen Fragen auseinander gesetzt haben, ist es endlich so weit: Der Verkäufer übergibt Ihnen Ihre Wohnung. Doch trotz knallender Champagnerkorken lohnt es sich, bei der Übergabe kritisch zu sein und ein Auge auf Mängel zu haben.

Die Wohnungsabnahme

Häufig wird im Kaufvertrag festgehalten, dass mit der Übergabe der Stockwerkeigentumseinheit auch Nutzen und Gefahr auf den Käufer übergehen (siehe Seite 96). Das heisst, dass Sie als Käufer für alle Mängel, die – oder deren Ursachen – zu diesem Zeitpunkt noch nicht bestanden haben, selbst aufkommen müssen. Mit dem Tag der Übergabe beginnen in der Regel die Garantie- und Mängelfristen zu laufen.

Die Wohnung gründlich prüfen

Als Erstes müssen Sie Ihr neues Heim einer gründlichen Prüfung auf Mängel unterziehen. Diese Prüfungspflicht bezieht sich nur auf Mängel, die einer durchschnittlichen, aufmerksamen Käuferin bei der Kontrolle auffallen müssen. Sie sind also nicht verpflichtet, Fachleute beizuziehen.

Wie viel Zeit Sie für die Prüfung Ihrer Wohnung haben, hängt von den Vereinbarungen in Ihrem Kaufvertrag ab (siehe Seite 99):

- Finden die Bestimmungen des Obligationenrechts Anwendung, müssen Sie die Prüfung, «sobald es nach dem üblichen Geschäftsgang tunlich ist», vornehmen. Wann genau das ist, müsste im Streitfall das Gericht entscheiden. Wenn Sie nicht riskieren wollen, Ihre Mängelrechte zu verlieren, sollten Sie Ihre Wohnung aber auf jeden Fall so schnell wie möglich überprüfen. Entdecken Sie später noch einen Missstand, können Sie diesen nur geltend machen, wenn es sich um einen versteckten oder arglistig verschwiegenen Mangel handelt.
- Wurde die SIA-Norm 118 als verbindlich erklärt, haben Sie bis zum Ablauf der Garantiefrist Zeit, also zwei Jahre lang. Meist wird nach diesen zwei Jahren eine gemeinsame Begehung von Käufer und Verkäufer durchgeführt und allfällige Mängel werden protokolliert.

Ob nach zwei Jahren oder direkt bei der Übergabe, bestehen Sie darauf, dass eine eigentliche Wohnungsabnahme durchgeführt wird, ähnlich wie bei der Übernahme einer Mietwohnung: Sie gehen mit dem Verkäufer durch alle Räume und listen alle Mängel in einem Protokoll auf. Dieses Protokoll wird von Ihnen und vom Verkäufer unterschrieben. Sind

Sie bei einem bestimmten Punkt nicht einig, ob es sich um einen Mangel handelt oder nicht, sollten Sie die Situation mit Notizen, Fotos etc. möglichst detailliert dokumentieren. Auch Mängel, die nach Aussage des Verkäufers von selbst verschwinden – beispielsweise Feuchtigkeitsflecken in einem Neubau –, gehören mit diesem Vermerk ins Protokoll.

Achtung *Mängel, die Sie entdecken, aber nicht im Protokoll aufführen, gelten als von Ihnen genehmigt. Sie können vom Verkäufer nachträglich nicht mehr verlangen, dass er sie auf seine Kosten ausbessert.*

Mängel entdeckt, was nun?

Handelt es sich bei dem feinen Riss, den Sie entdeckt haben, um einen Mangel? Müssen Sie akzeptieren, dass die Wände statt mit einem Verputz mit einer Raufasertapete verkleidet sind? Kurz: Was ist ein Mangel?

Ein Mangel liegt immer dann vor, wenn Ihre Eigentumswohnung nicht so gebaut wurde, wie es Ihnen der Verkäufer zugesichert hat oder wie Sie vernünftigerweise erwarten dürfen. Doch Kaufverträge sind komplexe Vertragswerke und es können darin gar nicht alle Eigenschaften exakt umschrieben sein, die eine Wohnung aufweisen sollte. Lassen Sie sich deshalb nicht einfach mit der Ausrede abspeisen, das, was Sie beanstanden oder vermissen, sei laut Vertrag gar nicht geschuldet. Auch ohne spezielle vertragliche Regelung muss Ihre Wohnung bautechnisch korrekt gebaut sein und so, wie das eine vernünftige Drittperson erwarten würde. Was die Materialien und die handwerklichen Leistungen angeht, so haben Sie, wenn nichts anderes abgemacht wurde, Anspruch auf durchschnittliche Qualität.

Die Mängelrüge

Haben Sie bei der Prüfung Ihrer Wohnung Mängel festgestellt, müssen Sie diese beim Verkäufer rügen. Damit bringen Sie zum Ausdruck, dass Sie den Verkäufer für den Mangel haftbar machen wollen. Wie lange Ihre Rügefrist ist, hängt davon ab, welche Art von Gewährleistung Sie in Ihrem Kaufvertrag vereinbart haben (siehe Seite 99).

- Richtet sich die Gewährleistung nach OR, müssen Sie «sofort» rügen. Was heisst das? Sicher müssen Sie genug Zeit haben, den Kaufvertrag oder einen Baubeschrieb zu konsultieren und wenn nötig eine Fachperson beizuziehen, um sich zu vergewissern, dass tatsächlich ein Mangel vorliegt. Damit Sie aber nicht wegen Verspätung Ihre Mängelrechte verlieren, sollten Sie die Rüge so schnell wie möglich abschicken.
- Gilt die SIA-Norm 118 und wird eine Begehung mit Mängelprotokoll durchgeführt, ist eine ausdrückliche Rüge dieser Mängel nicht mehr nötig. Wenn nicht, müssen Sie ebenfalls einen Rügebrief verfassen und diesen vor Ablauf der zweijährigen Garantiefrist abschicken. Mängel, die nach dieser Frist auftreten, müssen Sie sofort rügen.

Muster: Mängelrüge

Petra M.
Alte Landstrasse 20
4566 Kriegstetten

EINSCHREIBEN

Wohnbau & Verkauf AG
Postfach 234
4500 Solothurn

Kriegstetten, 12. März 2005

Mängelrüge

Sehr geehrte Damen und Herren

Bei der genauen Kontrolle meiner Wohnung (alte Landstrasse 20, erster Stock) habe ich festgestellt, dass der Fensterrahmen im Schlafzimmer nicht sauber ins Mauerwerk eingefugt ist. In der linken unteren Ecke klafft ein etwa zehn Zentimeter langer und bis zu fünf Zentimeter breiter Riss.

Da durch solche Risse Feuchtigkeit ins Mauerwerk dringt, kann ich diesen Mangel nicht akzeptieren. Ich bitte Sie, in den nächsten Tagen vorbeizukommen, sich die Sache anzusehen und den Mangel möglichst rasch beheben zu lassen. Rufen Sie mich an, damit wir einen Termin ausmachen können.

Freundliche Grüsse

Petra M.

Achtung *Nicht rechtzeitig gerügte Mängel sind verwirkt. Das heisst, der Verkäufer oder Handwerker haftet nicht mehr dafür – selbst wenn allen klar ist, dass schludrig gearbeitet wurde.*

Dass Sie Ihre Mängelrüge rechtzeitig erhoben haben, müssen Sie im Streitfall beweisen können. Deshalb sollten Sie die Rüge immer schriftlich verfassen und aus Beweisgründen entweder eingeschrieben verschicken oder ein Doppel vom Verkäufer unterschreiben lassen. Beschreiben Sie den gerügten Mangel so, dass der Verkäufer erkennen kann, worum es geht und was Sie von ihm fordern (siehe nebenstehendes Muster).

Findet sich in Ihrem Kaufvertrag eine Klausel, dass der Verkäufer seine Gewährleistungsansprüche an Sie abgetreten habe, müssen Sie die einzelnen Mängel bei den Handwerksfirmen rügen, welche die entsprechenden Arbeiten durchgeführt haben (siehe Seite 102). Ist nicht klar, wen die Schuld an einem Mangel trifft, oder sind mehrere Firmen daran beteiligt, müssen Sie alle möglichen Verursacher einzeln rügen.

Die Mängelrechte

Haben Sie die Mängel rechtzeitig gerügt, können Sie beim Verkäufer Ihre Mängelrechte einfordern – es sei denn, in Ihrem Vertrag sei die Gewährleistung ausdrücklich ausgeschlossen. In der Regel haben Sie Anspruch auf Wandlung, Minderung oder Nachbesserung.

Nachbesserung

Sie können vom Verkäufer verlangen, dass er nachbessert, den Mangel also behebt. Dieses Recht haben Sie auf jeden Fall dann, wenn in Ihrem Kaufvertrag die SIA-Norm 118 als verbindlich erklärt wurde (siehe Seite 100). In diesem Fall steht Ihnen zunächst sogar nur dieser Anspruch zu. Inwieweit Ihnen auch nach OR ein Nachbesserungsrecht zusteht, ist in der Rechtslehre umstritten.

Die Nachbesserung ist für beide Seiten meist die befriedigendste und einfachste Lösung. Versuchen Sie, sich mit dem Verkäufer darauf zu einigen.

Beispiel *Bei der Abnahme Ihrer Wohnung stellen Sie fest, dass an einigen Stellen die Übergänge von der Wand zur Decke nicht sauber gestrichen sind. Die einfachste Lösung zur Behebung dieses Mangels besteht darin, dass der Maler diese Stellen nochmals streicht.*

Minderung

Minderung heisst das Recht des Käufers, vom Verkäufer die Reduktion des Kaufpreises um den Minderwert der mangelhaften Sache zu verlangen. Die Höhe des Minderwerts entspricht im Normalfall den mutmasslichen Reparaturkosten. Die Minderung ist sowohl in der SIA-Norm 118 als auch im OR vorgesehen. Wurde die Anwendung der SIA-Norm vereinbart, steht Ihnen dieses Recht erst zu, wenn der Verkäufer den Mangel nicht nachgebessert hat.

Die Minderung kommt zum Tragen, wenn eine Nachbesserung nicht möglich oder zu aufwändig wäre. Ein Kratzer im Chromstahl ist zwar hässlich, doch wird deswegen kaum die ganze Spülkombination herausgerissen und ersetzt. Die Preisreduktion fällt jedoch häufig sehr gering aus. Deshalb ist die Minderung oft keine befriedigende Lösung.

Wandlung

Wandlung bedeutet Vertragsaufhebung und wird durch eine einseitige Willenserklärung des Käufers ausgelöst. Das Recht auf Wandlung steht Ihnen – nach SIA-Norm 118 und nach OR – nur dann zu, wenn der Minderwert Ihrer Stockwerkeigentumseinheit mindestens den Kaufpreis erreicht. In diesem Fall muss Ihnen der Verkäufer den bereits bezahlten Preis samt Zinsen zurückerstatten und das Grundstück fällt wieder an ihn zurück. Solche Situationen sind allerdings sehr selten.

Mangelfolgeschäden

Ein Mangel an Ihrer Eigentumswohnung kann Ihnen unter Umständen weiteren Schaden verursachen. Etwa wenn Sie während der Reparaturarbeiten im Hotel wohnen müssen oder wenn Ihr antiker Sekretär durch eindringendes Wasser beschädigt wird. Solche direkt mit dem Mangel in Zusammenhang stehenden Folgeschäden können Sie – sofern den Verkäufer ein Verschulden trifft – sowohl nach OR als auch nach SIA-Norm 118 zusätzlich geltend machen.

Die Ersatzvornahme: wenn der Verkäufer den Mangel nicht behebt

Haben Sie Anspruch auf Nachbesserung eines Mangels und kommt der Unternehmer seiner Pflicht nicht nach, gelangt er «in Verzug». Vertröstet Sie also ein Unternehmer immer wieder, «vergisst» er Termine und macht allgemein keine Anstalten, den Mangel endlich zu beheben, können Sie ihm eine Nachfrist ansetzen und die so genannte Ersatzvornahme androhen. Aus Beweisgründen sollten Sie Ihren Brief eingeschrieben verschicken.

Muster: Ansetzung einer Nachfrist

Petra M.
Alte Landstrasse 20
4566 Kriegstetten

EINSCHREIBEN

Wohnbau & Verkauf AG
Postfach 234
4500 Solothurn

Kriegstetten, 15. Mai 2005

Mängelrüge betreffend Fensterrahmen vom 12. März 2005

Sehr geehrte Damen und Herren

Mit Mängelrüge vom 12. März 2005 habe ich Sie über die mangelhafte Einfugung des Fensterrahmens in meinem Schlafzimmer in Kenntnis gesetzt. Gleichzeitig habe ich Sie aufgefordert, den Mangel möglichst rasch zu beheben. Seither habe ich aber nichts von Ihnen gehört.

Da durch den beschriebenen Spalt nunmehr Wasser in mein Schlafzimmer eindringt, setze ich Ihnen eine letzte Nachfrist von 3 Wochen – das heisst **bis spätestens am 6. Juni 2005** –, um den Mangel zu beheben. Sollten Sie auch dieser letzten Aufforderung nicht nachkommen, werde ich von meinem Recht auf Ersatzvornahme mit Kostenvorschusspflicht zu Ihren Lasten Gebrauch machen.

Freundliche Grüsse

Petra M.

Lässt der säumige Unternehmer auch diese Nachfrist unbenutzt verstreichen, können Sie die Behebung des Mangels – auf seine Kosten – von einer anderen Firma ausführen lassen. Das Bundesgericht hat zudem festgehalten, dass der Unternehmer, der die Nachbesserung ver-

Muster: Mitteilung der Ersatzvornahme

Petra M.
Alte Landstrasse 20
4566 Kriegstetten

EINSCHREIBEN

Wohnbau & Verkauf AG
Postfach 234
4500 Solothurn

Kriegstetten, 25. Juni 2005

Mängelrüge betreffend Fensterrahmen vom 12. März 2005
Meine Nachfristansetzung vom 15. Mai 2005
Ersatzvornahme und Aufforderung zur Vorschussleistung

Sehr geehrte Damen und Herren

Mit Mängelrüge vom 12. März 2005 habe ich Sie über die mangelhafte Einfugung des Fensterrahmens in meinem Schlafzimmer in Kenntnis gesetzt und Sie aufgefordert, den Mangel zu beheben. Am 15. Mai habe ich Ihnen sodann eine letzte Frist zur Vornahme der nötigen Arbeiten gesetzt und Ihnen die Ersatzvornahme angedroht.

Nachdem Sie auch diese letzte Frist unbenutzt haben verstreichen lassen, teile ich Ihnen mit, dass der Mangel durch die AAB Kundenmaurer AG behoben wird. Ich fordere Sie auf, dieser Firma einen Kostenvorschuss von 5000 Franken zu überweisen. Ein Einzahlungsschein liegt bei.

Freundliche Grüsse

Petra M.

Beilage: Einzahlungsschein der AAB Kundenmaurer AG

weigert, dem Drittunternehmer für die Ersatzvornahme einen Kostenvorschuss leisten muss (BGE 128 III 416).

Weigert sich der säumige Unternehmer, den Kostenvorschuss oder die Rechnung der Drittfirma zu begleichen, müssen Sie den Betrag auf dem Rechtsweg einfordern.

Achtung Verjährung

Macht der Verkäufer trotz rechtzeitiger Rüge keine Anstalten, einen Mangel zu beheben, und verstreicht immer mehr Zeit, müssen Sie aufpassen, dass Ihr Anspruch nicht verjährt. Denn wenn die Verjährungsfrist abgelaufen ist, kann der Verkäufer die Garantiearbeiten verweigern, obwohl er sie Ihnen eigentlich schuldet. Sie können Ihre Mängelrechte auch vor Gericht nicht mehr durchsetzen – selbst wenn Sie über alle nötigen Beweismittel verfügen.

Die Verjährungsfrist für Mängelrechte aus dem Kauf von Grundstücken und damit auch von Stockwerkeigentum beträgt gemäss OR fünf Jahre. Dasselbe gilt, wenn die SIA-Norm 118 als verbindlich erklärt wurde. Im Kaufvertrag kann die Verjährungsfrist auf maximal zehn Jahre verlängert werden. Hat der Verkäufer Mängel absichtlich verschwiegen, beträgt die Verjährungsfrist dafür sowohl nach OR wie auch nach SIA-Norm 118 zehn Jahre.

Wann die Verjährungsfristen zu laufen beginnen, hängt davon ab, welche Art Mängelhaftung vereinbart wurde:

- Ist nichts Spezielles vereinbart und hat der Verkäufer für Sie auch keine speziellen Um- oder Ausbauten vornehmen müssen, haftet er nach den Regeln des Kaufvertragsrechts im OR. Die Verjährungsfrist läuft ab dem Übergang des Eigentums Ihrer Stockwerkeinheit an Sie, das heisst ab dem Eintrag im Grundbuch.
- Hat der Verkäufer noch Um- oder Ausbauarbeiten ausgeführt und wurde dazu nichts Spezielles vereinbart, beginnt die Verjährung für diese Arbeiten in dem Zeitpunkt, in dem der Verkäufer Ihnen den Umbau übergibt. Für den ganzen Rest der Wohnung läuft die Verjährung ab Eigentumsübergang, also ab Eintrag im Grundbuch.
- Wurde die SIA-Norm 118 vereinbart, beginnt die Verjährungsfrist mit der Abnahme der Wohnung durch Sie, also mit der Übergabe.

- Hat Ihnen der Verkäufer seine Mängelrechte gegenüber den Handwerkern abgetreten, setzt der Fristenlauf der Verjährung in dem Zeitpunkt ein, in dem der Verkäufer oder Sie den von den einzelnen Bauhandwerkern erstellten Werkteil abnehmen.

Verjährung unterbrechen
Wird die Zeit knapp, müssen Sie die Verjährungsfristen unterbrechen. Ab dem Zeitpunkt der Unterbrechung beginnt dann wieder eine neue Frist zu laufen.

Beispiel *Wird die fünfjährige Verjährungsfrist für einen Kauf vom August 2004 nach drei Jahren am 22. August 2007 unterbrochen, beginnt die Frist in diesem Zeitpunkt wieder neu zu laufen und die Verjährung tritt erst am 22. August 2012 ein.*

Doch Achtung: Ein Mahnungsschreiben reicht für die Unterbrechung der Verjährung nicht aus. Dazu braucht es eine Schuldbetreibung, die Einreichung eines Gesuchs beim Friedensrichter, die Klage vor einem Gericht oder Schiedsgericht oder eine Eingabe im Konkurs. Wenn es um Mängel an Wohneigentum geht, werden vor allem zwei Wege eingeschlagen:

- **Verzicht auf Einrede der Verjährung:** Sie verlangen vom Verkäufer oder den beteiligten Handwerkern eine schriftliche Bestätigung, die folgende Formulierung enthalten sollte: «Wir erklären gegenüber Frau Z., bei einer allfälligen Auseinandersetzung über den Mangel XY bis am ... auf die Einrede der Verjährung zu verzichten. Dieser Verzicht beinhaltet aber weder eine grundsätzliche noch massliche Anerkennung einer Rechtspflicht und steht unter dem Vorbehalt, dass eine Verjährung bis zum heutigen Zeitpunkt nicht eingetreten ist. Sämtliche übrigen Einreden bleiben vorbehalten.» Damit hat der Verkäufer zwar nicht den Mangel anerkannt, aber er kann sich nicht mehr auf die Verjährung berufen.
- **Sühneverfahren:** Weigert sich der Verkäufer, auf die Einrede der Verjährung zu verzichten, können Sie ihn vor den Friedensrichter ziehen und dort die Behebung der gerügten Mängel verlangen. Mit der Einleitung dieses Sühneverfahrens wird die Verjährungsfrist unterbrochen.

Achtung *Eine Betreibung des Verkäufers unterbricht die Verjährungsfrist für Baumängel gemäss einem neueren Bundesgerichtsentscheid zumindest bei der Nachbesserung nicht (unveröffentlichtes Urteil vom 5.9.2002, 4C. 258/2001). Wird eine Verjährungsunterbrechung notwendig, lohnt es sich auf jeden Fall, Kontakt mit einer Fachperson aufzunehmen. So können Sie einschneidende Rechtsverluste vermeiden.*

Wer haftet wofür?

Bis Sie die Stockwerkeigentumswohnung übernehmen, sind viele Hände im Spiel: angefangen mit dem Architekten über die Bauhandwerker bis zum Verkäufer. Wer hat nun für einen Mangel einzustehen?

Verkäufer

Hat Ihnen der Verkäufer seine Gewährleistungsansprüche gegenüber den Handwerkerfirmen nicht abgetreten (siehe Seite 102) und ist im Kaufvertrag auch sonst nichts anderes festgehalten, ist er Ihnen gegenüber vollumfänglich für die Mängelfreiheit Ihrer Stockwerkeigentumswohnung verantwortlich. Zur Mängelfreiheit gehört nicht nur, dass die Handwerkerleistungen und die verwendeten Materialien von durchschnittlicher Qualität sind, sondern auch, dass die Wohnung nach den vorgelegten Plänen und den dort verzeichneten Massen gebaut wurde.

Ebenso haftet der Verkäufer dafür, dass Ihnen die versprochenen Rechte eingeräumt werden. Dazu gehört natürlich in erster Linie seine Pflicht, dafür besorgt zu sein, dass Sie als neuer Eigentümer Ihrer Wohnung im Grundbuch eingetragen werden. Auch muss der Verkäufer dafür sorgen, dass Sie die übrigen «mitgekauften» Rechte – beispielsweise das ausschliessliche Benutzungsrecht an Ihrem Parkplatz – wirklich erhalten. Und schliesslich muss er Ihnen den Besitz, also die tatsächliche Herrschaft, über die Wohnung verschaffen. Ist die Wohnung beispielsweise ohne Ihr Wissen vermietet und zieht der Mieter auf den vereinbarten Bezugstermin nicht aus, haftet Ihnen der Verkäufer für den daraus entstehenden Schaden.

Tipps
- *Erste Hinweise zum Vorgehen bei Mängeln finden Sie auf Seite 109. Welche Haftungsnormen angerufen werden können und welche Ansprüche Ihnen zustehen, hängt aber sehr von den Formulierungen in Ihrem Kaufvertrag ab. Lassen Sie sich von einer Fachperson beraten.*
- *Besonders schwierig wird es, den Verkäufer zur Verantwortung zu ziehen, wenn er Ihnen im Kaufvertrag seine Gewährleistungsansprüche abgetreten hat (siehe Seite 102). Je nach Formulierung dieser Klausel und je nach Mangel, können Sie ihn aber allenfalls doch belangen. Holen Sie unbedingt Rat bei einem Baujuristen.*

Bauhandwerker

Ist nichts anderes vereinbart, sind die Handwerker verpflichtet, mindestens eine durchschnittliche Handwerksleistung zu erbringen und dabei Materialien durchschnittlicher Qualität zu verwenden. Was aber heisst durchschnittlich? Als Massstab werden häufig die Normen des Schweizer Ingenieur- und Architektenvereins SIA herangezogen.

Mit einzelnen Bauhandwerkern haben Sie dann zu tun, wenn Ihnen der Verkäufer seine Gewährleistungsansprüche im Kaufvertrag abgetreten hat (siehe Seite 102). Oder wenn Sie beispielsweise dem Küchenbauer direkt Auftrag erteilten, weil Sie eine andere Küche als die vom Verkäufer vorgesehene eingebaut haben wollten. Auch ein vom Verkäufer beauftragter Handwerker, der bei seiner Arbeit einen Schaden anrichtet – beispielsweise der Maler, der einen Eimer Farbe auf Ihren teuren Perserteppich ausleert –, haftet Ihnen direkt. In all diesen Fällen müssen Sie Ihre Mängelrechte selbst durchsetzen.

Tipps
- *Handwerker haften in der Regel nach Werkvertragsrecht oder nach den SIA-Normen. Erste Hinweise, wie Sie vorgehen können, finden Sie auf Seite 109.*
- *Hat Ihnen der Verkäufer seine Gewährleistungsansprüche abgetreten, müssen Sie von ihm den Vertrag mit den Handwerksfirmen verlangen und nachsehen, welche Mängelrechte vereinbart wurden.*

Die Haftung des Architekten

Beim Bauen kommt dem Architekten eine massgebende Bedeutung zu. Im Normalfall verfasst er nicht nur die Pläne, sondern kümmert sich auch um den Kostenvoranschlag, die Auswahl der Handwerker, die Terminierung und berät die Bauherrschaft bei Vertragsabschlüssen. Angesichts dieser vielfältigen Aufgaben hat der Architekt nicht nur für die Richtigkeit der Pläne einzustehen. Seine Verantwortung geht viel weiter als landläufig angenommen wird. Das kann für Sie vor allem dann wichtig werden, wenn Sie den Bau Ihrer Eigentumswohnung massgebend mitbestimmen oder den Innenausbau gar auf eigene Rechnung vornehmen.

Häufige Fälle von Architektenhaftung

Am häufigsten wird in der Praxis um folgende Fehler des Architekten gestritten:
- falsche Schätzung der Baukosten
- falsche Beratung beispielsweise bei der Erstellung von Bauausschreibungen, Baudokumentationen oder Bauverträgen
- mangelhafte Kontrolle der Bauausführung und der Bauabrechnung
- mangelhafte Vergabe der Aufträge für den Bauherrn
- Planungsfehler bei der Erstellung der Planunterlagen und bei der Bauausführung

Die Haftung gemäss SIA-Norm 102

Meist wird in einem Architektenvertrag die SIA-Norm 102 als verbindlich erklärt. Sie regelt die Aufgaben des Architekten und seine Stellung gegenüber dem Bauherrn. Bezüglich Haftung sagt die SIA-Norm 102 lediglich, dass der Architekt für die verschuldet fehlerhafte Auftragserfüllung einzustehen hat. Nach welchen Bestimmungen er haftet und welche Ansprüche der Auftraggeber geltend machen kann, regelt die Norm hingegen nicht. Dafür muss auf das Obligationenrecht zurückgegriffen werden. Das ist deshalb unglücklich, weil es sich beim Architektenvertrag um ein gemischtes Vertragsverhältnis handelt. Je nach Art der Leistung, die der Architekt erbringt, kommen entweder die Bestimmungen über den Werkvertrag oder diejenigen über den Auftrag zum Zug. Damit nicht genug: Auch die Frage, welche Architektenleistungen zum Werkvertrags- und welche zum Auftragsrecht gehören, wird von den Juristen unterschiedlich beantwortet.

Wie und wann Sie bei der Entdeckung von Fehlern des Architekten zu reagieren haben, hängt also einerseits vom Vertrag ab, den Sie – bzw. der Verkäufer – mit dem Architekten abgeschlossen haben. Anderseits kommt es auch darauf an, um welche Architektenleistung es geht.

Tipp *Angesichts der äusserst komplexen rechtlichen Situation sollten Sie sich, wenn es um Fragen der Architektenhaftung geht, unbedingt von einer Fachperson beraten lassen. Rügen Sie einen entdeckten Mangel aber auf jeden Fall sofort.*

6. Leben in der Gemeinschaft

Die wichtigste Grundlage für das Zusammenleben innerhalb einer Stockwerkeigentümergemeinschaft bildet das Reglement. Es präzisiert die Rechte und Pflichten der Eigentümer, die im Gesetz vorgesehen sind. Einen grossen Einfluss hat aber auch der Verwalter, der viel zum reibungslosen Ablauf beitragen kann.

Die Grundlagen des Zusammenlebens

Leben im Stockwerkeigentum heisst Leben in einer Gemeinschaft – der Gemeinschaft der Stockwerkeigentümer. Diese hat wie jede Gemeinschaft gewisse Regeln, die die Mitglieder einhalten müssen. Sonst ist der Frieden in der Gemeinschaft gefährdet.

Beispiel *Sven O. und Claudia M. sind beide Eigentümer in der Stockwerkeigentümergemeinschaft «Hochstrasse 10». Herr O., der aus dem kühlen Schweden stammt, empfindet die Schweizer Temperaturen im Sommer als schrecklich heiss. Er beschliesst, zumindest für seine Wohnung Abhilfe zu schaffen, und installiert auf dem Balkon ein Klimagerät. Dabei durchbohrt er die Aussenwand, damit die Kühle in die Räume und die Wärme nach draussen gelangen kann. Mit diesem Vorgehen ist Frau M. jedoch gar nicht einverstanden: Erstens sieht sie als Sizilianerin den Sinn und Zweck einer Klimaanlage in der kühlen Schweiz nicht ein, zweitens findet sie das Gerät, das sie nun jeden Tag anschauen muss, absolut hässlich und drittens stört sie das Surren der Anlage, wenn sie auf ihrem Balkon sitzt. Trotz mehrerer Gespräche finden Frau M. und Herr O. keine Lösung. Die übrigen Stockwerkeigentümer halten sich dezent zurück. Einige sind zwar der Meinung, die M. sei sehr kleinlich, vor allem wenn man bedenke, dass ihre Kinder auch nicht gerade die ruhigsten seien – andere empfinden es als eine Frechheit, dass der O., ohne zu fragen, ein lärmiges und energiefressendes Gerät installiert hat. Die Situation droht zu eskalieren.*

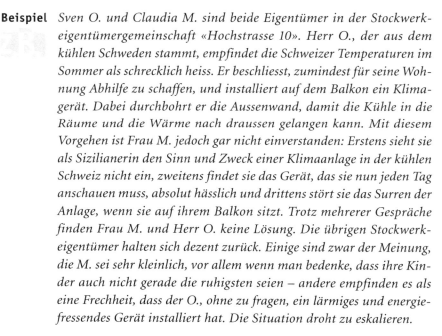

Um gar nicht in ähnliche Situationen zu geraten, müssen Sie Ihre Rechte und Pflichten innerhalb der Stockwerkeigentümergemeinschaft kennen. Die Regeln zum Zusammenleben finden sich erstens im Gesetz, dann im Reglement der Gemeinschaft über die Verwaltung und Benutzung der Liegenschaft und schliesslich in der Hausordnung.

Das Reglement

Wichtigste Grundlage für das Zusammenleben im Stockwerkeigentum ist das Reglement. Die Bestimmungen darin gehen den gesetzlichen

Leben in der Gemeinschaft **123**

Diese gesetzlichen Bestimmungen sind zwingend

- Gebäudeteile, an denen kein Stockwerkeigentum begründet werden darf (Art. 712b Abs. 2 ZGB)
- Kostenverteilung für gemeinschaftliche Bauteile, Anlagen und Einrichtungen, die einzelnen Stockwerkeigentümern nicht oder nur in geringem Ausmass dienen (Art. 712h Abs. 3 ZGB)
- Protokollierungs- und Aufbewahrungspflicht (Art. 712n Abs. 2 ZGB)
- Vorgehen bei ungenügender Beteiligung an einer Stockwerkeigentümerversammlung (Art. 712p Abs. 2 ZGB)
- Recht jedes Stockwerkeigentümers, dringliche Massnahmen durchführen zu lassen, solange kein Verwalter eingesetzt ist (Art. 647 Abs. 2 ZGB)
- Recht jedes Stockwerkeigentümers, gewöhnliche Verwaltungshandlungen vorzunehmen, solange kein Verwalter eingesetzt ist (Art. 647a Abs. 1 ZGB)
- Recht jedes Stockwerkeigentümers, einen Verwalter gerichtlich einsetzen zu lassen (Art. 712q ZGB)
- Bestimmungen zum erforderlichen Minimum für einen Mehrheitsbeschluss (Art. 647b Abs. 1, Art. 647d Abs. 1 und Art. 712g Abs. 3 ZGB); da diese Bestimmungen den Schutz der Minderheiten bezwecken, sind strengere Anforderungen an die Mindestquoren zulässig.

Vorschriften vor – ausgenommen sind die zwingenden gesetzlichen Bestimmungen, die auch im Reglement nicht abgeändert werden dürfen (siehe Kasten).

Was gehört ins Reglement?

Ins Reglement gehören Bestimmungen über die gemeinschaftliche Verwaltung und Benutzung der gesamten Liegenschaft sowie eine mehr oder weniger detaillierte Aufzählung der Rechte und Pflichten der Stockwerkeigentümer. Obwohl es eigentlich nicht notwendig ist, im Reglement gesetzliche Vorschriften zu wiederholen, empfiehlt sich die Aufnahme wenigstens der wichtigsten Gesetzesbestimmungen. Dadurch finden Sie sich mit Ihren Rechten und Pflichten viel besser zurecht, als wenn Sie jeweils für jede Frage auch noch das Gesetz und dort verschiedene Stellen konsultieren müssen. Ein vollständiges Reglement sollte folgende Punkte enthalten:

- Beschreibung der Sonderrechte
- Definition der ausschliesslichen Benutzungsrechte

- Bestimmung, dass über eine Änderung der ausschliesslichen Benutzungsrechte nur mit Zustimmung des oder der Berechtigten Beschluss gefasst werden kann
- Ausschluss von Tätigkeiten, die mit Lärm oder anderen Immissionen verbunden sind
- Verteilung der gemeinschaftlichen Kosten und Lasten im Allgemeinen
- Aufteilung der Unterhaltskosten für Bauteile, die das Sonderrecht vom gemeinschaftlichen Eigentum abgrenzen (Fenster, Wohnungstüren, Storen etc.)
- Kostentragung für die ausschliesslichen Benutzungsrechte
- Regeln über die Verwendung des Erneuerungsfonds und die Verfügung darüber
- Regeln über die Einladung zur Stockwerkeigentümerversammlung
- Regeln zur Beschlussfassung der Stockwerkeigentümergemeinschaft, insbesondere zur Beschlussfassung beim qualifizierten Mehr und zum Vorgehen bei Stimmengleichheit
- Aufgaben des Verwalters
- Streitbeilegungsklausel (Mediationsstelle, Schiedsgerichts- oder Gerichtsstandsvereinbarung)

Beispiel *Um im Streit um die Klimaanlage endlich zu einem Resultat zu kommen, konsultiert Herr O. das Reglement der Gemeinschaft «Hochstrasse 10»: Artikel 6 hält fest, dass die Stockwerkeigentümer in der Ausgestaltung und Nutzung der zu ihrem Sonderrecht gehörenden Gebäudeteile frei seien. Gemäss Artikel 4 gehören in der Gemeinschaft «Hochstrasse 10» auch die Innenbereiche der Balkone zum Sonderrecht. Herr O. fühlt sich also darin bestätigt, dass ihm auf seinem Balkon niemand dreinzureden habe.*

Aber auch Frau M. sieht im Reglement nach und sie findet Artikel 12. Dieser sagt, dass jeder Stockwerkeigentümer alles zu unterlassen habe, was die anderen Eigentümer in der Nutzung ihres Sonderrechts stören könnte. Frau M. findet, dieser Artikel gebe ihr gleich zweimal Recht: Erstens sei die Klimaanlage hässlich und zweitens der durch das Gerät verursachte Lärm unerträglich. Beides störe sie in der Nutzung ihrer Wohnung. Ob das Gerät nun wirklich hässlich und der Lärm der Klimaanlage so viel «unerträglicher» sei als das Geschrei der Kinder M., darüber scheiden sich die Geister in der Gemeinschaft. Das Reglement hilft also nicht viel weiter.

Erlass und Abänderung des Reglements

Das Gesetz verlangt nicht, dass jede Stockwerkeigentümergemeinschaft ein Reglement erlässt. Es gibt also durchaus – wenn auch selten – Gemeinschaften, die über kein Reglement verfügen. In diesem Fall kann jeder Eigentümer verlangen, dass ein solches aufgestellt wird. Weigert sich die Gemeinschaft, ein Reglement zu erstellen, kann er seinen Anspruch gerichtlich durchsetzen.

Das Reglement kann im Grundbuch angemerkt werden. Auch ohne diese Anmerkung ist es aber für Rechtsnachfolger der Stockwerkeigentümer und Nutzniessungs- oder Wohnberechtigte an einer Einheit verbindlich. Dennoch ist die Anmerkung des Reglements empfehlenswert, weil es dann beim Grundbuchamt eingesehen werden kann.

Dem Erlass – und einer Abänderung – des Reglements muss die Mehrheit der Stockwerkeigentümer zustimmen, die auch über das Mehr an Wertquoten verfügt (siehe Seite 162). Einstimmigkeit ist dann nötig, wenn das Reglement selber für die Änderung Einstimmigkeit vorsieht oder wenn Bestimmungen über Verwaltungshandlungen und bauliche Massnahmen abgeändert werden sollen (siehe Seite 162 und 176). Dabei spielt es keine Rolle, ob es sich um eine erstmalige Abänderung der gesetzlichen Bestimmungen handelt oder ob bereits bestehende Reglementsbestimmungen geändert werden sollen.

Beispiel *Das Gesetz sieht vor, dass Unterhaltsarbeiten am Gebäude mit der Mehrheit nach Köpfen beschlossen werden können (Art. 647c ZGB). Die Gemeinschaft «Quellenhof» will künftig Unterhaltsarbeiten nur durchführen können, wenn zwei Drittel der Eigentümer zustimmen. Diese Abänderung ist möglich, braucht aber einen einstimmigen Versammlungsbeschluss. Die Eigentümer der Gemeinschaft sind sich einig und fassen diesen Beschluss. Ein paar Jahre später möchten einige von ihnen zur gesetzlichen Lösung zurückkommen und die geänderte Reglementsbestimmung wieder aufheben. Dazu braucht es wieder einen einstimmigen Beschluss, obwohl das Reglement des «Quellenhof» ansonsten Änderungen mit einem tieferen Quorum erlaubt.*

Oft werden bei Änderungen von einzelnen Bestimmungen nicht die gesamten Reglemente neu gedruckt, sondern lediglich Anhänge erstellt oder die geänderten Bestimmungen einzeln abgegeben. Sie als Stockwerkeigentümer sind dann selber verantwortlich, dass Sie Ihr Exemplar mit allen Nachträgen ergänzen. Sind Sie nicht sicher, ob Sie über ein aktuelles Reglement verfügen, finden Sie die Änderungen oder Ergänzungen auch beim Grundbuchamt – sofern Ihr Reglement inklusive Nachträge dort angemerkt worden ist. Stets über ein aktuelles Exemplar verfügen sollte die Verwaltung. Erkundigen Sie sich also bei Unsicherheiten am besten dort.

Die Hausordnung

Neben dem Reglement sind für das Zusammenleben im Stockwerkeigentum auch die Vorschriften der Hausordnung von Bedeutung – falls eine solche besteht. Vor allem in grösseren Gemeinschaften empfiehlt sich eine Hausordnung, denn darin können Details zu den gesetzlichen und reglementarischen Bestimmungen festgehalten werden.

In der Hausordnung finden sich vor allem Vorschriften über die Benutzung der gemeinschaftlichen Teile der Liegenschaft – beispielsweise Anforderungen an die äussere Gestaltung der Balkone, Regelungen zu den Reinigungsarbeiten, den Schliesszeiten, zur Liftbenutzung, Beleuchtung oder auch Richtlinien zum Musizieren, Grillieren und zur Tierhaltung. Wie das Reglement ist auch die Hausordnung für einen Rechtsnachfolger verbindlich. Im Grundbuch kann sie allerdings nicht angemerkt werden.

Beispiel *Auf die Hausordnung beruft sich bei seinem Streit mit Claudia M. auch Sven O. Er hat darin zwar keine Bestimmung gefunden, die ihm die Installation und den Betrieb des Klimageräts erlauben würde, doch immerhin einen Passus, mit dem er seiner Gegnerin eins auswischen kann: Sie solle endlich dafür sorgen, dass ihre Kinder über Mittag und abends draussen keinen Lärm mehr veranstalteten. Gemäss Hausordnung sei nämlich zwischen 12 und 14 Uhr Mittagsruhe und ab 20 Uhr Nachtruhe einzuhalten. Während diesen Zeiten müssten die gemeinschaftlichen Anlagen ruhig benutzt werden und das*

Spielen sei untersagt. Angesichts dieser klaren Regeln bleibt Frau M. nichts anderes übrig, als ihren Kindern – trotz lautstarken Protesten – das Spielen draussen über Mittag und nach 20 Uhr zu verbieten.

Eine Hausordnung wird mit dem absoluten Mehr in der Stockwerkeigentümerversammlung beschlossen. Im Reglement kann aber auch eine qualifizierte Beschlussfassung vorgesehen oder der Erlass an den Verwalter oder einen Ausschuss delegiert werden. Für die Abänderung der Hausordnung gilt dasselbe Quorum wie für den Erlass.

Das sagt das Gesetz

Enthalten Reglement und Hausordnung zu einer bestimmten Frage keine Anwort, müssen Sie prüfen, ob diese im Zivilgesetzbuch (ZGB) geregelt ist. Ziehen Sie zuerst die wenigen Vorschriften zum Stockwerkeigentum in den Artikeln 712a bis 712t zu Rat.

Beispiel *Die Stockwerkeigentümer der «Hochstrasse 10» unterbreiten das Thema Klimaanlage der Verwaltung. Dort erhalten sie folgende Auskunft:*

«Obwohl gemäss Artikel 6 des Reglements jeder Stockwerkeigentümer in der Ausgestaltung und Nutzung der zu seinem Sonderrecht gehörenden Gebäudeteile frei ist, darf er darin nicht alles tun und lassen, was er will. Artikel 712a ZGB sagt nämlich, dass Stockwerkeigentümer trotz dieser Freiheit die gemeinschaftlichen Bauteile in keiner Weise beschädigen oder in ihrer Funktion und äusseren Erscheinung beeinträchtigen dürfen. Zu den gemeinschaftlichen Teilen gehören gemäss Artikel 712b ZGB unter anderem alle Bauteile, die für den Bestand des Gebäudes von Bedeutung sind und die äussere Gestalt und das Aussehen bestimmen. Die Installation eines Klimageräts an der Aussenfassade verändert das Aussehen der Liegenschaft. Zudem wurde für die Leitungen die Aussenfassade durchbohrt, also ein Bauteil, der für den Bestand des Gebäudes von Bedeutung ist. Mit der Installation des Klimageräts hat Herr O. einen gesetzlich zwingend gemeinschaftlichen Teil verändert. Dazu ist er ohne Zustimmung der Gemeinschaft nicht befugt.» Sven O. muss sein Klimagerät entfernen.

Gesetzliche Bestimmungen zum Stockwerkeigentum

- Artikel 712a bis 712t ZGB enthalten die speziellen Vorschriften zum Stockwerkeigentum.
- Findet sich in den speziellen Stockwerkeigentumsartikeln keine passende Bestimmung, sind bei Fragen über die Verwaltung oder über bauliche Massnahmen auch die Bestimmungen des Miteigentumsrechts in den Artikel 647 bis 651 ZGB zu beachten (Verweis in Art. 712g ZGB).
- Für Fragen zur Stockwerkeigentümerversammlung sind auch die Vereinsvorschriften in den Artikeln 64 bis 68 und 75 ZGB relevant (Verweis in Art. 712m ZGB).

Die Stockwerkeigentümergemeinschaft

Mit der Begründung von Stockwerkeigentum entsteht automatisch auch die Gemeinschaft der Stockwerkeigentümer; sie muss nicht speziell gegründet werden. Aufgabe dieser Gemeinschaft ist es, die gemeinschaftlichen Teile zu verwalten; sie bestimmt über die Benutzung, den Unterhalt und die Erneuerung.

Erwerben Sie eine Eigentumswohnung, werden Sie ohne weiteres Zutun Mitglied der Stockwerkeigentümergemeinschaft und bleiben es, so lange wie Sie Eigentümer oder Eigentümerin Ihrer Einheit sind. Sie können – ohne Ihre Wohnung zu verkaufen – nicht aus der Gemeinschaft austreten.

Das Gesetz lässt der Gemeinschaft einen breiten Spielraum, sich zu organisieren. Als einziges zwingendes Organ ist die Stockwerkeigentümerversammlung vorgesehen, die in Abstimmungen die wichtigen gemeinsamen Anliegen regelt. Damit die Stockwerkeigentümergemeinschaft im rechtlichen Verkehr handlungsfähig ist, kann sie im eigenen Namen klagen und betreiben, aber auch beklagt und betrieben werden. Um ihren Verpflichtungen nachkommen zu können, verfügt die Gemeinschaft auch über ein eigenes Vermögen. Jeder Stockwerkeigentümer muss bestimmte Beiträge an dieses gemeinsame Vermögen beisteuern.

Trotz dieser Rechte ist die Stockwerkeigentümergemeinschaft keine juristische Person, denn sie ist nicht Rechtsträgerin, sondern erhält ihre

Rechte von den einzelnen Stockwerkeigentümern verliehen. Auch handelt es sich bei der Gemeinschaft nicht um eine einfache Gesellschaft (Art. 530 ff. OR).

Ihre Rechte gegenüber der Gemeinschaft

Als Stockwerkeigentümer verfügen Sie von Gesetzes wegen über Rechte und Ansprüche gegenüber der Gemeinschaft. Möglicherweise räumt Ihnen zudem das Reglement weitere Rechte ein. Einige der gesetzlichen Rechte sind von derart elementarer Bedeutung, dass sie Ihnen nicht entzogen werden können – auch nicht in einem Reglement.

Das Recht auf Nutzung der Räume im Sonderrecht
Sie haben das Recht, Ihre Stockwerkeigentumswohnung ausschliesslich zu nutzen, zu verwalten und innen auszubauen (Art. 712a Abs. 2 ZGB). Dadurch erhalten Sie an Ihrer Wohnung eine ähnliche Stellung wie ein Alleineigentümer (siehe auch Seite 16). In der Art der Nutzung können Sie allerdings durch das Reglement der Gemeinschaft eingeschränkt werden. Dieses kann beispielsweise vorsehen, dass die Stockwerkeinheiten nur zu Wohnzwecken oder für stilles Gewerbe benutzt werden dürfen.

Das Recht, gewöhnliche Verwaltungshandlungen vorzunehmen
Wenn das undichte Dach nicht repariert wird, die Versicherungsprämien nicht rechtzeitig bezahlt werden, betrifft das alle im Haus. Solche gewöhnlichen Verwaltungshandlungen sind an sich Aufgabe des Verwalters. Wenn aber kein Verwalter bestellt ist, haben Sie als Stockwerkeigentümer von Gesetzes wegen das Recht, das Dach reparieren zu lassen, soweit das für den Erhalt des Wertes der Liegenschaft notwendig ist (zu den Verwaltungshandlungen siehe Seite 169).

Das Recht, dringliche Massnahmen zu ergreifen
Deckt ein Sturm das Dach ab und kann die Verwalterin nicht innert nützlicher Frist erreicht werden, dürfen Sie als Stockwerkeigentümer die Errichtung eines Notdachs in Auftrag geben. Denn Sie sind berech-

tigt, sämtliche Massnahmen zu ergreifen, die sofort getroffen werden müssen, um die gemeinschaftliche Sache vor drohendem Schaden zu bewahren (Art. 647 Abs. 2 Ziff. 2 ZGB). Ist allerdings eine Verwalterin eingesetzt, dürfen Sie dringliche Verwaltungsmassnahmen nur vornehmen, wenn die Verwalterin nicht handelt oder nicht handeln kann (mehr dazu auf Seite 169).

Der Anspruch auf Bestellung und Abberufung eines Verwalters
Ist kein Verwalter gewählt, kann jeder Stockwerkeigentümer die gerichtliche Einsetzung eines Verwalters verlangen (Art. 712q Abs. 1 ZGB). Kommt ein Verwalter seinen Aufgaben und Pflichten nicht nach, hat jede Eigentümerin das Recht, seine gerichtliche Abberufung zu fordern (Art. 712r ZGB).

Beispiel *Ein Architekt baut ein Mehrfamilienhaus im Stockwerkeigentum. Noch vor dem Verkauf der ersten Wohnung stellt er ein Reglement auf und setzt sich für fünf Jahre als Verwalter ein. Er verkauft zwei der Wohnungen ab Plan, die auch fertiggestellt und bezogen werden können. Dann aber geht ihm das Geld aus und er kann die restlichen fünf Einheiten weder ausbauen noch verkaufen. Als Verwalter kümmert er sich nun auch nicht mehr um die Liegenschaft. Wann immer die beiden anderen Stockwerkeigentümer etwas unternehmen wollen, stellt er sich quer. Weil er als Eigentümer von fünf Wohnungen in den Versammlungen fünf Kopfstimmen und die Mehrheit der Wertquoten hat, läuft gar nichts mehr. Selbst den Vorschlag, auf Kosten der anderen Stockwerkeigentümer einen neuen Verwalter zu bestimmen, boykottiert der Architekt. Schliesslich bleibt den beiden nichts anders übrig, als das Gericht zu bitten, den Architekten als Verwalter abzuberufen und eine neue Verwaltung zu bestellen.*

Das Recht, Versammlungsbeschlüsse anzufechten
Fällt die Stockwerkeigentümerversammlung einen Beschluss, der das Reglement oder das Gesetz verletzt, und haben Sie diesem Beschluss nicht zugestimmt, können Sie ihn innert eines Monats, seit Sie davon Kenntnis haben, anfechten (mehr dazu auf Seite 164).

Das Stimmrecht in der Versammlung

In der Stockwerkeigentümerversammlung haben Sie das Recht, Ihre Stimme abzugeben. Wie viel Gewicht Ihre Stimme hat, hängt davon ab, welche Quoren für einen bestimmten Beschluss erforderlich sind (siehe Seite 160).

Auf das Stimmrecht können Sie weder verzichten noch kann es Ihnen entzogen werden. Doch gibt es eine Einschränkung: Wenn ein bestimmtes Geschäft zur Abstimmung kommt, bei dem Sie in einem Interessenkonflikt stehen, dürfen Sie darüber nicht abstimmen (Art. 68 ZGB). Dazu gehört beispielsweise Ihre eigene Entlastung, wenn Sie die Verwaltung besorgen, aber auch eine Auftragsvergabe an Sie selbst oder eine Ihnen nahe verwandte Person.

Das Recht auf Gleichbehandlung

Als Stockwerkeigentümer haben Sie einen Anspruch darauf, gleich behandelt zu werden wie jeder andere Stockwerkeigentümer. Dieser Anspruch leitet sich aus dem für alle Rechtsverhältnisse geltenden Gebot von Treu und Glauben ab. Wie weit sich dieser Anspruch erstreckt, hängt von den konkreten Verhältnissen ab – wichtig ist er vor allem im Zusammenhang mit dem Stimmrecht sowie der Verteilung der gemeinschaftlichen Kosten. Dabei ist – so der Grundsatz der Gleichbehandlung – Gleiches gleich und Ungleiches ungleich, aber in gleichem Mass ungleich zu behandeln.

Beispiel *Die Stockwerkeigentümerversammlung beschliesst, ins Reglement einen Verteilerschlüssel für die Kosten des Gartenunterhalts aufzunehmen. Für die Eigentümer der Parterrewohnungen ist darin ein höherer Beitrag vorgesehen als für die anderen – schliesslich benutzen sie den Garten am intensivsten. Nicht korrekt wäre es dagegen, wenn der Eigentümer der Parterrewohnung links ohne einsichtigen Grund mehr an den Gartenunterhalt zahlen müsste als die Eigentümerin der Parterrewohnung rechts.*

Kein Recht auf eine zweckmässige Verwaltung

Wenn die Eigentümerversammlung beschliesst, das Treppenhaus neu zu streichen, obwohl im nächsten Jahr eine Totalsanierung ansteht;

wenn der Heizkessel ersetzt werden soll, obwohl er noch lange funktionstüchtig wäre – dann können Sie zwar in der Versammlung dagegen stimmen, doch wenn Sie unterliegen, können Sie sich dem Beschluss nicht widersetzen. Einen Anspruch auf objektiv zweckmässige Beschlüsse und eine objektiv zweckmässige Verwaltung haben Sie nämlich nicht. Den gesetzes- und reglementskonformen Beschlüssen der Versammlung, die Ihnen nicht genehm sind, können Sie sich nur dann widersetzen, wenn diese gegen allgemeine Rechtsgrundsätze verstossen, beispielsweise gegen Treu und Glauben.

Beispiel *Die Versammlung der Gemeinschaft «Hochstrasse 10» genehmigt die von Herrn O. installierte Klimaanlage, lehnt das Gesuch von Claudia M., die ebenfalls eine solche Anlage einrichten will, aber ab. Einzige Begründung: Frau M. sei als Sizilianerin hohe Temperaturen gewohnt und brauche kein solches Gerät. Gegen diesen Beschluss kann sich Frau M. wehren.*

Ihre Pflichten gegenüber der Gemeinschaft

Stockwerkeigentümer haben gegenüber der Gemeinschaft nicht nur Rechte und Ansprüche, sondern auch Pflichten. Diese Pflichten können sich sowohl aus dem Gesetz, dem Reglement, dem Begründungsakt, geschlossenen Verträgen wie auch aus dem Grundsatz von Treu und Glauben ergeben.

Die Beitragspflicht

An die Kosten und Lasten des gemeinschaftlichen Eigentums und der gemeinschaftlichen Verwaltung müssen Sie Beiträge im Verhältnis Ihrer Wertquote bezahlen (siehe Seite 189). Das ist die einzige Pflicht, die sich für Sie direkt aus dem Gesetz ergibt (Art. 712h ZGB).

Duldungs- und Unterlassungspflichten

Als Stockwerkeigentümer müssen Sie die Ausübung der Rechte der andern Mitglieder der Gemeinschaft so weit dulden, als Sie dabei nicht in Ihren eigenen gleichen Rechten eingeschränkt werden. Geräusche, Kochgerüche im Treppenhaus und Ähnliches müssen Sie also hinnehmen, wenn das übliche Mass nicht überschritten wird. Aus der Duldungspflicht ergibt sich im Übrigen auch, dass Sie sich mit Beschlüssen der Gemeinschaft, die gegen Ihren Willen gefasst wurden, abzufinden haben, solange diese weder gegen das Gesetz noch gegen das Reglement verstossen.

Die Pflicht, bei drohendem Schaden zu handeln

Hat der Sturm das Dach abgedeckt und ist weder eine andere Stockwerkeigentümerin noch der Verwalter zur Stelle, müssen Sie selbst handeln. Sie haben nämlich nicht nur das Recht (siehe Seite 129), sondern auch die Pflicht, dringende Massnahmen zu ergreifen, die zur Abwendung eines Schadens an der gemeinsamen Liegenschaft notwendig sind.

Mitverwaltungspflicht?

Eine Pflicht, bei der Verwaltung der gemeinschaftlichen Sache mitzuwirken, trifft Sie nicht. Hingegen könnte eine dauernde und hartnäckige Weigerung, an der Verwaltung teilzunehmen, unter Umständen als Verstoss gegen den Grundsatz von Treu und Glauben betrachtet werden. Das wäre beispielsweise der Fall, wenn Sie sich hartnäckig weigern, an einer Eigentümerversammlung teilzunehmen, obwohl Sie wissen, dass dort ein Beschluss gefasst werden muss, für den Einstimmigkeit nötig ist.

Die Haftung der Stockwerkeigentümergemeinschaft

Für gemeinschaftliche Verpflichtungen haftet die Gemeinschaft mit ihrem Vermögen. Dieses speisen alle Eigentümer mit ihren Beiträgen. Als Stockwerkeigentümer sind Sie deshalb gut beraten, wenn Sie sich auch mit denjenigen Sachverhalten auseinander setzen, die Sie zwar nicht direkt betreffen, aber zu Forderungen gegenüber der Gemeinschaft führen könnten.

Forderungen gegen die Gemeinschaft entstehen einerseits aus Rechtsgeschäften, anderseits aus Schädigungen. Der Gärtner, der den Auftrag zur Pflege der gemeinschaftlichen Anlage erhalten hat, hat eine Forderung gegenüber der Gemeinschaft. Fällt ein Ziegel vom Dach der Liegenschaft und verletzt eine Passantin, muss die Gemeinschaft für den Schaden aufkommen. Verliert die Föhre im Garten übermässig viele

Die Gemeinschaft haftet als Werk- oder Grundeigentümerin

Haftung des Werkeigentümers

Die Eigentümerin eines Gebäudes – oder eines anderen Werkes – haftet für den Schaden, der infolge eines Mangels an diesem Gebäude entsteht. Dabei handelt es sich um eine Kausalhaftung (Art. 58 OR). Der Geschädigte braucht also kein Verschulden der Eigentümerin nachzuweisen. Allein die Tatsache, dass der Schaden durch das Gebäude verursacht wurde, löst die Schadenersatzpflicht aus. Wird jemand von einem mangelhaften Gebäude mit Schaden bedroht, muss er nicht abwarten, bis der Schaden eintritt, um gegen die Eigentümerin etwas zu unternehmen. Er kann verlangen, dass sie alles tut, um einen drohenden Schaden abzuwenden (Art. 59 OR).

Haftung des Grundeigentümers

Auch Grundeigentümer müssen für drohenden oder bereits eingetretenen Schaden einstehen. Die Geschädigten können auf Beseitigung der Schädigung bzw. auf Schutz gegen drohenden Schaden klagen und Schadenersatz verlangen. Auch dabei handelt es sich um eine Kausalhaftung; der Geschädigte muss also kein Verschulden des Grundeigentümers nachweisen (Art. 679 ZGB).

Nadeln und verstopft damit Jahr für Jahr die Wasserabflussrohre der Nachbarliegenschaft, muss die Gemeinschaft als Grundeigentümerin unter Umständen für den daraus entstehenden Schaden bezahlen.

Versicherungen abschliessen

Die Gefahren, für die Ihre Gemeinschaft aufgrund der Werk- oder Grundeigentümerhaftung einstehen muss, lassen sich grösstenteils versichern. Zwei Versicherungen mit ausreichender Deckung für Personen- und Sachschäden sind ein absolutes Muss:
- die Gebäudeversicherung
- die Gebäude- oder Grundeigentümerhaftpflichtversicherung

Bei grobem Selbstverschulden erbringen die Versicherer keine oder nur reduzierte Versicherungsleistungen. Die Gemeinschaft muss deshalb stets für einen genügenden Unterhalt der gemeinschaftlichen Bauteile und eine genügende Absicherung gefährlicher Stellen auf dem Grundstück besorgt sein. Andernfalls müssten die Stockwerkeigentümer im

Die wichtigsten Versicherungen

Gebäudeversicherung
Mit Ausnahme der Kantone Genf, Tessin und Wallis ist die Gebäudeversicherung in allen Kantonen obligatorisch. In Obwalden, Schwyz und Uri kann sie bei einem beliebigen Versicherer abgeschlossen werden, in allen andern Kantonen läuft sie über die kantonalen Gebäudeversicherungen. Gedeckt sind Elementar- und Feuerschäden. Als Elementarschäden gelten Schäden durch Sturmwinde, Hagel, Hochwasser, Sturmfluten, Überschwemmungen, Blitzschlag, Lawinen, Schneedruck, Schnee- und Erdrutsche, Steinschlag und Felsstürze. Nicht gedeckt sind Schäden infolge von Abnützung, ausfliessendem Leitungswasser oder überlaufenden Lavabos und Badewannen, Eindringen von Schmelzwasser, Frosteinwirkungen, Baumängeln oder mangelhaftem Unterhalt sowie Rückstau aus Abwasserkanalisationen oder Grundwasser sowie Erdbebenschäden.

Gebäudehaftpflichtversicherung
Diese deckt Schadenersatzansprüche aus Personen- und Sachschäden, für die die Stockwerkeigentümergemeinschaft als Werk- oder Grundeigentümerin einzustehen hat und die im Zusammenhang mit dem Zustand oder dem Unterhalt des Gebäudes oder Grundstücks stehen. Mitversichert sind in der Regel auch alle zum Gebäude gehörenden Anlagen und Einrichtungen wie Personenaufzüge, Kinderspielplätze, Swimmingpools, Teiche etc.

Zusätzliche Feuer-, Wasser- und Glasbruchversicherung
Ob diese nötig sind, muss von Fall zu Fall entschieden werden. Eine zusätzliche Feuerversicherung deckt Schäden, die in der Gebäudeversicherung nicht versichert sind, beispielsweise den Erdölvorrat oder die Geräte für den Liegenschaftsunterhalt. Die Wasserversicherung deckt Schäden, die durch ausfliessendes Wasser aus Leitungen, Lavabos oder Badewannen entstehen. Mit der Glasbruchversicherung schliesslich lassen sich Schäden an der Gebäudeverglasung, an Sanitäreinrichtungen sowie die Kosten für Notverglasungen versichern.

Bauherrenhaftpflicht-, Bauwesen- und Bauzeitversicherung
Soll das Gebäude oder eine einzelne Eigentumswohnung renoviert werden, empfiehlt sich unter Umständen der Abschluss dieser Versicherung (mehr dazu auf Seite 220).

Rahmen ihrer Wertquote für die vom Versicherer nicht übernommene Summe aufkommen.

Tipps
- Stellen Sie sicher, dass Ihre Gemeinschaft die nötigen Versicherungen mit genügender Deckung für Personen- und Sachschäden abgeschlossen hat. Achten Sie auch darauf, dass der Unterhalt der Liegenschaft nicht vernachlässigt wird.
- Neubauten, aber auch An-, Um- und Ausbauten, für die Sie eine Baubewilligung benötigen, sind in Kantonen mit obligatorischer Gebäudeversicherung in der Regel ab Baubeginn automatisch versichert. Eine besondere Meldung ist nur bei Investitionen erforderlich, für die keine Baubewilligung notwendig ist. Die Gebäude werden grundsätzlich zum Neuwert versichert. Schätzer ermitteln die Versicherungswerte nach Abschluss der Bauarbeiten. Eine Überprüfung der Werte erfolgt in der Regel alle 10 bis 15 Jahre oder auf Antrag der Versicherten.
- Keine Haftung der Gemeinschaft besteht für Schäden, die durch Gebäudeteile in Ihrem Sonderrecht verursacht werden. Sehen Sie hier Risiken, müssen Sie diese selber versichern.

Wie werden Schadenersatzansprüche gegenüber der Gemeinschaft durchgesetzt?

Beispiel *Architektin D. hat im Auftrag der Stockwerkeigentümergemeinschaft «Wiesenweg» die Pläne für den Umbau des Eingangsbereichs erstellt und schreibt dafür eine Rechnung über 5000 Franken. Der Verwalter der Gemeinschaft überweist ihr aber bloss 4000 Franken mit der Begründung, Stockwerkeigentümer B. habe seinen Anteil von 1000 Franken nicht bezahlt. Ein paar Tage später erhalten die anderen beiden Eigentümer eine Rechnung von Architektin D. und der Aufforderung, entsprechend ihrer Wertquote je 500 Franken an den noch ausstehenden Betrag zu bezahlen. Sind sie zur Zahlung verpflichtet?*

Ein Dritter kann Ansprüche, die er gegenüber der Gemeinschaft hat, nicht direkt bei den einzelnen Stockwerkeigentümern einfordern. Genauso wenig kann er seine Forderung gegen alle Stockwerkeigentümer im Verhältnis ihrer Wertquoten geltend machen. Für solche Ansprüche haftet einzig die Gemeinschaft. Nur gegen sie kann der Dritte vorgehen.

Achtung *Hat ein Bauhandwerker für das gemeinschaftliche Grundstück Arbeit geleistet oder Material geliefert und wird er nicht bezahlt, kann er das Bauhandwerkerpfandrecht geltend machen. Dieses wird im Grundbuch im Verhältnis der Wertquoten auf die einzelnen Einheiten eingetragen. Der Bauhandwerker kann sich also an jeden Eigentümer direkt halten (mehr dazu auf Seite 95).*

Bezahlt die Gemeinschaft eine berechtigte Forderung nicht, kann sie der Gläubiger auf Pfändung betreiben. Ist die Gemeinschaft der Ansicht, sie schulde das eingeforderte Geld nicht, erhebt sie im Betreibungsverfahren Rechtsvorschlag. Diesen kann der Gläubiger beseitigen, indem er einen so genannten Rechtsöffnungstitel vorlegt und – in letzter Konsequenz – die Gemeinschaft pfändet.

Rechtsöffnungstitel

- Vollstreckbares Gerichtsurteil, gerichtlicher Vergleich oder gerichtliche Schuldanerkennung
- Verfügungen oder Entscheide einer Verwaltungsbehörde des Bundes oder eines Kantons, beispielsweise eine rechtskräftige Steuerveranlagungsverfügung
- Durch öffentliche Urkunde festgestellte oder durch Unterschrift bekräftigte Schuldanerkennung

Was gepfändet wird, entscheidet nicht der Gläubiger, sondern der Betreibungsbeamte. Pfändbar sind alle Objekte des Vewaltungsvermögens, nicht aber das gemeinschaftliche Grundstück. Zum Verwaltungsvermögen gehören auch die Beitragsforderungen gegenüber den einzelnen Stockwerkeigentümern. Diese kann sich der Gläubiger nach der Pfändung durch das Betreibungsamt abtreten lassen. Erst dann hat er die Möglichkeit, die Bezahlung seiner Forderung im Verhältnis der Wertquoten direkt von den einzelnen Eigentümern zu verlangen.

Beispiel *Als die anderen Stockwerkeigentümer sich weigern, den Beitrag von Herrn B. zu bezahlen, geht Architektin D. aufs Betreibungsamt. Da die Gemeinschaft ihre Forderung bereits unterschriftlich anerkannt hat, verzichtet der Verwalter darauf, Rechtsvorschlag zu erheben. Die*

Betreibung läuft also weiter: Der Betreibungsbeamte pfändet die Beitragsforderung der Gemeinschaft gegenüber Eigentümer B. in der Höhe von 1000 Franken – das ist sein wertquotenmässige Anteil am Architektenhonorar. Anderes pfändbares Vermögen ist nicht vorhanden. Die gepfändete Beitragsforderung lässt sich Architektin D. vom Betreibungsamt abtreten. Dann erhebt sie gegenüber Herrn B. die Betreibung, beseitigt dessen Rechtsvorschlag und lässt ihn schliesslich pfänden. Der Betreibungsbeamte beschlagnahmt in Herrn B.s Wohnung Möbel und andere Gegenstände im Wert von 7000 Franken. Vom Verwertungserlös gehen zunächst 1500 Franken ans Betreibungsamt für die aufgelaufenen Kosten. Die restlichen 5500 Franken erhält Architektin D. und deckt damit ihre Forderung von 1000 Franken sowie die Inkassokosten von 4500 Franken. Das ganze Verfahren hat zwei Jahre gedauert und einiges an Nerven gekostet.

Wenn ein Eigentümer sich den Gemeinschaftsinteressen nicht fügt

Nicht selten kommt es vor, dass sich Einzelne dem Gemeinschaftswillen widersetzen und sich nicht so verhalten, wie das von der Gemeinschaft gewünscht wird: Eigentümerin A. stellt ihren Wagen dauernd auf dem für Besucher bestimmten Parkplatz ab; Eigentümer B. führt in seiner Wohnung einen Coiffeursalon, obwohl dies im Reglement untersagt ist. Was können die anderen Mitglieder der Gemeinschaft in solchen Fällen unternehmen?

Androhung von Strafsanktionen

Weder die Gemeinschaft noch der Verwalter können über einen Stockwerkeigentümer Strafsanktionen verhängen. Fügt sich ein Eigentümer den Beschlüssen nicht, verletzt er reglementarische oder Gesetzesbestimmungen, kann die Gemeinschaft aber gerichtlich gegen ihn vorgehen. Am einfachsten geschieht das im Befehlsverfahren, das im kantonalen Zivilprozessrecht geregelt ist. Ein solches Verfahren setzt voraus, dass die Situation klar und sofort beweisbar ist. Dann kann das Gericht dem widerspenstigen Stockwerkeigentümer befehlen, sich künftig an die Beschlüsse der Gemeinschaft bzw. an die Gesetzes- oder Reglementsbestimmungen zu halten. Auf Antrag können zusätzlich auch Strafsanktionen – Haft oder Busse – angedroht werden.

Ausschluss aus der Gemeinschaft

Bei besonders krassen oder wiederholten Verstössen gegen das Gesetz, den Gemeinschaftswillen oder das Reglement kann das Gericht eine Stockwerkeigentümerin aus der Gemeinschaft ausschliessen. Die Voraussetzungen dafür sind aber sehr streng.

Ausschluss gerechtfertigt oder nicht?

Eine Stockwerkeigentümerin kann aus der Gemeinschaft ausgeschlossen werden, wenn allen oder einzelnen anderen Eigentümern ein Zusammenleben mit ihr unter dem gleichen Dach nicht mehr länger zumutbar ist. Gründe können unter anderem sein: anstössiges Verhalten oder grobe Verletzung der Pflichten bei der Benutzung der Einheit durch die Stockwerkeigentümerin selber oder durch eine Person, der sie die Wohnung überlassen hat. Dass eine Partei ihre Beiträge nicht bezahlt, stellt für sich allein aber noch keinen Ausschlussgrund dar.

Ein Ausschluss aus der Gemeinschaft ist so lange nicht möglich, als mit weniger schwer wiegenden Massnahmen ein für die belästigten Stockwerkeigentümer zumutbarer Zustand geschaffen werden kann Der Ausschluss wird also nur als letzte Möglichkeit verfügt. Solche Fälle sind sehr selten.

Urteil *Im ersten Fall, in dem das Bundesgericht den Ausschluss eines Stockwerkeigentümers bestätigte, ging es um einen Mann, der sich während Jahren über berechtigte Mahnungen hinwegsetzte, behördliche Anordnungen missachtete, die Behebung von Schäden unterliess oder verzögerte, übermässige Lärmimmissionen verursachte, andere Eigentümer beschimpfte und sich in einem Fall sogar eine Tätlichkeit zuschulden kommen liess. Als Verwalter erstellte er zudem Jahresrechnungen zu seinem eigenen Vorteil und zuungunsten der anderen*

Eigentümer, wandelte seine Einheiten eigenmächtig in einen Hotelbetrieb um und vieles mehr. Kurz, der Betreffende konzentrierte sich – so das erstinstanzliche Bezirksgericht – sachschädigend und egoistisch nur auf seine eigenen Interessen und setzte sich bedenkenlos über die Interessen der anderen Eigentümer hinweg. Auch das Bundesgericht war der Meinung, den anderen Eigentümern könne eine Gemeinschaft mit diesem Querschläger nicht mehr zugemutet werden. (Urteil vom 5. 2.1979, in ZBGR 63, S. 370)

Die Begründung des obersten Gerichts: Ein Stockwerkeigentümer, der sich dauernd unverträglich zeigt, immer wieder streitsüchtig, gewalttätig und arglistig handelt, verstösst gegen seine Verpflichtungen gegenüber den andern Eigentümern. Denn er verunmöglicht das friedliche Zusammenleben und den nachbarlichen Verkehr, wie er unter Hausgenossen Brauch und gute Sitte ist. Unter diesen Umständen ist der Ausschluss gerechtfertigt. Daran ändert auch eine vorübergehende Besserung im Verhalten des Betroffenen nichts, ebenso wenig die finanzielle Einbusse, die er durch den Ausschluss erleidet.

Urteil *Nicht ausgeschlossen werden durfte hingegen die Familie Z. Die klagenden Stockwerkeigentümer warfen ihr vor, dass sie über Mittag und am Abend zwischen 20 und 22 Uhr wiederholt Lärm verursacht habe, der das übliche und unvermeidbare Mass eindeutig überschreite. Zudem hätten die Z.s sich nicht an die Ordnung zur Benutzung des Gartens gehalten, sondern auf der Spielwiese Fussball gespielt und Feuerwerk abgebrannt. Auch hätten sie verschiedentlich die Haustüre nicht abgeschlossen und zudem im Treppenhaus eine Kindergarderobe angebracht. Im Übrigen sei es zu verschiedenen Provokationen der anderen Stockwerkeigentümer gekommen. Das Bundesgericht, das sich 1987 mit dem Fall zu befassen hatte, wies die Klage auf Ausschluss ab, obwohl die «Hemmschwelle» angesichts der Uneinsichtigkeit der Z.s beinahe erreicht sei. (BGE 113 II 15)*

Die Argumentation des Bundesgerichts zeigt exemplarisch, worauf es im Zusammenleben von Stockwerkeigentümern ankommt: Aufgabe der Gemeinschaft ist es, in ihrem Reglement, in der Hausordnung und mit den Versammlungsbeschlüssen einen Rahmen zu schaffen, in dem sich das Zusammenleben von Menschen mit unterschiedlichen Bedürfnissen und verschiedener Lebensart möglichst reibungslos abspielen kann. Jedes Mitglied der Gemeinschaft ist verpflichtet, sich so zu verhalten, dass ein ungestörtes, friedliches Zusammenleben möglich ist. Alle müssen das Ihre dazu beizutragen, dass Konflikte erst gar nicht entstehen oder in einer Art und Weise behoben werden können, wie das für vernünftige, wohlerzogene und recht denkende Menschen selbstverständlich ist. Das Zusammenleben in einer Stockwerkeigentümergemeinschaft läuft im Grund nach ähnlichen Spielregeln ab wie in einer Demokratie. Dort wie hier gilt es, sich gegenseitig bei allem Unterschied der Lebensauffassung und der Bedürfnisse zu achten, Toleranz zu üben, sich aber auch den Beschlüssen zu unterziehen.

Der Ausschluss eines Mitglieds aus der Gemeinschaft ist eine Radikallösung. Diese ist nur gerechtfertigt, wenn die Pflichtverletzung so schwer ist, dass das weitere Zusammenleben den übrigen Eigentümern nicht mehr zugemutet werden kann. In einer Stockwerkeigentümergemeinschaft kann – angesichts der engen Verhältnisse – vor allem andauernd lautes, lärmiges Verhalten die ruhigeren und ruhebedürftigen Mitbewohner erheblich stören. Bevor deshalb aber zum Ausschluss gegriffen wird, müssen die Betroffenen versuchen, mit weniger gravierenden Mitteln zu einem Modus Vivendi zu gelangen. Möglichkeiten sind Aussprachen, eine neutrale Vermittlung oder allenfalls auch weniger weit reichende rechtliche Massnahmen. Erst wenn sich zeigt, dass die störende Partei offenkundig nicht bereit ist, sich an einen für alle erträglichen Rahmen zu halten, wenn sie sich dauernd über berechtigte Mahnungen, Vermittlungsversuche und Versammlungsbeschlüsse hinwegsetzt, ist als letztes Mittel ein Ausschluss anzuordnen.

Wie läuft ein Ausschluss ab?

Die Stockwerkeigentümerversammlung kann zwar beschliessen, dass sie ein Mitglied ausschliessen wolle, das allein führt aber noch nicht zum Ausschluss. Diesen Entscheid muss das Gericht fällen; zuständig ist das Gericht am Ort des Stockwerkeigentums.

Gegen den Störenfried klagen müssen die beeinträchtigten Stockwerkeigentümer selber; im Namen der Gemeinschaft kann eine solche

Klage nicht eingereicht werden. Sind einmal die Ausschlussgründe im ordentlichen Verfahren in zuverlässiger und objektiver Weise festgestellt worden, befiehlt das Gericht dem Betroffenen, seine Stockwerkeinheit zu veräussern, und setzt ihm dafür eine Frist. Bis zum Verkauf der Einheit bleibt der Ausgeschlossene Mitglied der Gemeinschaft, wobei das Gericht aber eine Spezialregelung für das Stimmrecht und die Kostentragung erlässt. Verkauft der Ausgeschlossene seine Stockwerkeinheit innert der angesetzten Frist nicht, wird sie öffentlich versteigert.

Die Rolle des Verwalters

Wohneigentum bedeutet Arbeit, besonders in einem Mehrfamilienhaus: Es gilt, Garten, Heizung und Waschküche im Schuss zu halten, die nötigen Versicherungen abzuschliessen, Rechnungen zu zahlen und vieles mehr. Sollen sich immer alle Stockwerkeigentümer mit diesen Aufgaben herumschlagen und sich über Details in die Haare geraten?

Der Verwalter oder die Verwalterin hat im Leben eines Stockwerkeigentümers eine grosse Bedeutung. Von ihrer Arbeit hängt es weitgehend ab, ob in der Gemeinschaft Frieden herrscht. Zu Streitereien kommt es nämlich oft dann, wenn Sach- und finanzielle Geschäfte nicht rechtzeitig oder fachgerecht erledigt werden. Es lohnt sich deshalb, bei der Wahl einer Verwalterin und beim Abschluss des Vertrags mit ihr sorgfältig vorzugehen.

Offensichtlich war sich auch der Gesetzgeber der Bedeutung des Verwalters bewusst; im sonst eher knapp gehaltenen Stockwerkeigentumsrecht sind ihm vier recht umfassende Artikel gewidmet (Art. 712q bis 712t ZGB). Zudem hat jeder Stockwerkeigentümer und auch jede interessierte Drittperson den gesetzlichen Anspruch, einen Verwalter gerichtlich ernennen zu lassen (siehe Seite 130).

Der Verwaltungsvertrag

Die Verwalterin wird von der Gemeinschaft gewählt. Ist im Reglement nichts anderes vorgesehen, braucht es dazu einen Mehrheitsbeschluss der in der Versammlung anwesenden Eigentümer.

Zwischen der Verwalterin und der Gemeinschaft wird ein Verwaltungsvertrag abgeschlossen. Dieser ist rechtlich gesehen ein Auftrag, der an sich auch formlos entstehen kann. Trotzdem empfiehlt es sich, den Vertrag schriftlich aufzusetzen und die gesetzlichen Aufgaben zu ergänzen und zu präzisieren. Folgende Punkte gehören hinein:
- umfassendes Pflichtenheft
- Pauschalhonorar für die im Pflichtenheft aufgeführten Aufgaben
- Summe, bis zu der die Verwalterin in eigener Kompetenz und ohne Beschluss der Gemeinschaft Aufträge erteilen darf
- spezielle Anforderungen an die Buchführung
- Kündigungsfrist

Die Aufgaben des Verwalters

Sieht das Reglement keine Einschränkungen vor, hat der Verwalter einen sehr breiten Aufgabenbereich. Dieser reicht von der gemeinschaftlichen Verwaltung bis zur Vertretung der Gemeinschaft gegenüber Dritten, Behörden oder auch Gerichten. Die gesetzlichen Aufgaben des Verwalters sind in den Artikeln 712s und 712t ZGB aufgezählt.

Diesen Aufgabenkatalog kann die Gemeinschaft einschränken oder auch ausdehnen. Das kann im Verwaltungsvertrag, im Reglement oder durch einen Versammlungsbeschluss geschehen oder auch bloss dadurch, wie das Vertragsverhältnis zwischen der Gemeinschaft und dem Verwalter gelebt wird (zum üblichen Pflichtenheft eines Verwalters siehe Seite 147).

Achtung *Als Schlichter bei Streitigkeiten unter den Stockwerkeigentümern eignet sich der Verwalter in der Regel nicht. Erstens wird er kaum die dafür nötige Ausbildung haben. Zudem besteht die Gefahr, dass seine Art der Streitschlichtung von der einen oder anderen Partei als nicht objektiv angesehen wird, was das Vertrauen in ihn auch für seine anderen Aufgaben nachhaltig erschüttern kann.*

Wichtig: die finanziellen Aufgaben

Die korrekte Erledigung der finanziellen Angelegenheiten der Gemeinschaft durch den Verwalter ist für den Frieden in der Gemeinschaft so-

wie zwischen der Gemeinschaft und dem Verwalter von besonderer Bedeutung. Er muss den finanziellen Aufgaben deshalb ein besonderes Augenmerk widmen. Dazu gehört etwa,
- für die Gemeinschaft Rechnungen, Steuern, Versicherungsprämien etc. zu zahlen.
- für die Gemeinschaft Forderungen gegenüber Drittpersonen und einzelnen säumigen Stockwerkeigentümern einzutreiben.
- Buch zu führen über die Einnahmen und Ausgaben der Gemeinschaft und die Jahresrechnung zu erstellen.

Wie der Verwalter die finanziellen Angelegenheiten zu organisieren hat, schreibt ihm das Gesetz nicht vor. In der Praxis ist man sich aber darüber einig, dass für eine ordnungsgemässe Verwaltung mindestens eine Buchführung erforderlich ist. Hat eine Stockwerkeigentümergemeinschaft spezielle Anforderungen an die Buchführung, sollte sie diese im Verwaltungsvertrag exakt umschreiben.

Zur Erledigung der finanziellen Angelegenheiten gehört auch, dass der Verwalter Ihnen jährlich ein Budget unterbreitet und es von der Versammlung genehmigen lässt. Aufgrund des Budgets kann die Versammlung über Akontozahlungen entscheiden, die dann der Verwalter in Rechnung stellen und einkassieren muss. Leisten einzelne Stockwerkeigentümer die beschlossenen Zahlungen nicht, kann und muss der Verwalter auch betreibungsrechtliche oder gerichtliche Schritte einleiten (siehe Seite 199). Akontozahlungen muss er ebenso wie die anderen finanziellen Mittel der Gemeinschaft möglichst sicher und von seinen eigenen Konten getrennt anlegen.

Auch der Erneuerungsfonds wird vom Verwalter gehortet. Dieses Geld ist auf einem vom übrigen Verwaltungsfonds getrennten Konto anzulegen. Das ermöglicht eine bessere Übersicht und verhindert, dass aus Unachtsamkeit der Erneuerungsfonds mit Auslagen belastet wird, für die er nicht gedacht ist (zum Erneuerungsfonds siehe Seite 195).

Die Vertretung der Gemeinschaft durch den Verwalter
Die Verwalterin ist das Bindeglied zwischen Aussenstehenden und der Stockwerkeigentümergemeinschaft. Sie hat deshalb von Gesetzes wegen eine Vertretungsmacht, die in Artikel 712t ZGB ausführlich geregelt ist.

Die Vertretungsmacht bezieht sich auf alle Geschäfte, die die Verwalterin im Zusammenhang mit der gemeinschaftlichen Verwaltung wahrzunehmen hat. Dazu zählen alle Aufgaben, die ihr durch das Gesetz sowie das Reglement und die Beschlüsse der Stockwerkeigentümerversammlung eingeräumt werden. Hat die Gemeinschaft die Kompetenzen der Verwalterin gegenüber den gesetzlichen Vorgaben eingeschränkt, gilt dies für aussen stehende Dritte nur, wenn sie davon Kenntnis erhalten haben.

Vor Gericht darf die Verwalterin die Gemeinschaft nur in zivilrechtlichen Summarverfahren vertreten. Zur Einleitung und Durchführung von ordentlichen Zivilprozessen braucht sie eine zusätzliche Bevollmächtigung durch die Versammlung. Gleiches gilt für die Führung von nicht zivilrechtlichen Gerichtsverfahren, beispielsweise für eine Einsprache gegen ein Bauprojekt. Hat die Verwalterin keine solche Zusatzvollmacht, kann das in einzelnen Kantonen zur Abweisung der Klage und zum Verlust des Prozesses führen.

Die Haftung des Verwalters
Bei dem zwischen der Gemeinschaft und dem Verwalter abgeschlossenen Vertrag handelt es sich um einen Auftrag. Der Verwalter haftet der Gemeinschaft deshalb für eine getreue und sorgfältige Ausführung der ihm übertragenen Geschäfte (Art. 398 OR). Zu den Grundsätzen einer sorgfältigen Auftragsausführung gehört vor allem Folgendes:

- Der Verwalter muss die Aufgaben und Arbeiten so planen, dass er sie rechtzeitig und fachgerecht erledigen kann.
- Die Stockwerkeigentümergemeinschaft darf vom Verwalter einen hohen fachlichen Standard erwarten. Sie darf davon ausgehen, dass er über die nötigen Sach- und Fachkenntnisse zur Erfüllung der ordentlichen Verwaltungshandlungen verfügt. Tut er dies nicht und nimmt er den Auftrag trotzdem an, ist er für Fehler, die aus seinem Unvermögen entstehen, verantwortlich und muss der Gemeinschaft bei einem Schaden Ersatz leisten.
- Arbeitsüberlastung oder Zeitnot entlasten den Verwalter nicht von einer sorgfältigen Erfüllung seines Verwaltungsmandats.
- Der Verwalter muss die Liegenschaft so regelmässig besuchen, dass er Mängel rechtzeitig entdeckt. Er hat alle Anordnungen zu treffen, die

nötig sind, um solche Mängel zu beheben und weiteren Schaden zu verhindern – wenn nötig auch gegenüber einem der Eigentümer.

Die richtige Person finden

Die Aufgaben und Kompetenzen des Verwalters und die dazu notwendigen Kenntnisse sind sehr vielfältig. Es empfiehlt sich deshalb dringend, ihn mit grösster Sorgfalt auszuwählen – und erst in zweiter Linie auf das Honorar zu achten. Der billigste Verwalter ist nicht immer der günstigste. Auf dem Markt finden sich heutzutage verschiedene Anbieter, die nicht davor zurückschrecken, die Verwaltung von Stockwerkeigentum zu Preisen zu offerieren, die es ihnen gar nicht erlauben, den nötigen zeitlichen Aufwand zu erbringen. Das hat unweigerlich Auswirkungen auf die Qualität.

Tipps
- *Holen Sie mehrere Offerten ein und vergleichen Sie diese sorgfältig. Prüfen Sie vor allem, welche Dienstleistungen im Pauschalhonorar enthalten sind und welche Arbeiten zu welchen Konditionen extra in Rechnung gestellt werden.*
- *Die Dienstleistung «Verwaltung von Stockwerkeigentum» kann von jedermann angeboten werden. Einer Aufsicht unterstehen die Anbieter nicht. Es ist deshalb von besonderer Wichtigkeit, dass Sie sich vor Auftragsvergabe von den fachlichen und menschlichen Fähigkeiten ihrer zukünftigen Verwalterin überzeugen. Erkundigen Sie sich nach Aus- und Weiterbildung, nach der beruflichen Erfahrung und lassen Sie sich Referenzen geben.*
- *Manchmal muss ein Verwalter schnell reagieren können. Achten Sie deshalb auch besonders darauf, dass die Stellvertretung bei Ferienabwesenheiten oder Krankheit sichergestellt ist.*

So viel kostet ein guter Verwalter

In der Regel wird mit der Verwalterin ein Pauschalhonorar vereinbart. Doch darin sind nicht alle Aufgaben enthalten, die sie im Lauf eines Jahres möglicherweise erfüllen wird. Was zum Pauschalhonorar gehört, hat der Schweizerische Verband der Immobilienwirtschaft SVIT in einem Leistungsbeschrieb zusammengestellt (siehe Kasten).

Als Honorar für eine seriöse Verwaltung müssen Sie laut den Richtlinien des SVIT mit 350 bis 500 Franken pro Einheit und Jahr sowie einem jährlichen Grundhonorar von 2500 Franken rechnen. Sind die Ansätze tiefer, lassen sich die anfallenden Arbeiten nicht mehr kostendeckend erledigen – und das hat unweigerlich Auswirkungen auf die Qualität der Verwaltungstätigkeit.

Im Pauschalhonorar enthaltene Tätigkeiten

Administratives
- Einberufung und Leitung der Stockwerkeigentümerversammlung
- Führen der Beschlussprotokolle, das Ausführen und Koordinieren der Beschlüsse und das Erstellen eines Rechenschaftsberichts
- In-Rechnung-Stellen und Inkasso der Verwaltungsbeiträge, der Erneuerungs- und anderen Fondsbeiträge, der Mietzinsen und Nebenkosten für Gemeinschaftsanlagen
- Buchführung über sämtliche Einnahmen und Ausgaben
- Vornahme aller Zahlungen und Verbindlichkeiten
- Erstellung der Jahresrechnung und des Budgets
- Vertretung der Gemeinschaft gegen aussen
- Ausarbeitung des Hauswartvertrags und Entlöhnung des Hauswarts

Technisches
- Ausführen der Beschlüsse der Gemeinschaft
- Erstellen und Überwachen der Hausordnung, der Waschküchenordnung und des Waschplans
- Anstellung und Einführung des Hauswarts in den Aufgabenbereich anhand eines Pflichtenhefts und regelmässige Kontrolle der Hauswartsarbeiten
- Regelmässige Kontrollbesuche der Liegenschaft zur Überprüfung des Gesamtzustands
- Auftragserteilung für vorsorgliche und notwendige Reparaturen und Instandstellungen, Einkauf der Brennstoffe, Überwachung und Kontrolle der erteilten Aufträge
- Abschluss von Versicherungsverträgen, Kündigung und Erweiterung des Deckungsumfangs, jeweils in Absprache mit der Gemeinschaft
- Abschluss von Serviceverträgen für Anlagen und Einrichtungen, die gewartet und kontrolliert werden müssen

Nicht im Pauschalhonorar eingeschlossen sind gemäss SVIT folgende Aufgaben:
- der erhöhte Aufwand bei der Übernahme des Verwaltungsmandats
- Aufnahme und Erledigung von Schadenfällen
- Ausführung grösserer Arbeiten, die im Verwaltungsvertrag nicht enthalten sind, beispielsweise Sanierungen

Solche Arbeiten werden nach Aufwand verrechnet; der mittlere Ansatz liegt bei 150 Franken pro Stunde. Für Arbeiten bei grösseren Umbauten wird häufig die SIA-Honrarordnung beigezogen.

Achtung *«Erledigen wir das doch selber, dann kommt's günstiger.» So denken viele Stockwerkeigentümer und machen einen der Ihren zum Verwalter – allenfalls wird ein Turnus vereinbart. Davon ist abzuraten. Nicht nur fehlt den Eigentümern in vielen Fragen die nötige Unabhängigkeit, oft verfügen sie zudem weder über die fachlichen Kenntnisse einer professionellen Verwaltung noch über deren Netzwerk an Beratern in den verschiedensten Bereichen. Die effektive Kostenersparnis ist deshalb oft gering. Kommt hinzu, dass rasch einmal der Vorwurf aufkommt, der Eigentümer/Verwalter schaue zu sehr auf die eigenen Interessen.*

Nicht mehr zufrieden mit dem Verwalter

Beispiel *Die Stockwerkeigentümergemeinschaft «Wiesenweg» ärgert sich über den Verwalter: Erreichbar ist er kaum, die Beiträge werden mit grosser Verspätung eingefordert, das Protokoll der Versammlung kommt erst nach Monaten und ist erst noch unvollständig, die beschlossenen Aufträge werden nicht vergeben. Nachdem auch eine Aussprache in der Versammlung nur eine kurzfristige Verbesserung gebracht hat, beschliessen die Stockwerkeigentümer, den Verwaltungsvertrag sofort zu kündigen. Sie wollen nicht länger Verwaltungshonorar bezahlen, ohne eine Gegenleistung zu erhalten. Der Verwalter bestätigt den Stockwerkeigentümern die Kündigung auf Ende November. Er stellt sich aber auf den Standpunkt, der Verwaltungsvertrag sei nicht auf einen beliebigen Zeitpunkt kündbar, vereinbart sei eine Kündigungs-*

frist von sechs Monaten. Die Stockwerkeigentümer dagegen sind der Ansicht, gemäss Artikel 712r ZGB könne der Vertrag mit dem Verwalter jederzeit gekündigt werden.

Tatsächlich steht im Stockwerkeigentumsrecht, dass die Eigentümergemeinschaft den Verwalter jederzeit abberufen kann. Das heisst aber nicht, dass auch der Verwaltungsvertrag und damit die Honorarzahlungspflicht mit der Abberufung endet. Aus rechtlicher Sicht ist umstritten, ob ein Verwaltungsvertrag – wie es das Auftragsrecht in Artikel 404 OR vorsieht – jederzeit aufgelöst werden kann oder ob im Vertrag eine Kündigungsfrist vereinbart werden darf, die dann auch eingehalten werden muss. Das Bundesgericht musste sich dazu bisher nicht äussern; die neuere Rechtslehre hält aber die Vereinbarung einer Kündigungsfrist im Verwaltungsvertrag für zulässig.

Wie auch immer – ist im Verwaltungsvertrag keine Kündigungsfrist vereinbart, kann die Eigentümergemeinschaft diesen jederzeit widerrufen. Tut sie das allerdings zur Unzeit, muss sie dem Verwalter den dadurch entstandenen Schaden ersetzen. Zur Unzeit aufgelöst ist der Vertrag immer dann, wenn die Gemeinschaft dem Verwalter den Auftrag in einem für ihn ungünstigen Moment und ohne sachliche Rechtfertigung entzieht. Hat der Verwalter aber durch die Art und Weise seiner Arbeit Anlass zur Vertragsauflösung gegeben, kann er nicht von Unzeit sprechen.

Hinweis *Wurde ein Verwalter vom Gericht eingesetzt (Art. 712q ZGB), darf ihn die Gemeinschaft nicht selber abberufen. Ein solcher Verwalter kann während der Zeit, für die er eingesetzt wurde, nur mit gerichtlicher Bewilligung seines Amtes enthoben werden.*

7. Die Stockwerkeigentümerversammlung

Die Stockwerkeigentümerversammlung ist das oberste Organ der Gemeinschaft und entscheidet in allen wichtigen Fragen. Für Sie ist es deshalb besonders wichtig, die Spielregeln für diese Versammlung zu kennen.

Oberste Instanz in der Gemeinschaft

Beispiel *Die Gemeinschaft «Hochstrasse 10» trifft sich am 23. Januar zur achten Stockwerkeigentümerversammlung, diesmal in der Wohnung von Familie M. Die Traktandenliste ist kurz: Ausser der Jahresabrechnung, die abgenommen werden muss, stehen nur noch die Ordnung im Treppenhaus und Varia drauf. Verwalter F., ein Immobilientreuhänder, rechnet mit einer unkomplizierten Sitzung; die Getränke für den gemütlichen Teil stehen schon bereit.*

Die Stockwerkeigentümerversammlung ist das einzige vom Gesetz zwingend vorgeschriebene Verwaltungsorgan einer Stockwerkeigentümergemeinschaft. Sie trifft alle Entscheide im Bereich der gemeinschaftlichen Aufgaben, die nicht an den Verwalter delegiert sind. Als oberstes Organ verfügt die Versammlung über alle Kompetenzen, die nicht durch das Gesetz, das Reglement, den Begründungsakt oder eine andere Vereinbarung einem anderen Organ zugewiesen sind. In Artikel 712m ZGB finden Sie eine beispielhafte Aufzählung der Kompetenzen der Stockwerkeigentümerversammlung. Sie hat die Befugnis,

Die gesetzlichen Bestimmungen zur Eigentümerversammlung

Trotz der grossen Bedeutung der Stockwerkeigentümerversammlung für das Funktionieren der Gemeinschaft enthält das ZGB nur einige wenige Bestimmungen zu ihrer Organisation und Durchführung:
- Gemäss Artikel 712g Absatz 1 richtet sich die Zuständigkeit zu Verwaltungshandlungen und baulichen Massnahmen nach den Bestimmungen des Miteigentumsrechts (Art. 647 bis 647e ZGB). Das gilt insbesondere für die Quoren, mit denen die Beschlüsse in der Stockwerkeigentümerversammlung gefasst werden.
- Artikel 712m Absatz 2 bestimmt, dass auf die Versammlung ergänzend die Bestimmungen über die Organe des Vereins (Art. 64 bis 68 ZGB) und die Anfechtung von Vereinsbeschlüssen (Art. 75 ZGB) zur Anwendung gelangen.
- Artikel 712n regelt die Einberufung und Leitung der Versammlung.
- Artikel 712o beschreibt die Ausübung des Stimmrechts.
- Artikel 712p regelt die Beschlussfähigkeit.

- in allen Verwaltungsangelegenheiten sowie über bauliche Massnahmen zu entscheiden.
- einen Verwalter zu bestellen.
- einen Ausschuss oder einen Abgeordneten zu wählen.
- den jährlichen Kostenvoranschlag, die Rechnung und die Verteilung der Kosten zu genehmigen.
- über die Schaffung eines Erneuerungsfonds zu befinden.
- die für die Gemeinschaft erforderlichen Versicherungen abzuschliessen.

Die Stockwerkeigentümerversammlung kann beschliessen, einzelne ihrer Kompetenzen an ein anderes Organ zu delegieren. Für einen solchen Beschluss braucht es das absolute Mehr.

Wer darf an der Versammlung teilnehmen?

Beispiel *Verwalter F. blickt in die Runde; der 85-jährige Herr S. aus dem ersten Stock und Frau G. fehlen. «Weiss jemand, wo die beiden sind?», fragt er. «Herr S. kommt nicht», meldet sich Frau M., «ich vertrete ihn.» Sie übergibt Herrn F. eine schriftliche Vollmacht. «Ich vertrete Frau G.», antwortet ein dem Verwalter unbekannter Mann im dunkeln Anzug. «Ich bin ihr Neffe und sie hat mir letzte Woche das Wohnrecht an ihrer Wohnung übertragen. Eine Vollmacht habe ich nicht. Sie können aber gern unseren Vertrag sehen.»*

Oft treten Diskussionen darüber auf, wer an einer Stockwerkeigentümerversammlung überhaupt teilnehmen darf. Das Gesetz enthält dazu keine direkte Anwort. Es gibt zwei Möglichkeiten, wie jemand teilnehmen kann: als Partei oder als Stellvertreterin eines Stockwerkeigentümers.

Die Teilnahme als Partei

Klar ist, dass jeder Stockwerkeigentümer, jede Stockwerkeigentümerin an der Versammlung teilnehmen kann. Wie aber sieht es aus, wenn eine Einheit mehreren Personen gehört? Und was gilt für eine Nutzniesserin oder einen Mieter?

- Gehört eine Wohnung mehreren Personen gemeinsam, können diese alle an der Versammlung teilnehmen. Sie haben allerdings nur eine

Stimme, die sie durch einen von ihnen bestimmten Vertreter ausüben müssen. Das gilt auch für die Miteigentümer einer Autoeinstellhalle, die eine eigene Stockwerkeinheit bildet und in Miteigentum aufgeteilt ist (siehe Seite 106).
- Nutzniesser und Wohnberechtigte dürfen von Gesetzes wegen an der Stockwerkeigentümerversammlung teilnehmen und sind in allen Verwaltungsfragen stimmberechtigt. Ausgenommen sind Beschlussfassungen über nützliche und luxuriöse bauliche Massnahmen, bei denen laut Gesetz nur der Stockwerkeigentümer selbst stimmberechtigt ist. Selbstverständlich dürfen die Eigentümerin und ein Wohnberechtigter aber auch andere Vereinbarungen treffen und beispielsweise festhalten, dass der Wohnberechtigte in allen Fragen entscheiden kann.
- Mieter oder Pächter einer Stockwerkeinheit haben keinen Anspruch auf eine Teilnahme an der Versammlung. Sie können aber vom Stockwerkeigentümer zur Teilnahme und Stimmabgabe an seiner Stelle bevollmächtigt werden, sofern sich eine solche Vertretung mit dem Reglement verträgt.

Die Teilnahme als Stellvertreter

Stockwerkeigentümer können, statt selbst an die Versammlung zu gehen, eine Stellvertreterin bestimmen, die sie bei der Wahrnehmung ihrer Interessen und bei der Stimmabgabe in der Versammlung vertritt. Es empfiehlt sich, im Reglement festzuhalten, welche Personen als Vertreter zulässig sind und in welcher Form sie bevollmächtigt werden müssen.

Eine Beschränkung der möglichen Vertreter beispielsweise auf Familienangehörige oder andere Stockwerkeigentümer ist zulässig. Sie muss aber mit dem Begründungsakt oder später mit einstimmigem Beschluss Aufnahme ins Reglement finden. Nicht zulässig wäre eine Reglementsbestimmung, die es grundsätzlich verbietet, einen Stellvertreter an die Versammlung zu entsenden.

Tipp *Den Verwalter als Stellvertreter zu bevollmächtigen, ist nicht unbedingt empfehlenswert: Beauftragen ihn mehrere Stockwerkeigentümer als Vertreter, kommt ihm in den Abstimmungen plötzlich ein Gewicht zu, das nicht sachgerecht ist.*

Schicken Sie jemanden als Ihren Stellvertreter an die Versammlung, muss die Versammlungsleitung prüfen, ob diese Person rechtsgültig bevollmächtigt ist. Obwohl das Gesetz es nicht verlangt, sollten Sie Ihrem Stellvertreter immer eine schriftliche Vollmacht mitgeben (siehe Muster).

Muster: Vollmacht für die Stockwerkeigentümerversammlung

Vollmacht

Ich,
Paul S., Eigentümer des Grundstücks Nr. 3487, Grundbuch Hinterthal, Hochstrasse 10, 6436 Hinterthal,

beauftrage und bevollmächtige

Frau Claudia M., Hochstrasse 10, 6436 Hinterthal,

mich an der ordentlichen Versammlung der Stockwerkeigentümergemeinschaft «Hochstrasse 10» vom 23. Januar 2005 zu vertreten.

Im Einzelnen bevollmächtige ich Frau M:
- mich in allen zur Diskussion stehenden Fragen zu vertreten.
- zur Abgabe der Kopf- und Anteilsstimme im Rahmen von Abstimmungen anlässlich der genannten Versammlung.
- mich anlässlich der genannten Versammlung in allen übrigen Belangen zu vertreten.

Hinterthal, 15. Januar 2005   Paul S.

Wenn Sie der Verwaltung die schriftliche Vollmacht nicht vorab zukommen lassen, sollte Ihr Stellvertreter diese mit an die Versammlung bringen. Verlangt Ihr Reglement keine schriftliche Vollmacht, muss die Versammlungsleitung einen Stellvertreter auf jeden Fall zulassen – sogar dann, wenn die Überprüfung der Bevollmächtigung an der Versammlung selber gar nicht möglich ist. Weil aber Unsicherheiten darüber, ob die Stockwerkeigentümer rechtmässig vertreten sind, die Versammlung ungemein verkomplizieren können, empfiehlt sich die schriftliche Bevollmächtigung in jedem Fall.

Hinweis *Dürfen weitere Personen als Besucher ohne Stimmrecht an der Versammlung teilnehmen? Diese Frage stellt sich etwa für Ehe- oder Konkubinatspaare, wenn nur eine Seite Stockwerkeigentümerin ist. So lange die anderen Mitglieder der Gemeinschaft einverstanden sind, ist eine solche informelle Teilnahme durchaus möglich. Möchten sie aber unter sich sein, müssen die Besucher draussen bleiben.*

Richtig einberufen, korrekt durchführen

Bei der Einberufung und Durchführung der Stockwerkeigentümerversammlung ist es besonders wichtig, dass die gesetzlichen und reglementarischen Anforderungen eingehalten werden. Einerseits, um Ungerechtigkeiten und Ungleichbehandlungen der Stockwerkeigentümer zu vermeiden, vor allem aber, damit es nicht zu langwierigen, kostenintensiven Auseinandersetzungen kommt, wenn ein Eigentümer mit einem Beschluss nicht einverstanden sein sollte.

Die Einladung zur Versammlung

Die Versammlung der Stockwerkeigentümer wird vom Verwalter einberufen, wann immer er das für notwendig hält. Mindestens einmal jährlich muss aber eine Versammlung stattfinden (Art. 712m Abs. 1 Ziff. 4 ZGB).

Solange ein Verwalter bestellt ist, kann nur er zur Versammlung einladen. Ein Fünftel der Stockwerkeigentümer kann aber von ihm die Einberufung einer Versammlung verlangen (im Reglement kann auch ein kleinere Anzahl vorgesehen sein). Hat eine Gemeinschaft keinen Verwalter, kann jeder Stockwerkeigentümer eine Versammlung einberufen, sofern das Reglement keine anders lautende Bestimmung enthält.

Beispiel *Nachdem die Vertretungsfragen für die Versammlung der Gemeinschaft «Hochstrasse 10» geklärt sind, fährt Verwalter F. weiter: «Ich stelle fest, dass bei mir bis Ende letzten Jahres keine Anträge eingegangen sind, wie das im Reglement vorgeschrieben wäre. Weiter stelle* *ich fest, dass die Einladung zur heutigen Versammlung samt Traktandenliste am 5. Januar versandt worden ist und damit die reglementarische Frist von 14 Tagen eingehalten wurde. Beschlüsse können nur zu den traktandierten Geschäften gefasst werden.»*

Eine Mindestfrist zwischen dem Versand der Einladung und der Durchführung der Versammlung schreibt das Gesetz nicht vor. Um Diskussionen zu vermeiden, sollte deshalb im Reglement bestimmt werden, wie lange vor der Versammlung die Einladung verschickt sein muss. Empfehlenswert sind mindestens zehn Tage.

Doch ab wann beginnt die festgesetzte Frist zu laufen? Von Gesetzes wegen wäre der Zeitpunkt des Eingangs beim einzelnen Stockwerkeigentümer massgebend. Weil dies aber manchmal schwierig zu beweisen ist, sollten Sie im Reglement festhalten, dass die Frist in dem Zeitpunkt beginnt, da der Verwalter die Einladungen der Post übergibt.

Das Recht, die Traktandierung von Geschäften zu verlangen

Zur Frage, wer die Traktandierung von Geschäften für die Versammlung verlangen darf, enthält das Gesetz ebenfalls keine Vorschriften. Ist eine Verwalterin eingesetzt und sieht das Reglement nichts anderes vor, kann auf jeden Fall ein Fünftel aller Stockwerkeigentümer die Traktandierung eines Geschäfts verlangen. Ob auch ein einzelner Eigentümer ein Geschäft auf die Traktandenliste setzen lassen darf, dazu hat sich das Bundesgericht bisher nicht geäussert. Nach der herrschenden Lehre ist aber von einem solchen Anspruch auszugehen. Ist keine Verwalterin bestimmt, hat jeder einzelne Stockwerkeigentümer Anspruch auf die Traktandierung eines Geschäfts.

Damit die Eigentümer die Möglichkeit erhalten, Geschäfte auf die Traktandenliste setzen zu lassen, muss die Verwalterin die Versammlung genügend früh ankündigen und einen Termin setzen, bis wann die Traktanden einzureichen sind. Sind alle Traktanden eingegangen, kann sie die Einladung zur Versammlung erstellen.

Selbstverständlich wäre es auch denkbar, den Termin für die Einreichung von Traktanden, im Reglement festzuhalten. Doch schränkt eine solche Bestimmung die zeitliche Flexibilität der Gemeinschaft zu sehr ein; ab und zu muss ja auch aus aktuellem Anlass eine Versammlung relativ rasch einberufen werden.

Beispiel *Das Reglement der Stockwerkeigentümergemeinschaft «Hochstrasse 10» enthält zwei Bestimmungen über die Einladung zur Versammlung:*
1. *Die Versammlung der Stockwerkeigentümer findet mindestens einmal jährlich im ersten Quartal des Kalenderjahrs statt. Die Einladung zur Versammlung muss mindestens 14 Tage vor dem Versammlungstag verschickt werden. Massgebend ist der Zeitpunkt der Postaufgabe.*
2. *Jeder Stockwerkeigentümer kann Anträge an die Versammlung stellen und die Traktandierung von Geschäften verlangen. Solche Begehren sind bis zum 31. Dezember des Jahres vor der Versammlung an die Verwaltung zu richten. Massgebend ist die Postaufgabe.*

Die Traktandenliste

Mit der Einladung zur Versammlung muss Ihnen der Verwalter auch die Traktanden bekannt geben, die er zu behandeln beabsichtigt. Die Traktandenliste muss dabei so klar formuliert sein, dass Sie erkennen können, über welche Sachfragen allenfalls Beschluss gefasst werden soll. Der Zweck dieser Traktandenliste ist ein doppelter

- Die Eigentümer erhalten Aufschluss darüber, ob ihre Teilnahme an der Versammlung überhaupt zweckmässig oder notwendig ist.
- Anhand der Traktandenliste können sie sich – vor allem, wenn auch Unterlagen wie Offerten, Budgets etc. mitgeliefert werden – auf die Versammlung vorbereiten. Dadurch sinkt die Gefahr von übereilten und unüberlegten Beschlüssen, die dann mühsam wieder rückgängig gemacht werden müssen.

Beispiel *Unter dem Traktandum «Diverses» will Verwalter F. darüber abstimmen lassen, ob die Tanne vor dem Haus gefällt werden soll. Herr W., der erst seit einer Woche zur Gemeinschaft gehört, ist überrascht. Er habe von diesem Ansinnen nichts gewusst und sich darüber keine Gedanken gemacht. Verwalter F. entgegnet: «Allen anderen Stockwerkeigentümern war bekannt, dass über diese Frage abgestimmt werden* *soll. Sie konnten das nicht wissen. Wir können deshalb heute über das Fällen der Tanne nicht beschliessen.*»

Über Traktanden, die nicht gehörig angekündigt sind, darf nur dann Beschluss gefasst werden, wenn die Beschlussfassung im Rahmen einer Urabstimmung stattfindet (siehe Seite 167).

Fasst die Stockwerkeigentümerversammlung einen Beschluss über ein ungenügend oder gar nicht traktandiertes Geschäft, ist dieser anfechtbar (siehe Seite 164). Verstösst der Beschluss gegen elementare gesetzliche oder reglementarische Bestimmungen, ist er unter Umständen sogar nichtig, das heisst auch ohne Anfechtung ungültig (siehe Seite 166). Wenn Ihnen ein Beschluss über ein nicht traktandiertes Geschäft missfällt, sollten Sie sich aber nicht auf solche juristische Spitzfindigkeiten einlassen, sondern ihn auf jeden Fall anfechten.

So läuft die Stockwerkeigentümerversammlung richtig ab

Das **Reglement** sollte enthalten:
- eine Bestimmung, dass jeder Stockwerkeigentümer berechtigt ist, Anträge zu stellen und die Traktandierung von Geschäften zu verlangen (nebenstehendes Beispiel Absatz 2).
- eine Bestimmung, die regelt, wie die Stockwerkeigentümer Anträge stellen und die Traktandierung von Geschäften verlangen können und bis wann sie das zu tun haben (Beispiel Absatz 2).
- eine Bestimmung, bis wann die Einladung zur Versammlung erfolgen muss und ob die Postaufgabe durch die Verwaltung oder der Posteingang beim Stockwerkeigentümer massgebend ist (Beispiel Absatz 1).

Die **Traktanden** müssen so klar formuliert sein, dass jeder Stockwerkeigentümer daraus ersehen kann, worüber Beschluss gefasst werden soll.

Ist die Versammlung beschlussfähig?

Damit die Eigentümerversammlung über die traktandierten Geschäfte überhaupt Beschluss fassen kann, muss sie beschlussfähig sein. Das Gesetz verlangt dazu eine Mehrheit sowohl nach Köpfen wie nach Quoren. Die Versammlung ist also beschlussfähig wenn:

- die Hälfte aller Stockwerkeigentümer anwesend oder vertreten ist und
- diese mindestens über die Hälfte der Anteile, also über $^{500}/_{1000}$ Wertquoten, verfügen.

Sinn der gesetzlichen Bestimmungen zur Beschlussfähigkeit ist der Schutz der Minderheiten. Deshalb können sie im Reglement zwar geändert werden, aber nur im Sinn einer Erschwerung. Eine reglementarische Erleichterung des Quorums ist nicht zulässig.

Kommt für die erste Versammlung nicht die nötige Mindestanzahl von Stockwerkeigentümern zusammen, muss eine zweite Versammlung einberufen werden. Diese darf frühestens zehn Tage nach der ersten stattfinden. Sie ist beschlussfähig, wenn mindestens ein Drittel aller Stockwerkeigentümer – mindestens aber deren zwei – anwesend oder vertreten ist (Art. 712p ZGB).

Kommt auch bei der zweiten Versammlung nicht die nötige Anzahl Stockwerkeigentümer zusammen, muss keine dritte einberufen werden. Dann darf eine einzelne Stockwerkeigentümerin in den vom Gesetz oder Reglement vorgesehenen Fällen die notwendigen und dringlichen Verwaltungshandlungen selber vornehmen (siehe Seite 169) oder durch das Gericht anordnen lassen.

Das Stimmrecht und die Quoren für die Beschlussfassung

Ist die Versammlung gültig einberufen worden und beschlussfähig, fasst sie ihre Beschlüsse in Abstimmungen. Sehen Gesetz und Reglement nichts anderes vor, gilt das Kopfstimmrecht, das heisst: Jeder Stockwerkeigentümer hat nur eine Stimme – dies auch dann, wenn er Eigentümer mehrerer Wohnungen ist. Mehrere Personen, denen eine Stockwerkeinheit im Mit- oder Gesamteigentum gehört, haben gemeinsam ebenfalls nur eine Stimme.

Neben dem Kopfstimmrecht sieht das Gesetz aber für wichtigere Geschäfte die qualifizierte Beschlussfassung vor. Dann ist auch die Wertquote jeder Stockwerkeinheit mitentscheidend. Hat eine Eigentümerin mehrere Einheiten, werden deren Wertquoten für die Berechnung der Stimmkraft zusammengezählt.

Hinweis *Die Bemessung des Stimmrechts nach Köpfen ist nicht zwingender Natur, sodass im Begründungsakt eine andere Regelung festgelegt werden kann. Mit einem einstimmigen Beschluss der Versammlung kann eine solche Änderung auch später ins Reglement aufgenommen werden. Beispielsweise kann das Stimmrecht nach Stockwerkeinheiten (jeder Stockwerkeigentümer erhält pro Einheit eine Stimme) oder entsprechend der Anteilgrösse (Wertquotenzähler) festgesetzt werden. Bei vom Gesetz abweichenden Stimmrechten ist Vorsicht geboten. Sonst kann es leicht dazu kommen, dass ein einzelner Stockwerkeigentümer die Bestrebungen der anderen verhindern und ihnen in gewissen Fragen seinen Willen aufzwingen kann.*

Genauso wichtig wie das Stimmrecht des Einzelnen sind die für eine Beschlussfassung notwendigen Mehrheiten. Das Gesetz kennt drei Beschlussfassungsquoren: das absolute Mehr, das qualifizierte Mehr und die Einstimmigkeit. Für welchen Beschluss welches Quorum erforderlich ist, bestimmt das Stockwerkeigentumsrecht nur in wenigen Ausnahmefällen. Zur Frage, wie die Quoren zu berechnen sind, schweigt es sich ganz aus.

Normalfall: absolutes Mehr nach Köpfen

Ob ein neuer Rasenmäher angeschafft, ein Gärtner mit dem Schneiden der Hecke beauftragt oder die Jahresrechnung genehmigt und der Verwaltung Décharge erteilt werden soll, entscheidet die Versammlung mit dem absoluten Mehr. Das gilt auch für alle anderen Beschlüsse, für die das Gesetz oder das Reglement kein anderes Quorum vorsehen.

Das absolute Mehr wird dabei immer ausgehend von den anwesenden und vertretenen Stimmen berechnet. Stockwerkeigentümer, die sich der Stimme enthalten, sprechen sich also de facto gegen den zur Abstimmung stehenden Antrag aus.

Hinweis *Umstritten ist, wie das absolute Mehr bei Abstimmungen über bauliche Massnahmen berechnet werden soll. Zum Teil wird die Auffassung vertreten, für einen Beschluss sei das absolute Mehr aller Stockwerkeigentümer erforderlich. Zur Sicherheit sollten Sie bei Beschlüssen über bauliche Massnahmen dieses strengere Quorum einhalten.*

Bei wichtigeren Entscheiden: qualifiziertes Mehr

Ob für die Pflege des Gartens dauernd ein Gärtner angestellt, ob ein Hauswart engagiert oder die noch voll funktionstüchtige Waschküche neu gefliest werden soll, bestimmt die Gemeinschaft mit dem qualifizierten Mehr. Denn dabei handelt es sich um wichtigere Verwaltungshandlungen bzw. nützliche bauliche Massnahmen (siehe Seite 170 und 173). Auch über die Abänderung des Reglements entscheidet die Gemeinschaft mit qualifizierter Mehrheit.

Ein Antrag, dessen Annahme gemäss Gesetz oder Reglement das qualifizierte Mehr erfordert, ist angenommen, wenn

- ihm die Mehrheit der anwesenden und vertretenen Stockwerkeigentümer zustimmen und
- die Zustimmenden zugleich über mehr als die Hälfte aller Wertquoten, das heisst mindestens $^{501}/_{1000}$, verfügen.

Bei sehr wichtigen Entscheiden: Einstimmigkeit

Soll ein Teil des gemeinschaftlichen Grundstücks verkauft werden, der bisherige Veloraum neu als Weinkeller nur für eine Eigentümerin dienen oder soll das Stockwerkeigentum gar aufgehoben werden, braucht es dazu die Zustimmung aller Stockwerkeigentümer. «Alle Stockwerkeigentümer» bedeutet, dass nicht bloss alle in der Versammlung anwesenden oder vertretenen, sondern sämtliche stimmberechtigten Eigentümer der Gemeinschaft zustimmen müssen. Und zwar müssen alle in der Versammlung zustimmen; fehlende Einverständnisse können nicht durch spätere schriftliche Erklärungen beigebracht werden. Möglich ist jedoch, einen einstimmigen Beschluss auf dem Zirkularweg zu fassen (siehe Seite 167). Folgende Geschäfte müssen gemäss Gesetz einstimmig beschlossen werden:

- die räumliche Ausscheidung von gemeinsamen Teilen (Art. 712b Abs. 3 ZGB)
- die Aufhebung des Stockwerkeigentums (Art. 712f Abs. 2 ZGB)
- der Verkauf oder die Belastung des gemeinsamen Grundstücks (Art. 648 Abs. 2 ZGB)
- die Änderung der Zuständigkeit zu Verwaltungshandlungen und baulichen Massnahmen (Art. 712g Abs. 2 ZGB)
- die Änderung des Verwendungszwecks (Art. 648 Abs. 2 ZGB)

Hinweis *Abweichungen von den gesetzlich vorgesehenen Beschlussfassungsquoren sind zulässig. Solche Bestimmungen können im Begründungsakt oder später mit einem einstimmig gefassten Beschluss erlassen werden. So kann beispielsweise statt des absoluten das einfache Mehr vereinbart werden, was bedeutet, dass ein Beschluss dann zustande kommt, wenn er mehr Ja- als Nein-Stimmen auf sich vereinigt, wobei die Stimmenthaltungen nicht mitgezählt werden.*

Stimmengleichheit, was nun?

Manchmal kann es bei den Abstimmungen zu einer Pattsituation kommen. Braucht es für einen Beschluss eine Mehrheit nach Köpfen oder eine Mehrheit nach Köpfen und Wertquoten, ist er bei Stimmengleichheit nicht zustande gekommen. Im Reglement kann jedoch festgehalten werden, dass bei Stimmengleichheit eine Person – beispielsweise der Verwalter oder die Vorsitzende der Versammlung – den Stichentscheid hat. Vor allem in kleineren Gemeinschaften mit einer geraden Anzahl stimmberechtigter Eigentümer kann eine solche Bestimmung sinnvoll sein.

Das Protokoll, eine wichtige Rechtsgrundlage

Die in der Stockwerkeigentümerversammlung gefällten Beschlüsse sind nicht nur für die Stockwerkeigentümer selber, sondern auch für Rechtsnachfolger – beispielsweise eine Käuferin oder die Erben – verbindlich. Deshalb muss über die Versammlung ein Protokoll geführt und dieses aufbewahrt werden (Art. 712n Abs. 2 ZGB). Im Protokoll ist mindestens festzuhalten, welche Stockwerkeigentümer anwesend oder vertreten waren, welche Wertquoten sie auf sich vereinigten und welche Beschlüsse gefasst wurden.

Obwohl das Gesetz hierzu keine Vorschrift enthält, werden die Protokolle regelmässig durch den Verwalter oder eine von ihm beauftragte Person verfasst. Das Protokoll sollte innert nützlicher Frist – längstens einem Monat – erstellt werden. Hat nämlich eine Eigentümerin nicht an der Versammlung teilgenommen und auch nicht auf anderem Weg von den Beschlüssen erfahren, fängt ihre Frist für eine Anfechtung der Beschlüsse mit der Zustellung des Protokolls zu laufen an. Je länger das

Protokoll auf sich warten lässt, desto länger besteht Unsicherheit darüber, ob ein gefasster Beschluss tatsächlich Bestand hat.

Nicht einverstanden mit einem Beschluss: die Anfechtung

Beschlüsse, denen Sie nicht zugestimmt haben, können Sie innert Monatsfrist beim Gericht anfechten. Haben Sie einem Beschluss jedoch – direkt oder durch einen Vertreter – zugestimmt, können Sie sich dagegen nicht mehr zur Wehr setzen. Aussichten auf Erfolg hat eine Anfechtung nur, wenn ein Beschluss oder das Vorgehen in der Versammlung gegen eine gesetzliche oder reglementarische Bestimmung verstösst. Dass Sie mit einem Beschluss nicht einverstanden sind, reicht nicht.

Anfechtungsfrist: ein Monat

Wollen Sie einen Versammlungsbeschluss anfechten, müssen Sie das innert einem Monat seit Kenntnisnahme bei der zuständigen kantonalen Instanz tun. Haben Sie an der Versammlung teilgenommen oder sich dort vertreten lassen, beginnt diese Frist mit dem Datum der Versammlung zu laufen. Sind Sie der Versammlung fern geblieben, beginnt der Fristenlauf in der Regel, sobald Sie das Protokoll erhalten haben. Ausnahmen können sich ergeben, wenn ein in der Versammlung nicht anwesender Stockwerkeigentümer nachweislich schon früher – etwa durch Nachbarn – vom gefassten Beschluss Kenntnis erhalten hat.

Tipp *Da das Zustellungsdatum so bedeutungsvoll ist, tut die Verwaltung gut daran, das Protokoll – zumindest dann, wenn mit einer Anfechtung zu rechnen ist – eingeschrieben zu verschicken oder sich das Empfangsdatum von den einzelnen Eigentümern schriftlich bestätigen zu lassen.*

Welche Stelle für die Anfechtungsklage sachlich zuständig ist, entscheidet sich nach der kantonalen Zivilprozessordnung. Häufig ist der Friedensrichter anzurufen. In örtlicher Hinsicht müssen Sie die Klage am Ort der Sache einreichen. Also beim Gericht, das für den Ort zuständig ist, wo sich das Stockwerkeigentum befindet.

So wird die Frist berechnet

- Eine Frist beginnt immer an dem Tag zu laufen, der auf die Zustellung des Protokolls folgt – unabhängig davon, ob es sich dabei um einen Samstag, Sonn- oder Feiertag handelt.
- Ist eine Frist in Tagen angegeben, endet sie am letzten Tag. Handelt es sich dabei um einen Samstag, Sonntag oder kantonal anerkannten Feiertag, erstreckt sich die Frist bis zum nächsten Werktag.
- Bestimmt sich die Frist nach Monaten, endet sie an dem Tag des letzten Monats, dessen Zahl dem Tag entspricht, an dem die fristauslösende Handlung vorgenommen wurde. Fällt das Ende auf einen Samstag, Sonn- oder Feiertag, verlängert sich die Frist ebenfalls bis zum folgenden Werktag
- Eingehalten ist die Frist, wenn Sie Ihre Anfechtung am letzten Tag dem zuständigen Gericht oder einer schweizerischen Poststelle übergeben.

Beispiel: Findet die Stockwerkeigentümerversammlung am 1. Oktober statt und nehmen Sie an der Versammlung teil, endet die Monatsfrist zur Anfechtung eines Beschlusses am 1. November. Handelt es sich beim 1. November um einen Samstag oder Sonntag oder befindet sich die Eigentumswohnung in einem Kanton, wo der 1. November (Allerheiligen) ein anerkannter Feiertag ist, erstreckt sich die Frist bis zum nächsten Werktag.

Achtung *Halten Sie die Frist von einem Monat nicht ein, verwirken Sie das Recht auf Anfechtung des Beschlusses und können nichts mehr dagegen unternehmen – selbst wenn Ihre Chancen gut wären.*

Die korrekte Adresse

Immer wieder richten Stockwerkeigentümer ihre Reklamationen zu Versammlungsbeschlüssen an den Verwalter. Das reicht aber zur Fristenwahrung nicht aus; eine Anfechtung muss immer beim zuständigen Friedensrichter oder Gericht deponiert werden. Das gilt auch, wenn das Reglement vorsieht, dass zuerst eine aussergerichtliche Schlichtung des Streits versucht werden muss.

In einzelnen Reglementen finden sich zudem Bestimmungen, welche die Anfechtungsfrist verlängern oder verkürzen. Solche Bestimmungen sind ungültig und ändern nichts daran, dass Sie Ihre Anfechtung innert Monatsfrist beim Gericht einreichen müssen.

Nichtige Beschlüsse

Beschlüsse können nicht nur anfechtbar, sondern auch nichtig sein. Das sind sie dann, wenn sie gegen elementare Gesetzes- oder Reglementsvorschriften verstossen. Nichtig wäre beispielsweise ein Beschluss, wenn nicht alle Stockwerkeigentümer zur Versammlung eingeladen wurden. Oder ein Beschluss, der nicht mit den nötigen Quoren gefasst wurde, etwa eine nicht einstimmig beschlossene Änderung der Verwaltungsordnung.

Eine Anfechtung innert einer bestimmten Frist ist bei einem nichtigen Beschluss nicht nötig. Die Nichtigkeit kann jederzeit geltend gemacht werden und der Beschluss wird dann behandelt, wie wenn er gar nie gefasst worden wäre.

Tipp *Da die Abgrenzung zwischen nichtigen und «bloss» anfechtbaren Beschlüssen in der Praxis schwierig und die Nichtigkeit eher die Ausnahme ist, sind Sie gut beraten, einen Ihnen nicht genehmen Beschluss auch dann rechtzeitig anzufechten, wenn Sie der Meinung sind, er sei eigentlich nichtig.*

Wenn Wortmeldungen falsch protokolliert werden

Im Protokoll müssen von Gesetzes wegen zwingend die Beschlüsse der Stockwerkeigentümerversammlung festgehalten werden. Daneben darf das Protokoll aber auch Wortmeldungen einzelner Versammlungsteilnehmer oder andere wichtige Informationen enthalten. Was können Sie tun, wenn solche Diskussionsbeiträge falsch protokolliert wurden?

- Kleinigkeiten lassen Sie mit Vorteil auf sich beruhen. Es ist nicht Aufgabe des Protokolls, jede Nuance der oft wortreichen Ausführungen festzuhalten.
- Geht es um einen wichtigen Punkt, können Sie eine Berichtigung des Protokolls bis zur nächsten Versammlung verlangen. Setzen Sie Ihre Version schriftlich auf und schicken Sie sie an den Verwalter bzw. an den Verfasser des Protokolls.
- Wenn nötig können Sie an der nächsten Versammlung beim Punkt «Abnahme des Protokolls» Ihre Vorbehalte nochmals anbringen und verlangen, dass diese protokolliert werden.

Beschlussfassung ausserhalb der Versammlung

Die meisten Beschlüsse einer Stockwerkeigentümergemeinschaft werden in der Versammlung gefasst. Daneben gibt es noch zwei weitere Möglichkeiten:

- **Zirkularbeschluss:** Ein Zirkularbeschluss kommt auf dem Schriftweg zustande. Der Verwalter – oder auch eine einzelne Stockwerkeigentümerin – verschickt an alle Mitglieder der Gemeinschaft einen Brief mit dem Antrag und jeder schickt sein schriftliches Ja oder Nein zurück. Für einen Beschluss auf dem Zirkularweg ist die Zustimmung aller Stockwerkeigentümer erforderlich. Lehnt auch nur einer den Antrag ab – oder schickt einfach keine schriftliche Antwort –, ist der Beschluss nicht zustande gekommen. Der Zirkularweg ist ein gutes Vorgehen, wenn ein an sich unbestrittenes Traktandum erledigt werden muss, für das es sich nicht «lohnt», alle Eigentümer zu einer Versammlung zusammenzurufen. Im Reglement kann diese Art der Beschlussfassung zwar ausgeschlossen werden, doch das ist wenig praktikabel.

- **Urabstimmung:** Ein Beschluss in Form der Urabstimmung ist nur zulässig, wenn dies im Begründungsakt oder im Reglement der Gemeinschaft vorgesehen ist. Auch die Urabstimmung läuft auf dem schriftlichen Weg; im Unterschied zum Zirkularbeschluss reicht für die Annahme eines Antrags aber die Zustimmung der Mehrheit aller Eigentümer aus. In der Praxis hat die Urabstimmung nur wenig Bedeutung, da sie den Bedürfnissen der Stockwerkeigentümergemeinschaft kaum gerecht wird. Themen, die nicht völlig unbestritten sind, sollten wenn immer möglich in der Versammlung ausdiskutiert werden. Sonst stehen die gefassten Beschlüsse auf unsicherem Grund.

Hinweis *Eine Beschlussfassung durch eine Delegiertenversammlung ist im Stockwerkeigentumsrecht nicht zulässig. Auch in grösseren Gemeinschaften kann man also nicht beispielsweise einen Delegierten pro Haus bestimmen und diese Delegierten die Geschäfte der Stockwerkeigentümerversammlung erledigen lassen. Eine Delegiertenversammlung darf nicht mit einem Ausschuss (siehe Seite 180) verwechselt werden.*

168 Die Stockwerkeigentümerversammlung

Geschäfte, über die die Versammlung bestimmt

Beispiel *Traktandenliste der 12. Versammlung der Stockwerkeigentümergemeinschaft «Wiesenweg»*
1. Protokoll der letzten Versammlung
2. Jahresrechnung
3. Erneuerungsfonds: Soll er aufgefüllt werden?
4. Gartenbeet beim Eingang: Neu gestalten?
5. Abfälle im Keller
6. Varia

Über die Aufgaben der Versammlung und die dafür nötigen Quoren sagt das eigentliche Stockwerkeigentumsrecht nur wenig, sondern verweist auf das Miteigentumsrecht. Dort sind ab Artikel 647 ZGB die verschiedenen Geschäfte samt ihren Quoren beschrieben, über die Sie als Stockwerkeigentümer in Ihrer Versammlung beschliessen (siehe Kasten).

Aufgaben der Versammlung gemäss Gesetz

Stockwerkeigentumsrecht
- Änderung der Zuständigkeit für Verwaltungshandlungen und bauliche Massnahmen (Art. 712g ZGB)
- Annahme und Änderung des Reglements (Art. 712g ZGB)
- Ermächtigung eines Stockwerkeigentümers zur Eintragung des Gemeinschaftspfandrechts (Art. 712i ZGB)

Miteigentumsrecht
- Notwendige Verwaltungshandlungen (Art. 647 Abs. 2 Ziff. 1. ZGB)
- Dringende Verwaltungshandlungen (Art. 647 Abs. 2 Ziff. 2. ZGB)
- Gewöhnliche Verwaltungshandlungen (Art. 647a ZGB)
- Wichtigere Verwaltungshandlungen (Art. 647b ZGB)
- Notwendige bauliche Massnahmen (Art. 647c ZGB)
- Nützliche bauliche Massnahmen (Art. 647d ZGB)
- Luxuriöse Massnahmen (Art. 647e ZGB)
- Verfügung über die Sache (Art. 648 ZGB)

Was sind Verwaltungshandlungen?

Die Reparatur der Gartenmauer, ein Umbau oder die Vermietung eines gemeinschaftlichen Teils der Liegenschaft – all das sind Verwaltungshandlungen. Unter diesen Begriff fällt jede Art von Geschäft, die im gemeinschaftlichen Interesse liegt. Eine Spezialform der Verwaltungshandlungen sind die baulichen Massnahmen (siehe Seite 172). Je nachdem zu welcher Art von Verwaltungshandlungen ein Geschäft gehört, gelten unterschiedliche Regeln.

Notwendige Verwaltungshandlungen

Als Stockwerkeigentümerin haben Sie ein Recht darauf, dass die notwendigen Verwaltungshandlungen vorgenommen werden. Dass also die defekte Haustür repariert und die Heizung gewartet wird, dass die Rechnungen und Versicherungsprämien bezahlt werden – kurz, dass alles erledigt wird, was nötig ist, damit die gemeinsame Liegenschaft benutzt werden kann und ihr Wert erhalten bleibt. Die Kosten für notwendige Verwaltungshandlungen gehen zulasten der Gemeinschaft (siehe Seite 188).

Obwohl Sie ein Recht darauf haben, dass die notwendigen Arbeiten im und ums Haus erledigt werden, können Sie nicht auf eigene Faust Handwerker bestellen oder Zahlungen veranlassen. In erster Linie ist dies Sache des Verwalters. Hat Ihre Gemeinschaft keinen Verwalter oder macht dieser seine Arbeit nicht, müssen Sie zuerst in der Versammlung die Zustimmung der anderen Stockwerkeigentümer holen. Kommen Sie dort nicht durch, können Sie Ihr Recht gerichtlich durchsetzen.

Dringliche Verwaltungshandlungen

Wenn kein Verwalter eingesetzt ist, dürfen Sie dringliche Massnahmen von sich aus und ohne Ermächtigung durch die Versammlung in die Wege leiten. Schlägt der Hagel Fenster ein oder läuft im Keller die Abwasserleitung über, dürfen Sie sofort handeln und entweder selbst Abhilfe schaffen oder Aufträge vergeben. Dringlich ist eine Massnahme dann, wenn sie – objektiv gesehen – sofort ergriffen werden muss, um einen Schaden nicht schlimmer werden zu lassen oder einen drohenden Schaden abzuwenden. Die Kosten von dringlichen Massnahmen gehen ebenfalls zulasten der Gemeinschaft.

Achtung *Ist ein Verwalter eingesetzt und rechtzeitig erreichbar, dürfen Sie nicht selber eingreifen, sondern müssen ihn benachrichtigen. Dringlich sind zudem nur die Massnahmen, die unmittelbar notwendig sind, um einen Schaden abzuwenden. Deckt ein Gewittersturm das Dach ab, dürfen Sie also nur ein Notdach in Auftrag geben, nicht aber gleich die Erneuerung des Dachs anordnen. Für Massnahmen, die über das dringend Notwendige hinausgehen, müssen Sie unter Umständen selber aufkommen. Seien Sie deshalb zurückhaltend.*

Gewöhnliche Verwaltungshandlungen

Die Versammlung entscheidet über alle gewöhnlichen Verwaltungshandlungen, die sie nicht an die Verwalterin oder einen Ausschuss delegiert hat. Dazu zählt beispielsweise der Abschluss von Service-Abonnementen, die Anordnung kleinerer Reparaturen, aber auch das Inkasso des Mietzinses für einen vermieteten gemeinschaftlichen Parkplatz. Gewöhnlich sind also alle Geschäfte, die der Erhaltung der Liegenschaft dienen, zweckmässig erscheinen, im Interesse aller Eigentümer sind und keine besonders hohen Kosten verursachen. Nicht zu den gewöhnlichen Verwaltungshandlungen gehören hingegen grössere bauliche Massnahmen (siehe Seite 172).

Hat die Gemeinschaft eine Verwalterin bestimmt, gehört das Erledigen der gewöhnlichen Verwaltungshandlungen regelmässig zu ihrem Aufgabenbereich. Als einzelner Stockwerkeigentümer dürfen Sie in diesem Fall gewöhnliche Verwaltungshandlungen nicht selbst anordnen. Ist keine Verwalterin bestellt, kommt Ihnen dieses Recht hingegen zu. Allerdings haben Sie darauf – anders als bei den notwendigen Massnahmen – keinen Anspruch; die Versammlung kann es Ihnen mit absolutem Mehr verbieten. Holen Sie also auf jeden Fall zuerst die Zustimmung der Versammlung ein. Sonst müssen Sie für die Kosten am Schluss selber aufkommen.

Wichtigere Verwaltungshandlungen

Der Abschluss und die Auflösung von Miet- und Pachtverträgen, die Anschaffung von teuren Maschinen für den Unterhalt der Liegenschaft, die Anstellung eines Hauswarts oder Gärtners – dies alles sind wichtigere Verwaltungshandlungen, die Sie nicht allein vornehmen dürfen.

Über solche Massnahmen kann nur die Stockwerkeigentümerversammlung mit qualifiziertem Mehr beschliessen – es braucht also eine Mehrheit nach Köpfen und nach Wertquoten.

Nicht zu den wichtigeren Verwaltungshandlungen gehören Massnahmen, die eine Veräusserung oder Belastung der gemeinschaftlichen Liegenschaft zur Folge haben. Soll beispielsweise ein Streifen Land an einen Nachbarn abgetreten werden, braucht es dazu Einstimmigkeit (Art. 648 Abs. 2 ZGB). Ebenso ist für die Änderung des Verwendungszwecks die Zustimmung aller Stockwerkeigentümer nötig – immer vorausgesetzt, dass im Reglement nichts anderes bestimmt ist.

Tipp *Die Abgrenzung zwischen gewöhnlichen und wichtigeren Verwaltungshandlungen ist fliessend und manchmal auch für Fachleute nicht einfach zu ziehen. Sind Sie bei einem Geschäft unsicher, in welche Kategorie es gehört, gehen Sie besser von einer wichtigeren Verwaltungshandlung aus. Dann sind Sie sicher, dass hinter einem Beschluss eine genügende Mehrheit steht. Wird nämlich ein Geschäft bloss mit dem absoluten Mehr beschlossen und stellt sich im Nachhinein heraus, dass doch das qualifizierte Mehr nötig gewesen wäre, ist der Beschluss für die Minderheit nicht verbindlich. Das bedeutet unter anderem, dass diese Eigentümer an die mit dem Geschäft verbundenen Kosten keine Beiträge leisten müssen.*

Dringlich, notwendig, gewöhnlich oder wichtiger? – eine Zusammenfassung

- **Dringliche** Verwaltungshandlungen dürfen Sie nur anordnen, wenn der Verwalter dazu nicht in der Lage ist oder wenn es gar keinen Verwalter gibt. Dringlich ist eine Massnahme nur so weit, wie sie zur Abwehr eines unmittelbar drohenden Schadens notwendig ist. Nur solche Massnahmen dürfen Sie eigenmächtig anordnen.
- **Notwendige** Verwaltungshandlungen dürfen Sie nur von sich aus anordnen, wenn keine Verwalterin bestellt ist und sich die Versammlung nicht dagegen ausgesprochen hat.
- Gehen Sie im Zweifelsfall eher von einer **wichtigeren** als einer **gewöhnlichen** Verwaltungshandlung aus und halten Sie sich an das strengere Quorum. So laufen Sie nicht Gefahr, Ihre Kompetenzen zu überschreiten und schliesslich für die daraus entstehenden Kosten selber aufkommen zu müssen.

Speziell geregelt: die baulichen Massnahmen

Bauliche Massnahmen sind Arbeiten, welche die bestehende Bausubstanz der gemeinschaftlichen Liegenschaft verändern, erneuern oder erweitern – etwa der Umbau der Eingangshalle, das Verlegen eines neuen Bodenbelags im Treppenhaus oder die Verschiebung von Erdreich im Garten. Auch Neubauten auf dem gemeinschaftlichen Grundstück gehören dazu. Keine baulichen Massnahmen sind hingegen einfache, kleinere Reparaturen, die keine hohen Kosten verursachen. Sie gehören zu den gewöhnlichen Verwaltungshandlungen (siehe Seite 170).

Je nach Bedeutung und Höhe der Kosten braucht es für einen Beschluss über bauliche Massnahmen unterschiedliche Quoren. Der Verwalter darf über bauliche Massnahmen entscheiden, wenn ihm diese Kompetenz im Reglement eingeräumt wurde – oder wenn eine Massnahme dringend nötig ist, um einen Schaden abzuwenden. Zur Abwendung eines drohenden Schadens darf auch eine einzelne Stockwerkeigentümerin bauliche Massnahmen anordnen, wenn der Verwalter innert nützlicher Frist nicht handeln kann (siehe Seite 170).

Notwendige bauliche Massnahmen

Dazu gehören alle Unterhalts-, Instandstellungs- und Erneuerungsarbeiten, die für die Erhaltung des Wertes und der Gebrauchsfähigkeit der gemeinschaftlichen Liegenschaft nötig sind – zum Beispiel die Reparatur des beschädigten Daches oder die Errichtung einer Stützmauer, um das Abrutschen des Hangs zu verhindern. Die Notwendigkeit einer Massnahme kann sich auch aus öffentlich-rechtlichen Auflagen ergeben, beispielsweise wenn die Gemeinschaft verpflichtet wird, den Lift, der die aktuellen Sicherheitsvorschriften nicht mehr erfüllt, zu erneuern. Über notwendige bauliche Massnahmen entscheidet die Versammlung der Stockwerkeigentümer mit Mehrheitsbeschluss (siehe Seite 161).

Nicht notwendig – und deshalb auch nicht nur mit dem absoluten Mehr zu beschliessen – sind hingegen bauliche Massnahmen, bei denen es bloss um die Anpassung an einen zeitgemässen Standard geht oder darum, der Gemeinschaft bzw. einzelnen Eigentümern neue Nutzungsmöglichkeiten zu eröffnen. Auch die Tatsache, dass eine Arbeit später höhere Kosten verursachen würde, begründet noch keine Notwendigkeit: Auch wenn Sie wissen, dass die Preise für eine neue Heizanlage im nächsten Jahr massiv steigen werden, ist die Installation noch in diesem Jahr nicht notwendig.

Nützliche bauliche Massnahmen

Renovationen, die zu einem moderneren Ausbau führen, die Sanierung der Heizung, die bessere Isolation der Fassaden – kurz alle Bauarbeiten, die eine Wertsteigerung oder eine Verbesserung der Wirtschaftlichkeit und Gebrauchsfähigkeit der Liegenschaft zur Folge haben, gehören zu den nützlichen baulichen Massnahmen.

Massstab dafür, ob eine bauliche Massnahme nützlich ist, ist immer das Gesamtinteresse der Stockwerkeigentümergemeinschaft und die mit der baulichen Massnahme verbundene Wertsteigerung der Gesamtliegenschaft. Die Interessen bloss eines einzelnen Eigentümers hingegen sind nicht von Bedeutung.

Nützliche bauliche Massnahmen müssen von der Versammlung mit qualifiziertem Mehr (siehe Seite 162) beschlossen werden. Und auch wenn dieses Mehr erreicht wird, darf eine solche Massnahme nicht gegen den Willen eines Stockwerkeigentümers ausgeführt werden, wenn sie für ihn einen wesentlichen Nachteil nach sich ziehen würde. Führt eine nützliche bauliche Massnahme zudem für einen Eigentümer zu unzumutbaren Kosten, kann sie gegen seinen Willen nur durchgeführt werden, wenn die übrigen Stockwerkeigentümer seinen Kostenanteil übernehmen, so weit er das Zumutbare übersteigt.

Beispiel *Eine Stockwerkeigentümergemeinschaft möchte das Terrain des Gartens aufschütten und darunter eine Parkgarage erstellen. Doch der Eigentümer der Parterrewohnung ist damit nicht einverstanden. Durch die Aufschüttung würde das Fenster seines Arbeitszimmers völlig verdeckt und er hätte in diesem Raum kein Tageslicht mehr. Gegen seinen Willen kann die Gemeinschaft die Parkgarage nicht auf diese Weise bauen.*

Luxuriöse Umbauten und Renovationen

Das Auskleiden der Eingangshalle mit Marmor, der Einbau einer Gemeinschaftssauna im Keller oder ein teurer Springbrunnen im Garten sind luxuriöse bauliche Massnahmen. Sie dürfen nur vorgenommen werden, wenn alle Stockwerkeigentümer zustimmen. Luxuriös ist eine Massnahme immer dann, wenn sie bloss zur Verschönerung oder Bequemlichkeit dient. Meist ist damit auch keine objektive Wertsteigerung der Liegenschaft verbunden. Das Bundesgericht hat deshalb – sozusagen als Faustregel – festgehalten, dass bei der Abgrenzung zwischen nützlichen und luxuriösen Massnahmen umso eher eine nützliche Massnahme anzunehmen sei, je höher der damit geschaffene Mehrwert im Vergleich zu den Kosten ausfällt. Das folgende Urteil zeigt exemplarisch, wie schwierig die Abgrenzung ist:

Urteil *A., B. und C. waren Gesamteigentümer einer $3^1/_2$-Zimmerwohnung in der Liegenschaft X. Zur Stockwerkeigentümergemeinschaft gehörten auch die Eheleute D. in der benachbarte $4^1/_2$-Zimmerwohnung. Diese wollten den Gartensitzplatz, an dem sie das ausschliessliche Nutzungsrecht hatten, um einen guten halben Meter anheben, um so ihren Balkon mit einer Terrasse zu erweitern. An der ausserordentlichen Versammlung stimmten acht der zwölf Eigner mit einer Wertquote von insgesamt $^{664}/_{1000}$ dem Plan zu. Dann aber kam es zum Streit und schliesslich klagten A., B. und C. gegen die Gemeinschaft: Die Niveauerhöhung sei eine luxuriöse bauliche Massnahme und brauche die Zustimmung aller Eigentümer, deshalb sei der Beschluss der Versammlung aufzuheben. Das Bundesgericht, das den Fall letztinstanzlich zu entscheiden hatte, wies die Klage mit folgender Begründung ab:*

Die Erhöhung eines Gartensitzplatzes um etwas mehr als einen halben Meter auf das Niveau des Balkonbodens und der Wohnräume lässt sich nicht von vornherein den nützlichen oder luxuriösen Massnahmen zuordnen. Für diese Abgrenzung sind alle Umstände des Einzelfalls zu würdigen. Generell – so das höchste Gericht – ist umso eher eine luxuriöse Massnahme anzunehmen, je kleiner die Wertsteigerung im Vergleich zur Investition ausfällt. Die Anhebung des Gartenniveaus und die Erstellung einer Terrasse aber erhöht – objektiv betrachtet – den Verkehrswert der Stockwerkeigentumseinheit und damit der gesamten Liegenschaft. Zusätzlich sprechen andere Anhaltspunkte für eine Zuordnung zu den nützlichen Baumassnahmen: beispielsweise dass dadurch der Gartensitzplatz einfacher betreten und effizienter benutzt werden kann. Auch ist es laut Bundesgericht der Wille des Gesetzgebers, dass Stockwerkeigentümer gleich gute Möglichkeiten haben sollen, den Wert ihrer Liegenschaft zu erhalten oder zu steigern, wie Alleineigentümer. (Unveröffentlichtes Urteil vom 15.10. 2001, 5C.110/2001)

Unter Umständen müssen Sie sich mit luxuriösen Massnahmen an der Gesamtliegenschaft abfinden, obwohl Sie selber dagegen sind. Dann aber dürfen Sie nicht mit den Kosten für die Erstellung oder den zukünftigen Unterhalt belastet werden und die Massnahme darf Sie nicht in der Nutzung Ihrer eigenen Wohnung oder der gemeinschaftlichen Teile beeinträchtigen.

Tipp Stimmen nicht alle Stockwerkeigentümer einer luxuriösen baulichen Massnahme zu, sollten Sie beim Beschluss darüber zusätzlich folgende Punkte festhalten:
– Führen Sie auf, wer wie viel an die Kosten beizutragen hat.
– Der zukünftige Unterhalt wird nur von denjenigen Eigentümern getragen, die der luxuriösen Baute zugestimmt haben. Stellen Sie einen Verteilerschlüssel auf.
– Wenn die Stockwerkeigentümer, die sich gegen die luxuriöse Baute oder Einrichtung ausgesprochen haben, diese zukünftig nicht nutzen dürfen, sollten Sie auch das festhalten.
– Legen Sie die Konditionen fest, zu denen sich Eigentümer, die sich vorerst gegen die luxuriöse Massnahme ausgesprochen haben, später einkaufen können.

Bauliche Veränderungen ohne das nötige Mehr

Wird eine bauliche Veränderung ohne genügende Beschlussfassung vorgenommen, kann jeder Stockwerkeigentümer, der durch dieses Bauvorhaben tangiert wird, jederzeit die Wiederherstellung des ursprünglichen Zustands verlangen – vorausgesetzt, er hat nicht zugestimmt. Dies ergibt sich aus Artikel 641 ZGB, der jedem Eigentümer den Anspruch einräumt, ungerechtfertigte Einwirkungen auf sein Eigentum abzuwehren.

Die wichtigsten Geschäfte und Quoren im Überblick

Ist in Ihrem Reglement nichts anderes festgehalten, gelten folgende Quoren:

Absolutes Mehr

Alle Beschlüsse, die nicht Einstimmigkeit oder ein qualifiziertes Mehr erfordern, zum Beispiel:
- Bestellung und Wahl des Verwalters, Ausschusses oder Revisors
- Genehmigung der Jahresrechnung, der Kostenverteilung, des Budgets und der Akontobeiträge
- Schaffung eines Erneuerungsfonds und Festsetzung der Beiträge
- Erlass einer Hausordnung
- Zustimmung zu einer Wertquotenänderung
- Ermächtigung des Verwalters zur Führung eines Zivilprozesses (ausgenommen zivilrechtliche Summarverfahren)
- Notwendige Verwaltungshandlungen

Qualifiziertes Mehr (nach Köpfen und Wertquoten)
- Erlass und Änderung des Reglements
- Aufhebung eines reglementarisch begründeten ausschliesslichen Benutzungsrechts
- Nützliche bauliche Massnahmen, das heisst bauliche Veränderungen, die zwar nicht notwendig sind, aber allen Stockwerkeigentümern dienen und zu einer Wertsteigerung führen
- Luxuriöse bauliche Massnahmen – vorausgesetzt, die Nicht-Zustimmenden werden ausgekauft
- Wichtigere Verwaltungshandlungen

Einstimmigkeit aller Stockwerkeigentümer
- Luxuriöse bauliche Massnahmen – ausser die Nicht-Zustimmenden werden ausgekauft
- Verfügungen über das gemeinschaftliche Grundstück (Bestellung von Dienstbarkeiten, Verkauf eines Teils des gemeinschaftlichen Grundstücks)
- Änderung des Benutzungszwecks eines gemeinschaftlichen Teils
- Abänderung der Sonderrechtsbereiche
- Begründung von gemeinschaftlichen Teilen
- Begründung, Änderung und Aufhebung des Vorkaufsrechts der Stockwerkeigentümer
- Begründung, Änderung und Aufhebung des Einspracherechts
- Abänderung der gesetzlichen Zuständigkeitsordnung und der Quoren für Verwaltungshandlungen und bauliche Massnahmen
- Aufhebung des Stockwerkeigentums

Beispiel *Eine Stockwerkeigentümergemeinschaft beschliesst, im Garten eine kleine Halle zu bauen und darin einen gemeinschaftlichen Fitnessraum einzurichten. Stockwerkeigentümer M., dem eine Parterrewohnung mit Sicht auf See und Berge gehört, hat diesem Beschluss nicht zugestimmt, denn er befindet sich berufsbedingt zwei Jahre im Ausland. Bei seiner Rückkehr stellt er mit Schrecken fest, dass ihm die Halle, die in der Zwischenzeit fertig gebaut ist, die ganze schöne Aussicht verstellt. Dagegen setzt er sich zur Wehr; seine Argumentation: Der Bau eines gemeinschaftlichen Fitnessraums sei eine luxuriöse bauliche Massnahme, weshalb seine Zustimmung erforderlich gewesen wäre. Die Halle entziehe ihm die Aussicht auf den See und die Berge, was ihn nicht nur persönlich ungemein störe, sondern auch den Wert seiner Einheit empfindlich reduziere. Vor Gericht erhält Herr M. recht. Die Gemeinschaft wird verpflichtet, die ohne seine Zustimmung erbaute Halle wieder abzureissen.*

Die Änderung der Wertquoten

Wurde die Wertquote ursprünglich falsch berechnet oder haben sich die Verhältnisse seither verändert – beispielsweise weil Ihre oder die Nachbarliegenschaft umgebaut wurde –, kann eine Anpassung notwendig werden. Die Wertquote ist einerseits für das Stimmrecht in der Versammlung, anderseits für die Berechnung des Beitrags an die Verwaltungskosten und den Erneuerungsfonds von besonderer Bedeutung (siehe Seite 162, 189 und 198). Deshalb lässt sie sich nur unter strengen Voraussetzungen abändern.

Achtung *Eine Wertquote lässt sich nie exakt berechnen; es besteht immer ein recht grosser Ermessensspielraum. Sind Sie der Meinung, Ihre Wertquote sei falsch, haben Sie zwei Möglichkeiten, das zu ändern: einvernehmlich mit den anderen Mitgliedern der Gemeinschaft oder auf dem Prozessweg. Einen Prozess um eine Wertquotenanpassung sollten Sie aber wenn immer möglich vermeiden. Damit wird nicht nur Zwist in die Gemeinschaft gebracht, sondern ein solches Gerichtsverfahren birgt auch für Sie grosse Risiken.*

Wertquotenänderung durch Vereinbarung

Sind nicht nur Sie der Auffassung, die geltenden Wertquoten seien falsch, sondern teilen andere Stockwerkeigentümer Ihre Meinung, lässt sich eine Änderung vertraglich vereinbaren. Dazu braucht es die Zustimmung aller unmittelbar Betroffenen. Einverstanden sein müssen einerseits alle Eigentümer, deren Wertquote erhöht oder herabgesetzt werden soll, andererseits aber auch alle Personen, die Rechte an den von der Änderung betroffenen Einheiten haben, also vor allem die Hypothekarbank als Pfandgläubigerin sowie Wohnberechtigte oder Nutzniesser. Sind all diese Personen mit der Änderung der Wertquoten einverstanden, braucht es auch noch die Zustimmung der Stockwerkeigentümerversammlung. Wenn das Reglement oder der Begründungsakt nichts anderes vorschreiben, kann die Versammlung ihre Zustimmung mit Mehrheitsbeschluss nach Köpfen erteilen.

Wertquotenänderung richtig gemacht

Am besten übergeben Sie die Neuberechnung der Wertquoten einer **unabhängigen Fachperson**. Vereinbaren Sie mit der Beauftragten, dass sie der Gemeinschaft nur die Grundlagen und das Resultat der Neuberechnung vorlegt. Werden auch die einzelnen Faktoren samt Gewichtung bekannt gegeben, wird die Diskussion um die «Richtigkeit» der Wertquotenberechnung uferlos. Solche Diskussionen aber schaden mehr, als sie nützen. Die Wertquote muss für Sie als Stockwerkeigentümer «gefühlsmässig» richtig sein und Ihrem Miteigentumsanteil entsprechen. Wie genau sie berechnet wurde, ist nicht entscheidend.

Haben die direkt Betroffenen und die Gemeinschaft die Wertquotenänderung genehmigt, muss die Vereinbarung zusätzlich noch **öffentlich beurkundet** werden. Eine Wertquotenänderung bedeutet ja immer eine Verschiebung von Miteigentumsanteilen und damit eine Übertragung von Grundeigentum. Wie die öffentliche Beurkundung abläuft, bestimmt das kantonale Beurkundungsgesetz. In der Regel bieten sich folgende Möglichkeiten an:

- Der Notar kann an der Stockwerkeigentümerversammlung teilnehmen und dort die Vereinbarung zwischen den betroffenen Eigentümern über die Wertquotenänderung öffentlich beurkunden. Aus Kostengründen ist dieses Vorgehen aber meist nicht empfehlenswert.

- Einfacher und üblich ist es, wenn die Verwalterin bzw. ein Stockwerkeigentümer von allen direkt betroffenen Eigentümern schriftlich bevollmächtigt wird, beim Notar die öffentliche Urkunde über die Änderung der Wertquotenanteile zu unterzeichnen. Diese öffentliche Urkunde meldet der Notar dann zusammen mit dem Versammlungsprotokoll über die Genehmigung der Wertquotenänderung beim Grundbuch an.

In Kraft treten die neuen Wertquoten mit dem Eintrag ins Grundbuch. Ab diesem Zeitpunkt sind sie die Basis für die Beiträge an die Verwaltungskosten und den Erneuerungsfonds sowie für das Quotenstimmrecht.

Berichtigung auf dem Gerichtsweg

Finden Sie mit den anderen Stockwerkeigentümern keine Einigung über eine Wertquotenänderung, können Sie Ihren Anspruch auf Berichtigung der Wertquote gerichtlich durchsetzen. Wichtig für das richtige Vorgehen ist, ob die Wertquoten von allem Anfang an falsch festgelegt wurden oder ob sie, weil die Verhältnisse geändert haben, nachträglich unrichtig geworden sind.

- **Ursprüngliche Unrichtigkeit:** Wenn bei der ersten Berechnung unzutreffende Bewertungsmassstäbe zugrunde gelegt oder die Bewertungsfaktoren falsch angewendet wurden und Sie deswegen gegenüber den anderen Eigentümern schlechter gestellt sind, haben Sie Anspruch auf Berichtigung (Art. 712e Abs. 2 ZGB). Sie müssen allerdings beweisen, dass die Wertquote falsch berechnet wurde, müssen also die ursprünglichen Berechnungsfaktoren und ihre Gewichtung vorlegen können. Meist ein schwieriges Unterfangen, weshalb solche Prozesse in der Regel mit einem hohen Risiko behaftet sind. Ihre Klage auf Berichtigung müssen Sie gegen diejenigen Stockwerkeigentümer richten, deren Wertquoten geändert werden soll. Die Gemeinschaft als ganze können Sie nicht einklagen.
- **Nachträgliche Unrichtigkeit:** Wurde die Liegenschaft umgebaut, wurden Einheiten zusammengelegt oder aufgeteilt, kann dies die Stellung der einzelnen Eigentümer verändern. Auch bauliche Veränderungen in der Umgebung können eine Anpassung der Wertquote notwendig ma-

chen, beispielsweise ein Neubau, der einer Einheit Sonnenlicht und Aussicht entzieht. Auch hier gilt aber: Ihren Anspruch auf eine Wertquotenänderung müssen Sie beweisen. Das heisst, Sie müssen die Grundlagen der ursprünglichen Berechnung ebenso vorlegen können wie die Belege dafür, dass die Veränderung der Verhältnisse eine Anpassung rechtfertigt. Zudem müssen Sie beweisen, dass Sie durch die nun falschen Wertquoten gegenüber den anderen Eigentümern unverhältnismässig benachteiligt werden. Klar, dass auch ein solcher Prozess nur schwer zu gewinnen ist. Wenn Sie ihn trotzdem antreten wollen, richtet sich Ihre Klage gegen diejenigen Stockwerkeigentümer, deren Wertquoten aufgrund der Veränderungen nicht mehr angemessen sind.

Achtung *Der veränderte Innenausbau einer Stockwerkeigentumswohnung – mag er noch so luxuriös sein – führt ebenso wenig zu einer Wertquotenänderung wie bauliche Veränderungen am gemeinschaftlichen Teil, soweit dadurch die Sonderrechte nicht tangiert werden. Auch Bauarbeiten, die alle Sonderrechtsbereiche im gleichen Umfang tangieren oder ihnen gleichmässig dienen, ziehen keinen Anspruch auf eine Wertquotenänderung nach sich. Schliesslich hat auch die Abtretung eines ausschliesslichen Nutzungsrechts an einen anderen Eigentümer keine Veränderung der Wertquote zur Folge (BGE 122 III 150 Erw. 4c).*

Für spezielle Projekte: der Ausschuss

Aufgabe eines Ausschusses ist es, die Interessen der Gemeinschaft gegenüber dem Verwalter zu vertreten (Art. 712m Ziff. 3.). Sieht das Reglement nichts anderes vor, wird der Entscheid, einen Ausschuss einzusetzen, in der Stockwerkeigentümerversammlung mit der Mehrheit der anwesenden und vertretenen Stimmen gefällt. Mit dem gleichen Quorum werden auch die Ausschussmitglieder gewählt. Gerade in grösseren Gemeinschaften oder wenn beispielsweise eine umfassende Renovation vorbereitet werden soll, kann Sie ein solcher Ausschuss ungemein entlasten.

Der Ausschuss setzt sich sinnvollerweise aus zwei bis maximal sieben Stockwerkeigentümern zusammen. Nicht geeignet für dieses Amt sind Eigentümer, die in der Versammlung durch Besserwisserei oder Machtgelüste auffallen. Denn das wirkt sich negativ auf die Zusammenarbeit sowohl innerhalb des Ausschusses als auch mit dem Verwalter aus. «Mach es doch selbst, wenn du immer alles besser weisst», ist also ein schlechtes Motto für die Wahl. Weiter sollten Sie bestrebt sein, einen für die Gemeinschaft repräsentativen Ausschuss zu wählen. Möglichst alle Interessengruppen müssen vertreten sein, wenn der Ausschuss Bestand haben soll.

Achtung *In der Regel verfügt die Verwalterin über das grössere Fachwissen als die Ausschussmitglieder. Besserwisserei des Ausschusses kann ihren Aufwand wesentlich erhöhen. Und weil die Verwalterin für grössere Projekte meist ausserhalb des Pauschalhonorars im Stundenaufwand tätig ist, kann dies ganz schön ins Geld gehen.*

Die Aufgaben des Ausschusses

Die Stockwerkeigentümerversammlung kann dem Ausschuss beinahe nach Belieben Aufgaben übergeben. Nicht delegiert werden können Geschäfte, die von der Versammlung mit Mehrheitsbeschluss genehmigt werden müssen, sowie die Bestellung oder Abberufung des Verwalters – diese Aufgaben weist das Gesetz zwingend der Stockwerkeigentümerversammlung zu.

Tipps • *Typische Projekte für einen Ausschuss sind etwa:*
  – *die Vorbereitung und Begleitung von grösseren Umbauten*
  – *die Ausarbeitung einer Reglementsänderung bzw. einer Hausordnung*
  – *die Suche nach Lösungen bei Konflikten in der Gemeinschaft*
• *Vorsicht ist geboten, wenn der Ausschuss als Schlichtungsinstanz bei Streit innerhalb der Gemeinschaft dienen soll. Streitschlichtung ist eine äusserst schwierige und komplexe Angelegenheit, die viel Fingerspitzengefühl erfordert. Mit falschen Voten oder Vorpreschen kann viel Geschirr zerschlagen und zusätzliches Ungemach innerhalb der Gemeinschaft geschaffen werden. Die Schlichtung grösserer Zwistigkeiten sollte professionellen Streitschlichtern überlassen werden.*

- *Räumt Ihre Gemeinschaft dem Ausschuss umfassende Kompetenzen ein, empfiehlt es sich, die Aufgaben in einem Pflichtenheft festzuhalten.*

Soll der Ausschuss auch nach aussen auftreten, müssen Sie darauf achten, dass sich seine Kompetenzen nicht mit denjenigen der Verwalterin überschneiden. Auf jeden Fall sollten sich Ausschuss und Verwalterin exakt absprechen, wer welche Aufgabe übernimmt. Ein widersprüchliches, unkoordiniertes Verhalten gegenüber Behörden oder Nachbarn schadet dem Ansehen der Gemeinschaft und kann je nach Situation auch finanzielle Nachteile nach sich ziehen. Besonders gravierende Folgen kann es haben, wenn mangels Absprachen Fristen zur Ergreifung von Rechtsmitteln oder bei der Abnahme von Bauarbeiten verpasst werden.

Hinweis *Die Arbeit für den Ausschuss wird in der Regel unentgeltlich verrichtet. Doch wie man so schön sagt: Was nichts kostet, ist auch nichts wert. Mindestens ein gemeinsames gutes Nachtessen oder eine schöne Flasche Wein sollte sich die Gemeinschaft die Arbeit des Ausschusses schon kosten lassen.*

Kontrolle der Jahresrechnung: der Revisor

Das Gesetz schreibt zwar den Stockwerkeigentümergemeinschaften nicht vor, einen Revisor einzusetzen. Weil finanzielle Angelegenheiten immer Zündstoff für Konflikte sind und es kaum praktikabel ist, die Richtigkeit der Buchführung in der Eigentümerversammlung zu kontrollieren, sollten Sie sich in Ihrer Gemeinschaft trotzdem für den Einsatz eines Revisors stark machen. Das gibt allen Beteiligten die Sicherheit, dass der Buchführende – in der Regel der Verwalter – seinen Job richtig macht. Ein guter Verwalter stört sich zudem in keiner Weise über eine vernünftige Revision. Wird die Rechnung akzeptiert, gibt dies auch ihm die Gewissheit, seine Arbeit richtig gemacht zu haben, und stärkt sein Ansehen bei der Gemeinschaft.

Wer eignet sich für die Aufgabe?

Eine gute Revision ist eine anspruchsvolle Aufgabe – und nur eine gute Revision kann Missstände oder Fehler in der Buchführung tatsächlich aufdecken. Wichtig ist also, dass Ihr Revisor oder Ihre Revisorin über das notwendige Wissen verfügt. In finanziellen Angelegenheiten besonders pingelig zu sein genügt nicht. Vielmehr braucht es eine Person, die von Buchführung tatsächlich etwas versteht – sei es aus beruflichen Gründen oder weil sie bereits bei einem Verein oder einer anderen Gemeinschaft in dieser Funktion tätig ist. Verfügt kein Stockwerkeigentümer über die für eine Revision notwendigen Kenntnisse, kann als Revisor auch eine aussen stehende Person gewählt werden.

Der «ewige Besserwisser» ist als Revisor nur dann geeignet, wenn er über das behauptete Wissen auch tatsächlich verfügt. Die Revision soll nämlich nicht dazu dienen, dem Verwalter um jeden Preis Fehler oder Unzulänglichkeiten nachzuweisen, sondern sicherstellen, dass die Finanzen der Gemeinschaft stimmen. Zudem gibt es auch bei dieser Frage nicht nur Schwarz und Weiss, denn die korrekte Buchführung lässt verschiedene Verbuchungs- und Abschreibungsmöglichkeiten offen.

Was prüft der Revisor?

Die Revisorin hat insbesondere folgende Punkte und Fragen zu prüfen:
- **Belege:** Sind für alle getätigten Buchungen Belege vorhanden? Betreffen diese Belege die Geschäfte der Gemeinschaft? Sind die Belege und die darauf ausgewiesenen Beträge plausibel? Liegen die auf den Belegen ausgewiesenen Aufwendungen im Rahmen der Kompetenz des Verwalters oder eines Beschlusses der Gemeinschaft? Wurden Skonti und Rabatte an die Gemeinschaft weitergegeben?
- **Kontenführung:** Basieren die Verbuchungen auf einem klaren Kontenplan? Sind die Aufwendungen in den richtigen Konten verbucht? Erfolgt die Zuweisung zu den Konten mit einer gewissen Kontinuität?
- **Abschlussbuchungen:** Sind alle Nebenkassen in die Hauptrechnung eingeflossen? Wurden die nötigen Abschreibungen an Gebäude und Einrichtungen vorgenommen? Ist die Abgrenzung der Einnahmen und Ausgaben zwischen den einzelnen Geschäftsjahren exakt? Stimmen die in der Schlussrechnung ausgewiesenen Saldi mit den Bank-, Postkon-

ten etc. überein? Sind Wertpapiere oder andere Anlagen, die Vermögen widerspiegeln, vorhanden oder in einem Bankdepot hinterlegt?
- **Kostenverteilung:** Entspricht die Kostenverteilung auf die einzelnen Stockwerkeigentümer dem Reglement und den gesetzlichen Bestimmungen? Sind Kosten, die nur einzelne Eigentümer tragen müssen, auch nur zu deren Lasten verlegt?

Es versteht sich von selbst, dass eine Revisorin nicht jeden Beleg kontrollieren kann. Vielmehr wird sie Stichproben machen und zusätzlich jährlich und ohne Plan einen anderen, ihr sinnvoll erscheinenden Bereich einer vertieften Kontrolle unterziehen.

Wenn Unregelmässigkeiten entdeckt werden

Deckt die Revisorin Mängel in der Buchführung auf, informiert sie zuerst den Verwalter und bespricht die Mängel mit ihm. Wenn möglich setzt sie dem Verwalter eine Frist zur Behebung der Mängel und kontrolliert anschliessend die berichtigten Bereiche noch einmal. Über ihre Tätigkeit verfasst die Revisorin einen Revisionsbericht zuhanden der Stockwerkeigentümergemeinschaft, den sie in der Versammlung mündlich vorträgt oder schriftlich vorlegt. Mit dem Revisionsbericht empfiehlt die Revisorin der Versammlung auch die Genehmigung oder Ablehnung der Jahresrechnung und bei Genehmigung die Décharge-Erteilung (Entlastung) an den Verwalter.

Tipp *Vor allem wenn Mängel in der Buchführung festgestellt wurden, ist es ratsam, dass die Revisorin an der Eigentümerversammlung persönlich teilnimmt. So kann sie auftretende Fragen direkt beantworten und wilde Spekulationen verhindern.*

8. Die gemeinsamen Kosten und der Erneuerungsfonds

Finanzielle Angelegenheiten sind immer wieder der Auslöser für Unstimmigkeiten in der Gemeinschaft. Damit Sie in einem solchen Fall nicht zu kurz kommen, finden Sie in diesem Kapitel die Grundsätze zur Kostenverteilung und zum Erneuerungsfonds.

Kosten gerecht verteilen

Jede Stockwerkeigentümerin, jeder Eigentümer weiss aus eigener Erfahrung: Das Traktandum Jahresrechnung gibt immer wieder zu Diskussionen Anlass. Vor allem dann, wenn grössere Investitionen vorgenommen wurden oder wenn solche für das nächste Jahr anstehen. Hitzige Debatten entstehen auch immer wieder, weil nicht alle Mitglieder der Gemeinschaft denselben Lebensstandard pflegen und weil sie in unterschiedlichen familiären Situationen leben. Die Frage der gerechten Verteilung der gemeinschaftlichen Kosten und Lasten ist ein Dauerbrenner.

Das sagt das Gesetz

Trotz des Konfliktpotenzials, das die Verteilung der gemeinsamen Kosten mit sich bringt, hält das Stockwerkeigentumsrecht dazu nur gerade eine Bestimmung bereit: Dem Grundsatz nach sind die gemeinschaftlichen Kosten und Lasten entsprechend den Wertquoten auf die einzelnen Eigentümer zu verteilen (Art. 712h ZGB). Von diesem Grundsatz sieht das Gesetz nur drei Ausnahmen vor:

- Dient ein gemeinschaftlicher Teil einem Stockwerkeigentümer nicht oder nur in ganz geringem Mass, ist dies bei der Beitragsregelung zwingend zu berücksichtigen.
- Will sich eine Eigentümerin an einer luxuriösen baulichen Massnahme nicht beteiligen, ist sie dafür auch nicht beitragspflichtig. Dasselbe gilt bei nützlichen baulichen Massnahmen, wenn diese in einem Missverhältnis zum Wert ihres Anteils stehen (siehe Seite 175 und 173).
- Der Eigentümer einer überdurchschnittlich aufwändig eingerichteten Wohnung muss an Versicherungsprämien, die sich nach dem Wert der Liegenschaft bestimmen, einen grösseren Beitrag leisten, als seine Wertquote ausmacht.

Die Einfachheit dieser Lösung durch den Gesetzgeber mag erstaunen, die Erfahrung zeigt jedoch, dass sie im Alltag durchaus zweckmässig ist, zumal es der Gemeinschaft unbenommen bleibt, spezielle Regeln zu treffen.

Individuelle Regelungen im Reglement

Wie schwierig es in der Praxis sein kann, die gemeinschaftlichen Kosten «gerecht» auf die Stockwerkeigentümer zu verteilen, zeigt folgendes Beispiel:

Beispiel *In einer Stockwerkeigentumsliegenschaft leben drei Parteien: Ein Rentnerehepaar bewohnt die Attikawohnung mit $^{390}/_{1000}$ Wertquote. Eine Familie mit zwei Jugendlichen, die auswärts studieren und nur am Wochenende zu Hause sind, lebt im ersten Stock ($^{300}/_{1000}$ Wertquote). Im Erdgeschoss ($^{310}/_{1000}$ Wertquote) ist eine Familie mit drei Kindern zwischen acht und zwölf Jahren zu Hause. Das Rentnerehepaar findet es ungerecht, dass die Kosten für den Kaltwasserverbrauch nach Wertquoten aufgeteilt werden. Die beiden Familien mit Kindern verbrauchten deutlich mehr Wasser. Die Eltern der beiden studierenden Jugendlichen sind nicht einverstanden: Schliesslich seien ihre Kinder höchstens am Wochenende zu Hause, der Wasserverbrauch also nicht wesentlich höher. «Stimmt zwar», wenden die beiden Rentner ein, «dafür kommt am Wochenende regelmässig auch noch der Freund oder die Freundin mit.» Die Eigentümer im Erdgeschoss schliesslich meinen: «Schon möglich, dass wir mehr Wasser verbrauchen als die beiden anderen Familien. Aber das Wasser für die Pflege der aufwändigen Gartenanlage fällt mindestens so sehr ins Gewicht – und diese Gartenanlage will vor allem das Ehepaar im obersten Stock. Wir wären mit einem einfachen Rasen zufrieden, der kaum gegossen werden müsste. Zudem brauchen wir den Lift nicht, müssen aber trotzdem einen Anteil an die Betriebskosten zahlen.»*

Wie sollen die Kosten des Wassers und des Lifts aufgeteilt werden? Brauchen die Kinder vom Erdgeschoss mehr Wasser als die Gartenpflege? Oder sind es die Wochenendaufenthalter aus dem ersten Stock? Oder gar die beiden Rentner, die täglich baden, während alle andern duschen? Kommen die beiden Jugendlichen aus dem ersten Stock wirklich regelmässig am Wochenende nach Hause und bringen ihre Freunde mit? Wie lange werden sie das noch tun? Trifft es tatsächlich zu, dass die Familie im Erdgeschoss den Lift nie benutzt? Auch nicht, um den Grosseinkauf aus der Tiefgarage in die Wohnung zu transportieren?

Fragen über die Fragen, die für eine «gerechte», detaillierte Abrechnung der laufenden Kosten berücksichtigt werden müssten – obwohl es bloss um zwei von vielen gemeinschaftlichen Kostenpositionen geht und keine ausserordentlichen Auslagen berücksichtigt werden müssen. Nur schon für diese beiden Posten einen gerechten Verteilerschlüssel zu finden, der über eine gewisse Zeit Bestand hat und keine aufwändigen Kontrollen nach sich zieht, ist äusserst schwierig. In den meisten Fällen ist ein individueller, vom Gesetz abweichender Verteilerschlüssel wenig sinnvoll – dies umso mehr als eine solche Regelung einen höheren Verwaltungsaufwand mit sich bringt, den dann auch wieder die Stockwerkeigentümer zu berappen haben.

Möchten Sie in Ihrer Gemeinschaft für bestimmte, in einem Jahr angefallene Kosten trotzdem einen individuellen Verteiler anwenden, braucht es für diesen Entscheid – so lange im Reglement nichts anderes festgehalten ist – das absolute Mehr der Stockwerkeigentümer. Soll dieser Verteilerschlüssel im Reglement auch für die Zukunft festgeschrieben werden, muss der Beschluss hingegen mit dem qualifizierten Mehr nach Köpfen und Wertquoten gefasst werden. Enthält Ihr Reglement bereits eine vom Gesetz abweichende Regelung und möchten Sie diese ändern, ist dafür – weil es sich um eine Reglementsänderung handelt – das qualifizierte Mehr nach Köpfen und Anteilen notwendig.

Für die laufenden Kosten: der Verwaltungsfonds

Das Gesetz spricht von Kosten und Lasten. Mit «Kosten» sind alle Ausgaben gemeint, die aus der gemeinschaftlichen Verwaltung des Grundstücks anfallen, beispielsweise der Kauf eines neuen Rasenmähers, die Reparatur der defekten Eingangstür oder das Zahlen von Versicherungsprämien. Als Lasten werden Auslagen bezeichnet, die mit dem Eigentum am gemeinschaftlichen Grundstück verbunden sind, also Steuern, Entsorgungsgebühren, Baurechtszinsen. Für die Frage der Verteilung auf die einzelnen Eigentümer spielt diese Unterscheidung jedoch keine Rolle, weshalb im Folgenden nur von Kosten die Rede ist.

Bezahlt werden die gemeinsamen Kosten entweder aus dem Verwaltungsfonds oder dem Erneuerungsfonds, die beide zum gemeinschaftlichen Vermögen gehören. Der Erneuerungsfonds ist lediglich für grössere Renovationen und Sanierungen gedacht (siehe Seite 195); alle anderen Kosten sind aus dem Verwaltungsfonds zu bezahlen.

Grundsatz: Aufteilung nach Wertquoten

Ist in Ihrem Reglement nichts anderes vereinbart, sind alle Kosten, die den gemeinschaftlichen Teil betreffen, von den Eigentümern im Verhältnis ihrer Wertquoten zu tragen (Art. 712h ZGB). Zur Frage, was solche gemeinschaftlichen Kosten sind, enthält Artikel 712h Absatz 2 ZGB eine beispielhafte, nicht abschliessende Aufzählung:

- **Gemeinschaftliche Unterhalts-, Reparatur- und Erneuerungskosten** sind alle Auslagen, die notwendig sind, um den guten Zustand des gemeinschaftlichen Teils zu erhalten, einen Mangel zu beseitigen oder eine Verschlechterung zu verhindern. Dazu gehören beispielsweise die Wartungskosten für Heizung und Lift, Malerarbeiten an Eisenkonstruktionen, damit diese nicht rosten, oder auch die Ausgaben für normale Reinigungsarbeiten. Müssen gemeinschaftliche Teile der Liegenschaft umfassend renoviert werden, sind diese Kosten durch den Erneuerungsfonds zu tragen, sofern Ihre Gemeinschaft einen solchen hat (siehe Seite 195).

  Nicht gemeinschaftlich sind hingegen Unterhalts-, Reparatur- und Erneuerungskosten, die in Ihrer eigenen Wohnung oder in einem gemeinschaftlichen Teil, an dem Sie ein ausschliessliches Benutzungsrecht haben, anfallen. Auch wenn eine Stockwerkeigentümerin durch unsachgemässes Verhalten einen Schaden am gemeinschaftlichen Teil verursacht hat, müssen die anderen Eigentümer an die Behebung keinen Beitrag leisten.

- **Kosten der Verwaltungstätigkeit** sind unter anderem das Honorar für die Verwalterin und ihre Hilfspersonen, beispielsweise für den Gärtner oder den Hauswart. Aber auch Auslagen für die Vorbereitung und Durchführung der Stockwerkeigentümerversammlung, die Kosten eines Rechtsstreits, den die Gemeinschaft führen muss, und Ähnliches gehören dazu.

- **Öffentlich-rechtliche Abgaben und Steuern:** Zu den gemeinschaftlichen Kosten gehören nur diejenigen Gebühren und Steuern, die der Gemeinschaft als ganzer und nicht den einzelnen Stockwerkeigentümern verrechnet werden. Das sind etwa die Grundstücksteuern, Gebühren für Kehrichtabfuhr, Abwasserentsorgung etc. sowie die Prämien für die obligatorische kantonale Gebäudeversicherung.
- **Zins- und Amortisationszahlungen:** Unter diesen Posten fällt vor allem der Baurechtszins einer im Baurecht erstellten Stockwerkeigentumsliegenschaft. Andere Zinsbeslastungen dürften in aller Regel nicht anfallen.

Ausnahme: Wer nicht profitiert, muss nicht bezahlen

An die gemeinsamen Kosten muss ein Stockwerkeigentümer dann nicht den seiner Wertquote entsprechenden Beitrag leisten, wenn ihm ein gemeinschaftlicher Bauteil, eine Anlage oder Einrichtung nicht oder nur in sehr geringem Mass dient (Art. 712h Abs. 3 ZGB). Diese Vorschrift ist gesetzlich zwingend und kann auch durch das Reglement nicht abgeändert werden. Doch wann ist diese Bedingung erfüllt? Kann sich die Familie aus dem Erdgeschoss im Beispiel von Seite 187 auf diese Bestimmung berufen, wenn sie keine oder reduzierte Beiträge an den Lift- und Gartenunterhalt zahlen will?

Ob ein gemeinschaftlicher Teil einem Stockwerkeigentümer nicht oder nur in geringem Mass dient, ist objektiv zu beurteilen. Subjektive Faktoren und Bedürfnisse der einzelnen Eigentümer bleiben ausser Acht. Punkto Gartengestaltung heisst das, dass es keine Rolle spielt, ob die Gartenanlage den Bedürfnissen einer Familie mit kleinen Kindern gerecht wird oder nicht. Entsprechen der Garten und die Kosten für seinen Unterhalt dem, was in einer ähnlichen Überbauung allgemein erwartet werden darf, sind alle Eigentümer beitragspflichtig. Die Familie im Erdgeschoss wird also ihren ganzen Anteil an den Gartenunterhalt zahlen müssen.

Auch das Bundesgericht hat in verschiedenen ähnlichen Fällen betont, dass eine Verminderung oder eine Befreiung von der Kostenbeteiligung nur in Ausnahmefällen erlaubt werden dürfe, wenn der betreffende Stockwerkeigentümer gar keine, nicht einmal eine potenzielle Benutzungsmöglichkeit an einer gemeinschaftlichen Anlage hat. Wie restriktiv das Bundesgericht die Kostenbefreiung handhabt, zeigt folgender Fall:

Urteil

Herr V. war Eigentümer in einer Gemeinschaft, die in zwei getrennt stehenden Häusern A und B arbeitete und lebte. Ihm gehörten zwei Wohnungen und vier Büros im Haus A; im Haus B besass er Keller-, Hobby- und zwei Archivräume sowie zwei Garagenplätze. Zusammen hielten die Räume von Herrn V. im Haus B $^{15}/_{1000}$ Wertquote. Als das Dach des Hauses B saniert werden musste, stellte er sich auf den Standpunkt, an diese Sanierung müsse er nicht die vollen Beiträge gemäss seiner Wertquote leisten, da er vom Dach des Hauses B nur sehr wenig profitiere. Das Bundesgericht folgte dieser Argumentation nicht und hielt Folgendes fest:

Ob ein Stockwerkeigentümer weniger oder gar keine Beiträge an Bauteile, Anlagen oder Einrichtungen zu leisten hat, ist objektiv zu beurteilen. Die Befreiung von den anteilsmässigen Kosten ist zudem nur mit Zurückhaltung zu bejahen, weil die gemeinsamen Anlagen und Einrichtungen normalerweise den Standard der gesamten Liegenschaft bestimmen. Im konkreten Fall könne nicht gesagt werden, dass das Dach des Hauses B dem Eigentümer V. überhaupt keinen Nutzen bringe. Er habe in diesem Gebäude seine Keller-, Hobby- und auch Archivräume und sei zudem berechtigt, den Lift zu benutzen. Das Bundesgericht wies deshalb den Anspruch auf einen reduzierten Beitrag an die Sanierung des Daches ab. (BGE 117 II 251)

Wie wird der Verwaltungsfonds gefüllt?

Zur Bestreitung der laufenden Auslagen müssen Sie der Gemeinschaft in der Regel Vorschüsse zahlen. Eine gesetzliche Pflicht dazu besteht zwar nicht, doch haben die meisten Gemeinschaften entweder eine solche Bestimmung im Reglement oder die Stockwerkeigentümerversammlung fasst jährlich einen entsprechenden Beschluss.

Die festgesetzten Vorschüsse werden von der Verwalterin in Rechnung gestellt, eingefordert und dem Verwaltungsfonds gutgeschrieben.

So wird sichergestellt, dass die Gemeinschaft jederzeit über genügend liquide Mittel verfügt, um die ausstehenden Rechnungen zu bezahlen. Der definitive Beitrag, den jeder Stockwerkeigentümer zu leisten hat, wird allerdings erst mit der Genehmigung der Jahresrechnung bekannt. Die Vorschüsse werden dann an diesen definitiven Beitrag angerechnet.

Sollte die Gemeinschaft über zu wenig liquide Mittel verfügen und die fälligen Rechnungen nicht zahlen können, hat sie von Gesetzes wegen eine Forderung gegenüber den einzelnen Stockwerkeigentümern. In einem solchen Fall müssen Sie im Verhältnis Ihrer Wertquote einen Deckungsbeitrag zahlen. Dieser Betrag wird unmittelbar zur Zahlung fällig, kann also von der Verwalterin sofort bei Ihnen eingefordert werden. Auf diesem Weg soll sichergestellt werden, dass die Gemeinschaft ihren Verpflichtungen auch nachkommen kann, wenn keine oder zu tiefe Vorschüsse festgesetzt oder eingezahlt werden.

Tipp *Der jährliche Unterhalt einer Liegenschaft kostet laut einer Studie der ETH Zürich ca. 1,3 Prozent des Gebäudeversicherungswerts. Ungefähr in dieser Höhe sollten die Vorschüsse aller Eigentümer Ihrer Gemeinschaft liegen, wenn Sie sicher sein wollen, dass die laufenden Rechnungen problemlos bezahlt werden können.*

Wer muss die Beiträge an den Verwaltungsfonds bezahlen?

Die anteilsmässigen Beiträge an den Verwaltungsfonds muss jeder im Grundbuch eingetragene Stockwerkeigentümer bezahlen. Kann ein Mitglied der Gemeinschaft seinen Teil nicht leisten, müssen die anderen Eigentümer diesen nicht einfach übernehmen – für Gemeinschaftsschulden haften sie nicht solidarisch (siehe Seite 136).

Auch bei einem Mieter oder Pächter einer Einheit lässt sich der Verwaltungskostenbeitrag nicht einfordern. Sie sind gegenüber der Gemeinschaft nicht zur Zahlung verpflichtet.

Wird eine Stockwerkeinheit während der Abrechnungsperiode verkauft, kann die Gemeinschaft bei der neuen Eigentümerin nur diejenigen Beiträge einfordern, die fällig geworden sind, nachdem diese im Grundbuch eingetragen wurde. Für alle vorher entstandenen Forderungen muss der verkaufende Stockwerkeigentümer einstehen. Selbst wenn Käuferin und Verkäufer eine andere Vereinbarung getroffen haben, ist diese für die Gemeinschaft nicht verbindlich.

Die Gemeinschaft kann aber für ausstehende Beiträge der letzten drei Jahre ein Gemeinschaftspfand auf der Wohnung eintragen lassen (siehe Seite 200). Damit erhält sie die Möglichkeit, die Wohnung verwerten – das heisst versteigern – zu lassen, um ihre Forderung zu decken.

Achtung *Zwar haften Sie als Käufer erst für Beiträge ab dem Zeitpunkt, da Sie als Eigentümer im Grundbuch eingetragen sind. Doch wenn die Gemeinschaft für frühere ausstehende Beiträge ein Pfandrecht angemeldet hat, droht Ihnen die Versteigerung Ihrer Wohnung. Wollen Sie dies verhindern, bleibt Ihnen nichts anderes übrig, als das Manko eben doch zu übernehmen. Ob Sie die Summe anschliessend vom Verkäufer zurückfordern können, hängt von den Vereinbarungen im Kaufvertrag ab – und natürlich auch von der Zahlungsfähigkeit des Verkäufers. Für mehr als die Beitragszahlungen der letzten drei Jahre können Sie allerdings nicht belangt werden, selbst wenn das Reglement eine anders lautende Bestimmung enthalten sollte.*

Spezielle Kosten und ihre Verteilung

In der Praxis gibt die Kostenverteilung vor allem bei zwei Themen immer wieder zu Diskussionen Anlass: bei den Kosten für einen Prozess zwischen der Gemeinschaft und einem Stockwerkeigentümer und bei der Verteilung der Auslagen für die Autoeinstellhalle auf Stockwerkeigentümer und Nicht-Stockwerkeigentümer.

Die Kosten für den Prozess zwischen Stockwerkeigentümer und Gemeinschaft

Führen Sie als Stockwerkeigentümer einen Prozess gegen Ihre eigene Gemeinschaft – beispielsweise weil Sie einen Beschluss anfechten, mit dem Sie nicht einverstanden sind –, kommt es zur paradoxen Situation, dass Sie unter anderem auch gegen sich selbst streiten. Denn Sie sind ja Mitglied der Gemeinschaft, gegen die Sie prozessieren.

Die Auslagen für einen Prozess, den die Gemeinschaft führt, gehören zu den gemeinschaftlichen Kosten, die grundsätzlich von allen

Eigentümern im Verhältnis ihrer Wertquoten übernommen werden müssen. Also hätten auch Sie – wenn Sie den Prozess gegen die Gemeinschaft gewinnen und diese die Prozesskosten übernehmen muss – sich daran anteilmässig zu beteiligen, würden also Ihre eigene Prozesskostenentschädigung mitfinanzieren. Im Extremfall – wenn eine Gemeinschaft nur aus zwei Eigentümern mit gleichen Anteilen besteht – müssten auf diese Weise beide gleich viel an die Kosten beitragen, egal, wer den Prozess gewonnen hat. War das der Wille des Gesetzgebers?

Das Bundesgericht musste diese Frage noch nie entscheiden, die Rechtslehre hält sich dazu bedeckt. Doch wäre eine Beitragspflicht des obsiegenden Eigentümers absolut stossend. Die Regel, dass jeder Stockwerkeigentümer die gemeinschaftlichen Kosten anteilsmässig mitzutragen hat, muss also in diesem Zusammenhang eine Ausnahme erfahren; ein Stockwerkeigentümer, der einen Prozess gegen die Gemeinschaft führt, muss von den Prozesskosten der Gemeinschaft entbunden werden. Seine Situation ist analog zu derjenigen einer Eigentümerin, die eine gemeinschaftliche Einrichtung nicht nutzt; auch sie ist von den Kosten dafür befreit (siehe Seite 175).

Die Kosten der Autoeinstellhalle

Wie die Kosten einer Autoeinstellhalle auf die Stockwerkeigentümer – und allenfalls auf aussen stehende Drittpersonen – verteilt werden, hängt von der rechtlichen Konstruktion ab, mit der die Einstellplätze den Parteien zugewiesen sind (siehe Seite 104).

- **Zuteilung im Sonderrecht:** Sind die Plätze in der Einstellhalle zu Sonderrecht ausgestaltet, verfügen Sie für Ihren Platz über eine Wertquote und müssen in diesem Verhältnis Beiträge an die Auslagen leisten. Diese Art von Zuteilung ist allerdings selten.
- **Zuteilung mit ausschliesslichem Nutzungsrecht:** Bleibt die Einstellhalle im gemeinschaftlichen Eigentum, werden an den Plätzen häufig ausschliessliche Benutzungsrechte zugunsten der einzelnen Stockwerkeinheiten begründet. Dann müssen die berechtigten Eigentümer den Unterhalt des eigenen Platzes selber tragen; die allgemeinen Kosten gehen zulasten der Gemeinschaft und werden wie die anderen gemeinschaftlichen Kosten verteilt.

- **Zuteilung über Dienstbarkeiten:** Werden die Parkplätze den Stockwerkeigentümern oder aussen stehenden Dritten mit einer Grund- oder Personaldienstbarkeit zugewiesen, wird die Aufteilung der Kosten in erster Linie im Dienstbarkeitsvertrag geregelt. Findet sich dort keine Bestimmung, muss jeder Inhaber eines Einstellplatzes für den notwendigen Unterhalt seines eigenen Platzes aufkommen (Art. 741 ZGB). Den Unterhalt der Einstellhalle tragen alle, die aus ihr einen Nutzen ziehen, gemeinsam.
- **Zuteilung im Miteigentum:** Diese Art der Zuteilung setzt voraus, dass die Einstellhalle als Stockwerkeinheit begründet und anschliessend zu Miteigentum aufgeteilt wird. Dann leistet die Einheit «Einstellhalle» im Verhältnis ihrer Wertquote Beiträge an die gemeinschaftlichen Kosten der Gemeinschaft und diese Beiträge werden auf die Miteigentümer aufgeteilt.

Tipp *Die Konstruktionen für die Zuteilung von Einstellplätzen und damit die Kostenverteilung sind rechtlich sehr komplex. Wenden Sie sich im Zweifelsfall an eine Fachperson, welche die Situation anhand des Grundbuchs, des Begründungsakts sowie der Reglemente der Eigentümergemeinschaft und der Einstellhalle klärt.*

Der Erneuerungsfonds

Viele Stockwerkeigentümergemeinschaften verfügen über einen Erneuerungsfonds. Zweck eines solchen Fonds ist es sicherzustellen, dass grössere, kostspielige Renovationen nicht an den schmalen Finanzen einzelner Eigentümer scheitern. Denn wenn solche Arbeiten direkt aus dem Verwaltungsfonds bezahlt werden müssen, bedeutet dies im entsprechenden Jahr eine hohe Belastung für alle Beteiligten.

Tipp *Ein Erneuerungsfonds ist zwar gesetzlich nicht vorgeschrieben, aber er macht für jede Stockwerkeigentümergemeinschaft Sinn. Ein über mehrere Jahre angelegtes finanzielles Polster verhindert, dass notwendige grössere Arbeiten verzögert werden, weil einzelnen Parteien die Mittel dazu fehlen.*

Welche Arbeiten werden aus dem Erneuerungsfonds bezahlt?

Diskussionen zu diesem Thema treten in der Praxis immer wieder auf. Der Grundsatz ist eigentlich klar: Aus dem Erneuerungsfonds werden nur kostspielige Renovationen – beispielsweise die Sanierung der gesamten Fassade oder des Daches – finanziert; muss lediglich die Eingangstür neu gestrichen werden, gehört diese Auslage ganz sicher nicht dazu.

Gerade Gemeinschaften mit weniger zahlungskräftigen Eigentümern neigen jedoch dazu, das im Erneuerungsfonds geäufnete Vermögen auch für Unterhaltsarbeiten anzubrauchen. Zwar ist die Abgrenzung zwischen Unterhalt und Erneuerung natürlich fliessend und es ist oft schwierig zu sagen, wohin eine konkrete Arbeit gehört. Trotzdem sollten Sie den Erneuerungsfonds nicht leichtfertig in Anspruch nehmen. Wird dieser Fonds regelmässig auch für Unterhaltsarbeiten verwendet, fehlen am Tag X unter Umständen die Mittel, um beispielsweise die dringende und kostspielige Erneuerung aller Wasserleitungen zu finanzieren. Wenn dann auch noch einzelne Eigentümer knapp bei Kasse sind und ihren Anteil nicht innert nützlicher Frist auftreiben können, wird die notwendige Renovation aufgeschoben – und das wirkt sich mit der Zeit negativ auf den Wert der Liegenschaft aus. Im Extremfall kann es sogar so weit kommen, dass Ihre Bank für die Weiterführung der Hypothek zusätzliche Sicherheiten verlangt, weil Ihre Einheit zu viel an Wert verloren hat.

Tipp *Achten Sie darauf, dass in Ihrem Reglement nicht nur das Äufnen eines Erneuerungsfonds vereinbart ist, sondern auch exakte Vorschriften bestehen, wozu die Mittel verwendet werden dürfen.*

Wie hoch sollen die jährlichen Beiträge sein?

Auch zur Frage, ab wann und bis zu welcher Höhe der Erneuerungsfonds geäufnet wird, sollte Ihr Reglement Antworten enthalten. Wenn nicht, muss die Stockwerkeigentümergemeinschaft darüber jedes Jahr Beschluss fassen. Doch wie hoch sollen diese Beiträge sein?

Die Erfahrung zeigt: Das bei der Tragbarkeitsrechnung eingesetzte eine Prozent des Kaufpreises für den Unterhalt (siehe Seite 37) deckt den längerfristig notwendigen «grossen Unterhalt» in Form von umfassenden Renovationen bei weitem nicht. Trotz Erneuerungsfonds müssen die Stockwerkeigentümer dann oft zusätzlich tief in die Tasche greifen. Laut einer Studie der ETH Zürich verschlingt der Unterhalt von Wohneigentum über die Jahre nämlich 1,3 Prozent des Gebäudeversicherungswerts und für Umbauten und Renovationen kommen nochmals 2,6 Prozent dazu. In diesen Zahlen enthalten ist auch der finanzielle Aufwand, den Sie über die Jahre direkt in Ihre Eigentumswohnung stecken. Und natürlich handelt es sich bei diesen Angaben um statistische Werte; Abweichungen je nach Ortslage und Bauweise sind durchaus möglich.

Eine andere Faustregel besagt, dass Wohneigentum pro Jahr durchschnittlich 6 Prozent des Kauf- oder Erstellungspreises kostet, Hypothekarzinsen mit eingerechnet. Dieser Faustregel sollten Sie bei der Festsetzung der jährlichen Beiträge an den Erneuerungsfonds mindestens Rechnung tragen. Ausgehend von einem durchschnittlichen Hypothekarzinssatz von 4,5 Prozent und einem Anlagehorizont für den Erneuerungsfonds von 20 Jahren bei einer durchschnittlichen Rendite von 3 Prozent, sind für den Erneuerungsfonds jährlich mindestens 1,25 Prozent des Erstellungspreises der ganzen Liegenschaft einzusetzen – verteilt nach der Wertquote oder dem reglementarischen Schlüssel. Ist keine langfristige Anlage möglich, sind höhere Beiträge nötig.

Tipps
- *An sich wäre es wünschenswert, dass von allem Anfang an Beiträge an den Erneuerungsfonds geleistet werden. Trotzdem kann es bei Neubauten oder komplett renovierten Altbauten Sinn machen, in den ersten Jahren darauf zu verzichten. In der Zeit nach dem Kauf haben die meisten Eigentümer mit der Verzinsung und Amortisation der zweiten Hypothek, mit Umzugskosten und anderem ohnehin schon genug Auslagen. Nach spätestens fünf Jahren jedoch sollte der Erneuerungsfonds eingerichtet und jährlich gefüllt werden.*
- *Ist eine ältere Liegenschaft nicht vollständig renoviert worden und stehen somit grössere Investitionen schon früher an, muss mit den Zahlungen in den Erneuerungsfonds sofort begonnen werden. Die einzelnen Beiträge müssen zudem höher veranschlagt werden. Es empfiehlt sich, die Liegenschaft von einer Fachperson umfassend prüfen*

zu lassen und gestützt darauf einen Investitionsplan zu erstellen. Dieser kann als Grundlage für die Festlegung der Erneuerungsfondsbeiträge dienen.

- In vielen Stockwerkeigentümergemeinschaften reichen die Mittel im Erneuerungsfonds für eine umfassende Renovation nicht aus. Wird eine solche nötig, müssen alle Eigentümer nochmals tief in die Tasche greifen. Informieren Sie sich also frühzeitig, wie hoch die Kosten einer umfassenden Renovation sein werden, und bilden Sie die nötigen privaten Rückstellungen.

Wer muss die Beiträge an den Erneuerungsfonds bezahlen?

Wie beim Verwaltungsfonds sind die Beiträge an den Erneuerungsfonds von den im Grundbuch eingetragenen Stockwerkeigentümern zu bezahlen, und zwar – solange im Reglement nichts anderes festgehalten ist – anteilsmässig nach Wertquoten. Auch für die Erneuerungsfondsbeiträge kann die Stockwerkeigentümergemeinschaft das Gemeinschaftspfandrecht beanspruchen (siehe Seite 200).

Wem gehört der Erneuerungsfonds?

Das im Erneuerungsfonds enthaltene Kapital gehört zum Vermögen der Gemeinschaft (Art. 712l Abs. 1 ZGB). Sie als einzelner Stockwerkeigentümer haben kein direktes Forderungsrecht mehr auf «Ihre» eingezahlten Beiträge. Verkaufen Sie Ihre Einheit, können Sie sich deshalb Ihren Anteil am Fonds nicht auszahlen lassen. Soll der Anteil am Erneuerungsfonds nicht im eigentlichen Kaufpreis der Stockwerkeigentumseinheit enthalten sein und muss separat darüber abgerechnet werden, ist dies im Kaufvertrag ausdrücklich festzuhalten.

Tipp *Sowohl als Käufer wie auch als Verkäufer sind Sie gut beraten, wenn Sie im Kaufvertrag festhalten, wie hoch der Anteil am Erneuerungsfonds ist und wie er abgegolten wird. Das erspart spätere Missverständnisse und Diskussionen in der Gemeinschaft. Zudem werden – wenn der Erneuerungsfondsanteil nicht aus dem Kaufpreis ausgeschieden ist – auch auf diesem Betrag die Grundstückgewinn- und Handänderungssteuern fällig (siehe Seite 52).*

Wenn die Beiträge nicht bezahlt werden

Beispiel *Stockwerkeigentümer T. weigert sich, die von der Versammlung der Gemeinschaft «Moosmatt» beschlossenen Verwaltungsbeiträge zu zahlen. Verwalterin K. hat ihn im Namen der Gemeinschaft schon zweimal gemahnt und schliesslich betrieben. Herr T. erhebt gegen den Zahlungsbefehl Rechtsvorschlag.*

Hat die Gemeinschaft einen Anspruch auf einen Beitrag oder eine Vorschusszahlung und zahlt ein Stockwerkeigentümer nicht, kann die Gemeinschaft diese Forderung eintreiben. In der Regel übernimmt dies der Verwalter oder – wenn keiner bestellt ist – eine von der Gemeinschaft bevollmächtigte Stockwerkeigentümerin. Zahlt dann der säumige Eigentümer nicht freiwillig, kann ihn die Gemeinschaft betreiben und wenn nötig auch Klage gegen ihn erheben. Zudem hat sie zur Sicherung ihrer Ansprüche ein gesetzliches Gemeinschaftspfandrecht (Art. 712i ZGB) und ein Retentionsrecht (Art. 712k ZGB).

Betreibt die Gemeinschaft einen Stockwerkeigentümer für ausstehende Beiträge, kann dieser innert zehn Tagen nach Zustellung des Zahlungsbefehls Rechtsvorschlag erheben. Damit bestreitet er den von der Gemeinschaft geltend gemachten Anspruch. Begründen muss der Betriebene seinen Rechtsvorschlag nicht.

Beispiel *Herr T. hat seinen Rechtsvorschlag nicht begründet; die anderen Eigentümer vermuten aber, dass er in finanziellen Schwierigkeiten steckt und deshalb die Beiträge nicht bezahlt hat. Bei dieser Ausgangslage rät Verwalterin K., behutsam vorzugehen. Sonst würden sich am Schluss bloss Kosten türmen, die Beiträge aber trotzdem nicht bezahlt.*

Will die Gemeinschaft nach Erhebung des Rechtsvorschlags mit der Betreibung fortfahren, muss sie den Rechtsvorschlag beseitigen. Kann die Gemeinschaft keine schriftliche Schuldanerkennung vorweisen – und das ist nur selten der Fall –, muss sie dies in einem teuren und langwierigen ordentlichen Gerichtsverfahren tun. Dabei sollte man sich auf jeden Fall von einem in Betreibungssachen versierten Anwalt beraten lassen (siehe auch Beispiel Seite 137).

Das Gemeinschaftspfandrecht

Beispiel *Verwalterin K. rät der Gemeinschaft davon ab, den von Eigentümer T. erhobenen Rechtsvorschlag beseitigen zu lassen. Damit wäre nämlich gar nichts gewonnen, denn die Fortsetzung der Betreibung würde höchstwahrscheinlich bloss mit einem Verlustschein enden. Wie man unterdessen weiss, hat Herr T. vor einigen Monate seine Arbeitsstelle verloren und bereits einige Betreibungen im Haus. Verwalterin K. rät den anderen Eigentümern deshalb, lieber das Gemeinschaftspfandrecht in Anspruch zu nehmen.*

Zur Absicherung ihrer Forderungen aus der Beitragspflicht der Stockwerkeigentümer hat die Gemeinschaft einen gesetzlichen Anspruch auf Errichtung eines Grundpfands zulasten der Einheit eines säumigen Stockwerkeigentümers – und zwar für ausstehende Beiträge der letzten drei Jahre. Mit diesem Pfandrecht kann sie die Verwertung – das heisst im Normalfall die Versteigerung – der Einheit verlangen und aus dem Erlös ihre Forderung decken.

Dem Gemeinschaftspfandrecht kommt kein Rangprivileg zu, sein Rang bestimmt sich nach der Alterspriorität: Wer zuerst ein Pfandrecht im Grundbuch einträgt, erhält den ersten Rang, die späteren Gläubiger den zweiten, dritten etc. Kommt es zur Verwertung, wird aus dem Erlös zunächst die Forderung im ersten Rang bezahlt, dann diejenige im zweiten Rang etc. Reicht der Erlös nicht für alle Schulden, bleiben die Forderungen in den hinteren Pfandstellen ungedeckt und die Gläubiger erhalten einen Pfandausfallschein.

Tipp *Wegen der Rangordnung nach Alterspriorität macht der Eintrag eines Pfandrechts nur dann Sinn, wenn die Einheit des säumigen Stockwerkeigentümers nicht bereits mit Grundpfändern belastet ist, die ihren Wert übersteigen. Klären Sie dies vor Einleiten des Verfahrens ab. Sonst entstehen Ihnen bloss Kosten und am Ende halten Sie einen Pfandausfallschein in Händen.*

Das Recht, ein Gemeinschaftspfandrecht geltend zu machen, kommt der Verwalterin zu (Art. 712t ZGB). Ist keine solche bestimmt, ist dazu auch ein einzelner Stockwerkeigentümer berechtigt. Im Gegensatz zur

Verwalterin, braucht er aber die Ermächtigung durch die Versammlung (Mehrheitsbeschluss) oder durch das Gericht.

Eintrag mit Einverständnis des Betroffenen

Am einfachsten und für alle Parteien am günstigsten ist die Eintragung des Pfandrechts, wenn der säumige Stockwerkeigentümer seine Zustimmung dazu gibt. Tut er dies, kann die Gemeinschaft die Eintragung des Pfandrechts direkt beim Grundbuchamt anmelden und es wird definitiv im Grundbuch eingetragen. Dadurch erspart sich der zahlungsunfähige Stockwerkeigentümer unnötige Gerichtskosten.

Beispiel *Verwalterin K. bittet Stockwerkeigentümer T. noch einmal um ein Gespräch. Herr T. bestätigt, dass er finanzielle Probleme habe und seine Wohnung zu verkaufen versuche. Sie sei zurzeit zwar nicht sehr hoch belastet, doch bekomme er von der Bank wegen seiner Arbeitslosigkeit keine weitere Hypothek. Die Verwalterin bittet ihn deshalb, der Eintragung des Gemeinschaftspfandrechts zuzustimmen. Nach einigen Erklärungen ist Herr T. einverstanden und unterzeichnet die vorbereitete Zustimmungserklärung.*

Wenn der Betroffene nicht einverstanden ist: rasch handeln

Gibt der säumige Stockwerkeigentümer seine Einwilligung zur Eintragung des Pfandrechts nicht, bleibt der Gemeinschaft nichts anderes übrig, als den Eintrag über das zuständige Gericht zu erwirken. Weil der Zeitpunkt der Eintragung im Grundbuch für den Rang des Pfandrechts massgebend ist, muss rasch gehandelt werden.

Am besten lassen Sie das Pfandrecht zunächst provisorisch oder wenn nötig superprovisorisch eintragen. Den Antrag dafür richten Sie an das zuständige Zivilgericht am Ort, wo sich das Stockwerkeigentum befindet oder der säumige Stockwerkeigentümer Wohnsitz hat. Damit Ihr Antrag bewilligt wird, muss die Gemeinschaft den Anspruch auf die Beitrags- oder Vorschusszahlung dem Gericht zumindest glaubhaft machen. In der Regel genügt dazu der protokollierte Versammlungsbeschluss über die jährlichen Beiträge. Wie das Verfahren genau abläuft, hängt von der kantonalen Prozessordnung ab; es muss aber ein schnelles Verfahren sein: Eine provisorische Eintragung nimmt wenige

Wochen in Anspruch; eine superprovisorische kann schon innert einem Tag erledigt sein.

Wird die provisorische Eintragung bewilligt, setzt das Gericht der Gemeinschaft eine Frist zur Klage auf definitive Eintragung an. Auch in diesem Zeitpunkt kann der säumige Stockwerkeigentümer noch seine Zustimmung zur Eintragung geben, womit das Verfahren ein Ende findet und das Pfandrecht definitiv im Grundbuch eingetragen wird. Tut er dies nicht, kommt es zu einem ordentlichen Gerichtsverfahren. Dieses ist nicht nur teuer, sondern braucht auch viel Zeit.

Achtung *Ohne zusätzliche Bevollmächtigung durch die Versammlung ist der Verwalter nicht berechtigt, einen ordentlichen Prozess zu führen (Art. 712t Abs. 2 ZGB). Die Missachtung dieser Vorschrift kann in einigen Kantonen zur Abweisung und damit unter Umständen zum Verlust des Pfandrechts führen. Lassen Sie sich von einer erfahrenen Anwältin beraten.*

Das Retentionsrecht

Neben dem Gemeinschaftspfandrecht hat die Stockwerkeigentümergemeinschaft zur Absicherung der Beiträge und Vorschüsse der letzten drei Jahre auch ein Retentionsrecht an den beweglichen Sachen in der Stockwerkeinheit eines säumigen Zahlers. Bei diesem Retentionsrecht handelt es sich um eine spezielle Form der Pfändung. Kommt der Eigentümer seinen Zahlungsverpflichtungen nicht nach, werden die retinierten Gegenstände letzten Endes nach den Regeln des Bundesgesetzes über Schuldbetreibung und Konkurs (SchKG) verwertet. Allerdings ist der Erlös in aller Regel nur gering. Deshalb machen Stockwerkeigentümergemeinschaften nur selten vom Retentionsrecht Gebrauch.

Hinweis *Das Retentionsrecht der Stockwerkeigentümergemeinschaft gilt – anders als etwa dasjenige des Vermieters – auch für Wohnräume. Ist die Einheit als Geschäftslokal vermietet, kann die Gemeinschaft das Retentionsrecht sogar an Sachen des Mieters geltend machen – allerdings nur, wenn dieser den Mietzins nicht bezahlt hat, und nur im Umfang des ausstehenden Betrags.*

9. Vom Umgang mit den Nachbarn

Nachbarschaftsprobleme können einem das Leben ganz schön schwer machen. Je nachdem ob Sie es dabei mit einem Mitglied der Stockwerkeigentümergemeinschaft oder einem Aussenstehenden zu tun haben, gelten andere Regeln.

Richtig verhalten im Konfliktfall

Als Stockwerkeigentümer sind Sie auf ein gutnachbarliches, friedliches Zusammenleben besonders angewiesen. Zum einen sind Sie, weil es sich ja um Ihr Eigentum handelt, stärker an Ihre Wohnung gebunden als ein Mieter. Zum andern leben Sie mit den Mitgliedern Ihrer Gemeinschaft viel enger zusammen als die Eigentümer von benachbarten Einfamilienhäusern. Sie können den anderen Hausbewohnern nur schwer aus dem Weg gehen, treffen sie im Garten und im Treppenhaus. Auch gemeinsame Einrichtungen wie den Lift oder die Waschküche müssen Sie mit ihnen teilen. Damit nicht genug! Über viele Fragen der gemeinschaftlichen Verwaltung müssen Sie sich mit den anderen Eigentümern einigen oder zumindest den von der Versammlung gefassten Beschluss akzeptieren. Kurz: Ihre Stellung birgt einiges an Konfliktpotenzial. Wie verhält man sich nun richtig, wenn es zu Zwistigkeiten mit den Nachbarn kommt? Welche Rechte stehen einem zu?

Zuerst das Gespräch suchen

Innerhalb des Hauses können Sie sowohl mit anderen Stockwerkeigentümern als auch mit deren Mietern oder Nutzniessern in Konflikt geraten. Möglich sind aber auch Streitigkeiten über den Gartenzaun mit Eigentümern eines benachbarten Grundstücks. Je nach Situation haben Sie bei solchen Konflikten verschiedene Rechte, die auch Ihr Vorgehen bestimmen. Gemeinsamkeiten bestehen aber für alle nachbarlichen Zwiste:

- In den wenigsten Fällen empfiehlt es sich, gegen einen unliebsamen Nachbarn gleich gerichtlich vorzugehen. Mehr erreichen Sie in der Regel, wenn Sie versuchen, das Problem in einer ruhigen Minute im Gespräch zu lösen.
- Auch wenn ein erstes Gespräch nichts fruchtet, sollten Sie die Vor- und Nachteile der gerichtlichen Ausfechtung eines nachbarlichen Konflikts gut gegeneinander abwägen. Ein Rechtsstreit hinterlässt tiefe Spuren, die das Zusammenleben schwer und auf Dauer belasten können. Und die «Retourkutsche» des Unterlegenen lässt oft nicht lange auf sich warten.

- In einer schwierigen Situation empfiehlt es sich, für die Beilegung eines nachbarlichen Konflikts auch aussergerichtliche Bereinigungsmethoden – beispielsweise den Beizug eines Mediators – ins Auge zu fassen. Dazu ist aber das Einverständnis aller beteiligten Parteien nötig.

Erst wenn die «sanfte Tour» nirgendwohin führt – und Ihnen das Durchsetzen Ihres Standpunkts wirklich wichtig ist –, sollten Sie zu den Rechtsbehelfen des Gesetzes greifen.

Mediation: oft ein guter Weg zum nachbarlichen Frieden

Die Mediation als aussergerichtliche Möglichkeit, einen Konflikt zu lösen, hat sich in verschiedenen Bereichen durchgesetzt. Gerade im Nachbarrecht bietet sich dieses Verfahren an. Denn oft sind die Parteien dazu «verurteilt», weiterhin nahe beieinander zu leben – da ist eine gemeinsam erarbeitete Lösung allemal besser als ein Gerichtsurteil mit Sieger und Verlierer.

Ziel der Mediation ist eine beide Seiten zufrieden stellende, rechtsverbindliche Vereinbarung. Die Mediatorin unterstützt die Parteien auf dem Weg dazu als neutrale Vermittlerin und achtet darauf, dass die gesetzlichen Regeln eingehalten werden. Sie unterbreitet aber keine Lösungsvorschläge und hat auch keine inhaltliche Entscheidungskompetenz. Die Parteien erarbeiten ihre Lösung gemeinsam und eigenverantwortlich. Auch das Honorar für die Mediatorin tragen sie gemeinsam, meist je zur Hälfte. Eine Mediation kommt also nur in Frage, wenn beide Seiten zur Kooperation bereit sind.

Achtung: «Mediator» ist keine geschützte Berufsbezeichnung und die Anforderungen an die Ausbildung sind in der Schweiz noch nicht geregelt. Verschiedene Institutionen bieten aber anerkannte Ausbildungsgänge an und führen Listen von akkreditierten Fachleuten (Adressen im Anhang).

Tipp *Im Rahmen dieses Ratgebers können nachbarrechtliche Fragen nur kurz gestreift werden. Brauchen Sie zusätzliche Informationen zu diesem Gebiet, finden Sie eine ausführliche Darstellung mit vielen praktischen Beispielen im Beobachter-Ratgeber «Nachbarrecht – Handbuch für Eigentümer und Mieter» (siehe Literaturliste).*

Nachbarstreitigkeiten innerhalb der Gemeinschaft

Nachbarliche Konflikte innerhalb der Gemeinschaft haben ihre Ursache meist in der Art, wie ein Stockwerkeigentümer seine Wohnung benützt. Zwistigkeiten sind vorprogrammiert, wenn Sie beispielsweise abends um 22 Uhr noch laute Rockmusik hören, mit den Holzzoggeli über den Parkettboden fegen oder Ihre Einheit in einem ruhigen Wohnhaus als Hundesalon mit viel Laufkundschaft verwenden. Ein zweiter Punkt, an dem sich Streitereien zwischen Stockwerkeigentümern entzünden, ist die Nutzung der gemeinschaftlichen Einrichtungen. Sei dies die junge Berufstätige, die die Waschküche bis weit in die Nacht und am Sonntag benutzt, oder der ältere Herr, der seinen Hund das «Geschäft» regelmässig in der gemeinsamen Gartenanlage verrichten lässt.

So kommen Sie am besten zum Ziel

Entsteht zwischen Ihnen und einem anderen Stockwerkeigentümer ein Streit und finden Sie im Gespräch keine Lösung, empfiehlt sich folgendes Vorgehen:

- Ziehen Sie als Erstes das Reglement und die Hausordnung zu Rat. Möglicherweise ist Ihr Problem darin bereits geregelt. Dann reicht es häufig, wenn Sie den Störenden auf seine Rechte und Pflichten hinweisen.
- Lässt dieser immer noch nicht mit sich reden oder finden Sie im Reglement keine Hilfe, ist Ihre nächste Anlaufstelle die Stockwerkeigentümerversammlung. Sondieren Sie aber schon vorher bei den anderen Eigentümern, wie sich diese zum Problem stellen. So können Sie in der Versammlung mit einem Vorschlag auftreten, der bereits von einigen mitgetragen wird. Zudem erfahren Sie dabei gleich, ob sich auch andere gestört fühlen oder ob Sie vielleicht doch etwas überempfindlich sind.
- Sollte sich der störende Nachbar trotz der Intervention der Gemeinschaft nicht eines Besseren belehren lassen, sprechen Sie sich mit den

anderen Eigentümern ab, ob die Gemeinschaft als ganze oder Sie allein gegen den Störer vorgehen wollen. Beziehen Sie dabei auch immer aussergerichtliche Konfliktbewältigungsmethoden, beispielsweise eine Mediation (siehe Seite 205), in Ihre Überlegungen mit ein.

- Hilft schliesslich alles nichts – und ist Ihnen die Sache wichtig genug –, müssen Sie sich an das Gericht wenden. Je nachdem ob die Ursache des Konflikts in der Benutzung der gemeinschaftlichen Anlagen oder der im Sonderrecht stehenden Wohnung liegt, müssen Sie anders vorgehen und es stehen Ihnen andere Rechtsbehelfe zur Verfügung.

Hinweis *Hat eine Stockwerkeigentümerin ihre Wohnung vermietet oder jemandem zur Nutzniessung überlassen, ist sie auch für die Unannehmlichkeiten oder den Schaden verantwortlich, die diese Drittpersonen verursachen. Die anderen Eigentümer müssen deshalb ihre Klagen gegen diese Stockwerkeigentümerin richten. Ausgenommen sind Besitzesschutzklagen, die direkt gegen die störende Person geltend gemacht werden müssen (zu den Klagemöglichkeiten siehe Kasten Seite 212).*

Konflikte wegen der Benutzung des gemeinschaftlichen Teils

Liegt die Ursache des Konflikts in der Benutzung einer gemeinschaftlichen Einrichtung, müssen Sie sich vorerst an die Gemeinschaft wenden. Deren Aufgabe ist es festzulegen, in welcher Weise und in welchem Ausmass die gemeinsamen Anlagen benutzt werden dürfen. Sie kann dazu im Reglement oder in der Hausordnung Bestimmungen erlassen oder – wenn ein Einzelfall geregelt werden muss – in der Versammlung die nötigen Beschlüsse fassen. Gestützt auf diese Bestimmungen und Beschlüsse ist es dann in erster Linie Sache der Gemeinschaft oder ihres Verwalters, sich gegen einen fehlbaren Eigentümer zur Wehr zu setzen.

Findet sich zu einem konkreten Fall im Reglement oder in der Hausordnung keine Bestimmung, kann sich die Gemeinschaft auf Artikel 648 ZGB berufen. Dieser sagt, dass ein Miteigentümer die gemeinsame Sache – und damit auch die gemeinsamen Einrichtungen und Anlagen – nur so weit nutzen darf, als es mit den Rechten der anderen Miteigentümer verträglich ist.

Überschreitet ein Stockwerkeigentümer dieses Mass oder hält er sich nicht an die Bestimmungen des Reglements bzw. die Beschlüsse der Versammlung, kann sich die Gemeinschaft ihm gegenüber mit der Eigentumsfreiheitsklage (siehe Kasten Seite 212) zur Wehr setzen – beispielsweise wenn ein Eigentümer seinen Müll im gemeinschaftlichen Veloraum deponiert. Die Eigentumsfreiheitsklage ist unverjährbar, kann also jederzeit erhoben werden. Schadenersatzansprüche können mit der Eigentumsfreiheitsklage jedoch nicht geltend gemacht werden. Diese wären gestützt auf Artikel 41 OR zu erheben.

Achtung *Zwar können – neben der Gemeinschaft – auch Sie selbst sich gegenüber einem anderen Stockwerkeigentümer mit Hilfe der Eigentumsfreiheitsklage zur Wehr setzen. Allein vorzugehen ist aber nur dann ratsam, wenn Sie sicher sind, dass auch die anderen Mitglieder der Gemeinschaft das Verhalten des fehlbaren Eigentümers als übermässig empfindet. Wenn nicht, laufen Sie ein erhebliches Risiko, den Prozess zu verlieren.*

Konflikte wegen der Nutzung der eigenen Räume

In welcher Weise Sie Ihre eigene Wohnung – Ihr Sonderrecht – benützen dürfen, bestimmt sich in erster Linie nach dem Reglement. Dort finden Sie zum Beispiel Bestimmungen darüber, ob eine Einheit nur zu Wohnzwecken verwendet oder auch gewerblich genutzt werden darf. Oder Vorschriften darüber, wie sich die Eigentümer in ihrer Einheit zu verhalten haben, mit welchen Materialien Böden belegt werden dürfen etc.

Auch das Gesetz sagt etwas zur Benutzung der eigenen Einheit: In Artikel 712a Absatz 2 ZGB ist zwingend festgehalten, dass der einzelne Stockwerkeigentümer in der Verwaltung, Benutzung und baulichen Ausgestaltung seiner eigenen Räume zwar frei ist, jedoch keinem anderen Eigentümer die Ausübung des gleichen Rechts erschweren darf. Auch auf diese Bestimmung können sich die Gemeinschaft und der einzelne Stockwerkeigentümer im Konfliktfall berufen und von einem Störenfried beispielsweise das Respektieren der üblichen Ruhezeiten verlangen.

Um sich gegen eine Mitbewohnerin zu wehren, die ihre eigene Einheit nicht gesetzes- oder reglementskonform benutzt, stehen Ihnen und der Gemeinschaft verschiedene Rechtsbehelfe zur Verfügung (siehe auch Kasten Seite 212):

- Sie können sich mit der **nachbarrechtlichen Klage** zur Wehr setzen. Dies vor allem dann, wenn die störende Nachbarin ihr Eigentumsrecht überschreitet, also beispielsweise übermässige Immissionen wie Lärm, Rauch, Gerüche etc. verursacht. Die nachbarrechtliche Klage hat gegenüber der Eigentumsfreiheitsklage den Vorteil, dass Sie einen Schaden, der Ihnen durch das Verhalten der Nachbarin entstanden ist, direkt geltend machen können und sich nicht auch noch auf Artikel 41 OR berufen müssen. Die nachbarrechtliche Klage geht der Eigentumsfreiheitsklage zudem vor; das heisst, wenn die Möglichkeit dazu besteht, müssen Sie sich mit dieser Klage wehren und können sich nicht auf die Eigentumsfreiheit berufen.
- Die **Eigentumsfreiheitsklage** können Sie einreichen, wenn ein anderer Eigentümer sein Recht nicht durch Verursachung übermässiger Immissionen überschreitet, sondern durch einen direkten Eingriff in Ihr Eigentum.
- Neben der Eigentumsfreiheitsklage und der nachbarrechtlichen Klage können Sie auch eine **Besitzesschutzklage** einreichen. Diese schützt den Besitzer vor unberechtigten Eingriffen und Einwirkungen auf seinen Besitz – sei dies in direkter Form (Deponieren von Gegenständen auf Ihrem Gartensitzplatz) oder in indirekter Form (Lärmimmissionen und Ähnliches). Mit der Besitzesschutzklage können Sie auch Schadenersatz verlangen; Sie müssen sie aber sofort geltend machen, wenn Sie vom ungerechtfertigten Eingriff erfahren. Spätestens ein Jahr nach der Störung verjährt der Anspruch aus Besitzesschutz.

Bevor Sie als einzelner Stockwerkeigentümer eine Klage einleiten, müssen Sie sich über etwas ganz klar sein: Verboten ist nur die übermässige Immission – und ob eine Immission, die Sie als störend empfinden, tatsächlich übermässig ist, hat das Gericht zu beurteilen. Es muss dabei von den konkreten Verhältnissen ausgehen, hat aber einen grossen Ermessensspielraum und wird sich vor allem auch darauf abstützen, wie andere im Haus die Störung einschätzen.

Tipp *Sammeln Sie Beweise für die Immissionen: Fotos, Videos, Messungen durch einen Experten, Zeugenaussagen. Nehmen Sie, bevor Sie eine Klage einreichen, unbedingt Rücksprache mit den anderen Eigentümern und klären Sie ab, ob diese die Störung ebenfalls als übermässig empfinden (siehe nebenstehendes Beispiel).*

Konflikte mit Nachbarn ausserhalb der Gemeinschaft

Dringen Störungen von einem anderen Grundstück auf die Stockwerkeigentumsliegenschaft und auf Ihre Wohnung, können Sie mit Reglement und Hausordnung nichts ausrichten. Sie haben aber an sich dieselben Rechte wie ein Alleineigentümer. Je nach Art der Störung können Sie sich mit Hilfe der Eigentumsfreiheitsklage, der nachbarrechtlichen Klage oder der Klage aus Besitzesstörung wehren (siehe Kasten Seite 212).

- Auf die **Eigentumsfreiheitsklage** beruft sich die Gemeinschaft oder der einzelne Stockwerkeigentümer dann, wenn der Nachbar direkt in das Eigentum eingreift – beispielsweise wenn er seinen Zaun teilweise auf dem Grundstück der Stockwerkeigentümergemeinschaft errichtet.
- Mit der **nachbarrechtlichen Klage** setzen sich Stockwerkeigentümer insbesondere dann zur Wehr, wenn die Gemeinschaft oder einzelne Mitglieder durch übermässige Immissionen von Nachbargrundstücken belästigt werden – durch Lärm, Gestank, übermässigen Laubfall und Ähnliches.
- Ebenso kann sich die Gemeinschaft oder der einzelne Stockwerkeigentümer auf den **Besitzesschutz** berufen – beispielsweise dann, wenn Nachbars Hund regelmässig den Garten zum Auslauf missbraucht.
- Fügt eine Drittperson der Gemeinschaft oder einzelnen Stockwerkeigentümern Schaden zu, können sie zudem auch Schadenersatz fordern.

Wer muss sich zur Wehr setzen?

Für das Vorgehen gegen eine Störung von ausserhalb der Gemeinschaft ist es von entscheidender Bedeutung, ob die Rechtsverletzung nur Sie betrifft oder ob die ganze Gemeinschaft tangiert ist:

- Sind nur Sie betroffen, können Sie das nachbarrechtliche Problem im Alleingang erledigen. Beispielsweise, wenn aufgrund der Lage der Liegenschaften nur Ihre Wohnung vom Lärm eines Nachbarn beeinträchtigt wird.
- Ein Alleingang ist dagegen dann nicht möglich, wenn Sie zur Lösung Ihres nachbarrechtlichen Problems in irgendeiner Weise über das Stockwerkeigentumsgrundstück verfügen müssen. Dieses Recht steht nämlich nur der Gemeinschaft als ganzer zu. Muss beispielsweise zur Behebung der Störung mit dem Nachbarn ein Dienstbarkeitsvertrag ausgehandelt werden, der die Gesamtliegenschaft betrifft, kann dies nur die Gemeinschaft tun.
- Ein Alleingang ist auch dann nicht möglich, wenn die Stockwerkeigentümergemeinschaft einer Nachbarin eine Dienstbarkeit – beispielsweise ein Näherbaurecht oder ein Wegrecht – eingeräumt hat, das nun eines ihrer Mitglieder beeinträchtigt. Einem solchen Gemeinschaftsbeschluss müssen sich die einzelnen Stockwerkeigentümer unterordnen. Allerdings können Dienstbarkeitsverträge zulasten der Gemeinschaft nur mit einstimmigem Beschluss aller Stockwerkeigentümer abgeschlossen werden.

Beispiel *Herr B., dem das Nachbargrundstück gehört, fährt regelmässig über den Garagenvorplatz der Stockwerkeigentümergemeinschaft «Quellenhof». Stockwerkeigentümerin P. aus der Parterrewohnung, deren Schlafzimmerfenster auf diesen Garagenplatz hinausgeht, stört das sehr und sie versucht, Herrn B. davon abzubringen. Doch dieser behauptet, er dürfe über den Garagenvorplatz fahren, er habe ein im Grundbuch eingetragenes Fahrwegrecht über das Grundstück des «Quellenhof». Frau P. geht beim Grundbuchamt vorbei und muss zu ihrem grossen Erstaunen feststellen, dass der Nachbar grundsätzlich Recht hat. Allerdings ist das Fahrwegrecht sehr alt und stammt aus einer Zeit, als die Grundstücke noch landwirtschaftlich genutzt wurden. Zudem ist nirgends beschrieben, wo das Fahrwegrecht durchführt. Frau P. vertritt daher die Auffassung, das Fahrwegrecht führe nicht über den Garagenvorplatz und also auch nicht an ihrem Schlafzimmerfenster vorbei. Zudem dürfe der Nachbar das Grundstück nicht mit seinem PW befahren. Als das Fahrwegrecht begründet* *worden sei, habe man die Felder schliesslich noch mit Ross und Wagen bestellt. Als der Nachbar auch auf diese Argumentation nicht eingehen will, beschliesst Frau P., gerichtlich gegen ihn vorzugehen.*

Bevor Sie gegen benachbarte Grundeigentümer vorgehen, sollten Sie sich in jedem Fall mit der Gemeinschaft absprechen, sonst sind Zwistigkeiten vorprogrammiert. Gemeinsam kann beschlossen werden, ob die von einer Störung besonders Betroffenen sich allein zur Wehr setzen sollen oder ob die Gemeinschaft ihre Rechte geltend machen will. Handelt eine Stockwerkeigentümerin eigenmächtig und ohne Rücksprache, könnte es ihr in einem Nachbarschaftsprozess allenfalls passieren, dass sich die Gemeinschaft gegen ihre Ansicht ausspricht und sie deswegen den Prozess verliert.

Beispiel *Die anderen Stockwerkeigentümer im «Quellenhof» stören sich nicht daran, dass Herr B. über den Garagenvorplatz fährt. Zwar könnte er auch auf der andern Seite ums Haus fahren, doch das würde andere Eigentümer stören, die dort ihren Gartensitzplatz haben. Zudem will man auch das gutnachbarliche Verhältnis nicht gefährden. Die Stockwerkeigentümergemeinschaft nimmt deshalb in der Gerichtsverhandlung gegen Frau P. Stellung und sie blitzt ab.*

Die möglichen Klagen im Nachbarstreit

Nachbarrechtliche Klage (Art. 679 ZGB)

Ziel:	Beseitigung oder Unterlassung von übermässigen Immissionen, Schadenersatz und Genugtuung für den durch die Störung verursachten Schaden
Klageberechtigt:	Jeder Nachbar, das heisst jedermann, der durch Einwirkungen beeinträchtigt wird, die von einem anderen selbständigen Grundstück ausgehen
Massnahmen:	Sämtliche Massnahmen, die dazu geeignet erscheinen, die übermässige Immission auf das gesetzlich zulässige Mass zu reduzieren
Zuständigkeit:	Gericht am Ort der Grundstücke

Verjährungsfrist: Massnahmen zur Abwendung des Schadens können nur so lange verlangt werden, wie die Immission anhält. Schadenersatzansprüche verjähren ein Jahr nach Beendigung der übermässigen Immission.

Eigentumsfreiheitsklage (Art. 641 Abs. 2 ZGB)
Ziel: Abwehr von Eingriffen in das Eigentum und Wiederherstellung des ursprünglichen Zustands; keine Schadenersatzforderung möglich
Klageberechtigt: Gestörter Stockwerkeigentümer, Nutzniesser, Wohnberechtigte
Massnahmen: Alles, was zur Abwehr des Eingriffs bzw. zur Wiederherstellung des ursprünglichen Zustands nötig ist
Zuständigkeit: Gericht am Ort des «beklagten» Grundstücks
Verjährungsfrist: keine

Klage aus Besitzesstörung (Art. 928 ZGB)
Ziel: Abwehr von Eingriffen in den Besitz, Schadenersatz
Klageberechtigt: Besitzer, beispielsweise die Stockwerkeigentümerin, der Nutzniesser, Wohnberechtigte, aber auch Mieter oder Pächter
Massnahmen: Alles, was zur Abwehr des Eingriffs bzw. zur Wiederherstellung des ursprünglichen Zustands nötig ist
Zuständigkeit: Gericht am Ort des «beklagten Grundstücks»
Verjährungsfrist: ein Jahr; die Klage muss sofort nach Kenntnisnahme der Störung geltend gemacht werden.

Anspruch auf Schadenersatz (Art. 41 OR)
Ziel: Ersatz eines Vermögensnachteils
Klageberechtigt: Jedermann, der aufgrund des Verhaltens einer anderen Person einen Vermögensschaden erleidet. Ein Vermögensschaden liegt dann vor, wenn das Vermögen des Geschädigten infolge des angeprangerten Verhaltens kleiner ist, als es ohne dieses wäre.
Massnahme: Geltendmachung eines Ersatzanspruchs in Franken und Rappen
Zuständigkeit: Gericht am Sitz des Schädigers
Verjährung: Ein Jahr ab Kenntnis; zehn Jahre absolut

Was sagt das öffentliche Recht?

Neben den oben beschriebenen Rechtsbehelfen des ZGB enthält auch das öffentliche Recht eine ganze Anzahl Vorschriften, auf die sich die Gemeinschaft oder Sie selbst zum Schutz gegenüber Nachbarn berufen können. Dazu gehören vor allem Bauvorschriften, Vorschriften über den Lärmschutz, über den Schutz vor übermässiger Strahlung oder zur Luftreinhaltung. Auf solche öffentlich-rechtlichen Vorschriften können Sie sich in der Regel bei Neubauprojekten oder beim Betrieb grösserer Anlagen in Ihrer Nachbarschaft berufen.

Wenn allerdings die öffentliche Hand Bauherrin ist und beispielsweise in Ihrer Nachbarschaft eine Erschliessungsstrasse baut, werden Sie sich gegen Lärm und Abgase kaum direkt wehren können – auch wenn diese als übermässig einzustufen sind. In diesem Fall überwiegen die öffentlichen Interessen am Bauwerk und Ihre Abwehrrechte werden enteignet. Sie bzw. die Stockwerkeigentümergemeinschaft haben aber wenigstens einen Anspruch auf Entschädigung.

Beispiel *Die Stadt hat zur öffentlichen Orientierung über den neuen Verkehrsplan im Quartier eingeladen. Als Stockwerkeigentümer D. die Pläne näher ansieht, entdeckt er mit Schrecken, dass die kleine Quartierstrasse, an der «sein» Haus steht, als neue Ausfallachse vorgesehen ist. Er alarmiert die andern Eigentümer und die Gemeinschaft beschliesst, Einsprache gegen den Ausbau der Strasse zu erheben. Sie argumentiert, dass das höhere Verkehrsaufkommen in der bisher ruhigen Wohngegend zu einer unzumutbaren Lärmbelastung führen werde; die Grenzwerte der Lärmschutzverordnung würden deutlich überschritten. Die Gemeinschaft macht verschiedene Vorschläge für eine alternative Führung der Ausfallachse. In den Einspracheverhandlungen zeigt sich, dass zwar tatsächlich mit einer zu hohen Lärmbelastung der Stockwerkeigentumsliegenschaft zu rechnen ist. Doch die vorgeschlagenen Alternativen würden noch grössere Nachteile mit sich bringen. Weil das öffentliche Interesse an einer Lösung des Verkehrsproblems überwiegt, wird die Strasse gemäss Verkehrsplan gebaut. Das Abwehrrecht der Gemeinschaft wird enteignet; im Enteignungsverfahren erhalten die Eigentümer eine Entschädigung zugesprochen.*

10. Stockwerkeigentum renovieren

Gerade wenn es um eine grössere Sanierung geht, birgt das spezielle Nebeneinander von Eigentümer- und Gemeinschaftsinteressen im Stockwerkeigentum Konfliktpotenzial. Wie Sie und Ihre Gemeinschaft eine Renovation ohne Streit durchziehen, zeigen die nächsten Seiten.

Wer entscheidet über die Renovation?

Wie jedes Bauwerk muss auch eine Liegenschaft im Stockwerkeigentum von Zeit zu Zeit erneuert werden. Solche Renovationen sind nicht zu verwechseln mit dem laufenden Unterhalt. Umfassende Erneuerungen muss die Gemeinschaft längerfristig und gründlich planen. Wann was renoviert werden soll, hängt sowohl von der Benützung als auch von der Lebensdauer der verschiedenen Bauteile ab. Die Erfahrung zeigt, dass umfassende Renovationen von bewohnten Gebäuden in Zyklen von 20 bis 25 Jahren notwendig werden.

Wer über die Durchführung einer Renovation entscheidet, hängt davon ab, welche Teile des Gebäudes überholt werden müssen. Geht es um Ihre eigene Einheit, sind Sie allein verantwortlich und müssen die nötigen Massnahmen selbst in die Wege leiten. Für die Renovation von gemeinschaftlichen Teilen ist die Gemeinschaft zuständig.

Tipp *Steht in Ihrer Gemeinschaft eine grössere Renovation an, sollten Sie sich auch selber dafür interessieren und die Sache nicht einfach einem Beauftragten überlassen. Mit einer gut geplanten Renovation spart man nicht nur Zeit und Ärger, sondern es fallen auch wesentlich geringere Kosten an. Renovationen tragen zudem dazu bei, den Wert Ihrer Einheit zu erhalten oder gar zu verbessern.*

Die Renovation der eigenen Wohnung

Ihre Wohnung dürfen Sie in eigener Regie renovieren. Doch müssen Sie beachten, dass solche Arbeiten auch Auswirkungen auf die anderen Eigentümer haben können. Oft zu Diskussionen Anlass gibt zum Beispiel der Ersatz von Teppichbelägen mit einem Parkettboden. Um eine übermässige Lärmbelastung der Nachbarn zu vermeiden, müssen Sie dabei in der Regel eine zusätzliche Trittschallisolation installieren (siehe Beispiel Seite 20).

Oft finden sich auch im Reglement Vorschriften zur Renovation der Stockwerkeinheiten, die Sie einhalten müssen. Wollen Sie bei der Renovation gemeinschaftliche Teile einbeziehen – Aussenwände, Fenster etc. –, brauchen Sie dazu die Zustimmung der Gemeinschaft.

Tipps
- *Dem Frieden im Haus zuliebe sollten Sie die anderen Eigentümer frühzeitig in Ihre Umbaupläne einbeziehen. Nehmen Sie allfällige Einwände ernst und versuchen Sie, eine Lösung zu finden, mit der die anderen einverstanden sind.*
- *Es lohnt sich, bevor Sie mit einer Renovation beginnen, genau abzuklären, ob davon gemeinschaftliche Teile betroffen sind und ob das Reglement einschränkende Bestimmungen enthält. Wenn Sie mitten in den Arbeiten umplanen oder gar zurückbauen müssen, kann das ganz schön ins Geld gehen.*
- *Wird bei der Renovation Ihrer Wohnung gepfuscht und entsteht dadurch der Gemeinschaft oder auch einem einzelnen Eigentümer ein Schaden, können diese von Ihnen Schadenersatz verlangen. Beispielsweise für abgeschlagene Stufen im Treppenhaus, für einen Wasserschaden, aber auch für den Gewinnausfall, den ein Geschäftsbetrieb wegen des Renovationslärms erleidet. Kümmern Sie sich um die nötigen Versicherungen (siehe Seite 220).*

Die Renovation der gemeinschaftlichen Teile

Für die Erneuerung der gemeinsamen Teile ist die Gemeinschaft zuständig. Eine solche Renovation muss also von der Versammlung beschlossen werden. Welches Quorum dafür nötig ist, hängt von den geplanten Arbeiten ab. Es kommt darauf an, ob mit der Renovation bloss werterhaltende und somit notwendige Arbeiten geplant sind, ob es um nützliche oder gar um luxuriöse Massnahmen geht (zur Unterscheidung und zu den Quoren siehe Seite 172). Meist kann eine Gemeinschaft über eine umfassende Renovation nicht mit einem einzigen Beschluss entscheiden, sondern es braucht mehrere Beschlüsse zu den geplanten Einzelmassnahmen.

Die Entscheidfindung bei der Renovation einer Stockwerkeigentumsliegenschaft ist einiges komplexer als bei einem Einfamilienhaus. Mehrere Eigentümer mit unterschiedlichen Interessen, ästhetischen Ansprüchen und finanziellen Mitteln müssen sich einigen. Sie und Ihre Gemeinschaft brauchen deshalb nicht nur genügend Zeit für die Planung, sondern sollten sich auch an einige Regeln halten.

Gemeinsame Renovation sinnvoll organisieren

Die Renovation von Stockwerkeigentum kann ganz unterschiedlich angepackt werden. Die Möglichkeiten reichen von der Renovation in eigener Regie bis zur Beauftragung eines Totalunternehmers, der gegen ein Pauschalhonorar alle nötigen Aufgaben für die Gemeinschaft organisiert.

Wenn sich unter den Eigentümern Ihrer Gemeinschaft nicht Baufachleute befinden, empfiehlt es sich, von einer Renovation in Eigenregie abzusehen. Zu gross sind die finanziellen Aufwendungen, die eine Renovation erfordert, zu komplex die fachlichen Probleme.

Achtung *Bei grösseren Renovationen ist der Beizug von Fachleuten ein Muss. Das gilt gerade auch für Stockwerkeigentumsliegenschaften, weil sich hier bei einer nicht fachgerechten Ausführung und unnötigen Mehrkosten rasch einmal Haftungsfragen stellen. Und diese führen in aller Regel zu Streit in der Gemeinschaft.*

Auftrag an einen General- oder Totalunternehmer

Engagieren Sie für die Renovation einen **Totalunternehmer**, wird dieser sowohl die notwendigen Architektur- und Ingenieurleistungen übernehmen wie auch die Bauarbeiten ausführen. Sie bekommen also alles aus einer Hand.

Die Planungs- und Bauarbeiten erbringt der Totalunternehmer in der Regel gegen ein Pauschalhonorar. Damit wissen Sie von Anfang an, was Sie die Renovation kosten wird. Das Pauschalhonorar fällt aber unter Umständen etwas höher aus, als wenn Sie die Arbeiten selber an einzelne Fachleute vergeben würden. Der Totalunternehmer lässt sich auch sein Risiko abgelten, dass unvorhergesehene Schwierigkeiten Mehraufwand verursachen.

Vergibt die Gemeinschaft den Renovationsauftrag an einen **Generalunternehmer**, muss sie für die Planung zusätzlich eine Architektin und eventuell einen Ingenieur beiziehen. Der Generalunternehmer erledigt sämtliche mit der Renovation anfallenden Bauarbeiten, nicht aber die bautechnische Planung. Auch er verlangt für seine Leistungen in der Regel ein Pauschalhonorar.

Für die Gemeinschaft hat die Zusammenarbeit mit einem Generalunternehmer den Vorteil, dass sie einen Ansprechpartner hat und nicht Arbeiten an einzelne Handwerker zu vergeben braucht. Das spart nicht nur einiges an Zeit, sondern beugt auch Diskussionen und Unstimmigkeiten vor, wenn nicht alle den gleichen Handwerker engagieren wollen.

Tipp *Achten Sie beim Total- und Generalunternehmervertrag darauf, dass alle vom Vertragspartner zu erbringenden Leistungen exakt umschrieben sind und dass die Mängelrechte gegenüber den einzelnen Handwerksfirmen nicht an Sie abgetreten werden (siehe Seite 102).*

Zusammenarbeit mit einem Architekten und einzelnen Handwerkern

Selbstverständlich kann die Gemeinschaft für die Planung ihrer Renovation auch einen Architekten engagieren. Dieser berät, erstellt die nötigen Pläne, holt Offerten bei Handwerkern ein und macht einen Kostenvoranschlag. Über die Vergabe der Arbeiten entscheidet dann die Gemeinschaft und schliesst mit den einzelnen Handwerksbetrieben Werkverträge ab.

Diese Variante bietet Ihnen und Ihrer Gemeinschaft die grösste Flexibilität und wohl auch die persönlichste Betreuung. Sie hat aber den Nachteil, dass Sie bis zum Abschluss der Arbeiten nicht genau wissen werden, was die Renovation kostet. Zwar können Sie mit den Handwerkern Fixpreise oder ein Kostendach vereinbaren. Doch darunter fallen nur die Leistungen für das bei der Offertstellung Bekannte. Alles Unvorhergesehene wird zusätzlich in Rechnung gestellt.

Welche Arbeitsvergabe ist die richtige?

Welche Zusammenarbeitsform für Ihre Gemeinschaft die günstigste ist, kommt auf die konkrete Situation an – und vor allem darauf, wie weit Sie und Ihre Miteigentümer sich selber mit der Renovation befassen wollen:

- Arbeiten Sie mit einem Architekten und einzelnen Handwerkern zusammen, garantiert dies zwar grössere Individualität und Sie haben die Möglichkeit, die Handwerker selber auszuwählen. Doch das bringt auch einiges an Mehrarbeit mit sich. Sie müssen sich einigen, welche Firmen beigezogen werden; Sie müssen jeden einzelnen Vertrag individuell aushandeln; und wenn schludrig gearbeitet werden sollte, müssen Sie auch Ihre Mängelrechte gegenüber jedem Handwerker separat geltend machen (zu den Mängelrechten siehe Seite 111).
- Setzt Ihre Gemeinschaft für die Renovation einen Totalunternehmer ein, müssen Sie und Ihre Miteigentümer sich lediglich über den Umfang der Renovationsarbeiten und die Firma, mit der Sie zusammenarbeiten wollen, einig werden. Ist der Vertrag ausgehandelt, übernimmt der Totalunternehmer anschliessend alle Arbeiten. Zudem haftet er der Gemeinschaft, wenn etwas falsch läuft.
- Führt Ihre Gemeinschaft die Renovation mit einem Generalunternehmer und einer Architektin aus, ist Ihre Situation eine ähnliche. Allerdings müssen Sie darauf achten, dass die Aufgaben der Architektin und des Generalunternehmers sauber definiert und abgegrenzt sind.
- Sowohl der Total- wie auch der Generalunternehmervertrag hat für die Stockwerkeigentümergemeinschaft den Vorteil, dass sie sich, wenn sie Mängel am Bau geltend machen will, nur mit einem Ansprechpartner auseinander setzen muss.

Tipp *Egal, für welche Zusammenarbeitsform sich Ihre Gemeinschaft entscheidet, wichtig ist, dass die Verträge klar und sauber formuliert sind. Da es bei einer Renovation rasch um grössere Investitionen geht, sollten Sie dazu einen auf den Abschluss von Bauverträgen spezialisierten Juristen beiziehen.*

Die nötigen Versicherungen

Beim Renovieren lauern Gefahren. Diese können zu Schäden führen, welche die Stockwerkeigentümergemeinschaft teuer zu stehen kommen. Es lohnt sich deshalb, sich gegen diese Risiken zu versichern.

Bauherrenhaftpflichtversicherung

Die Bauherrenhaftpflichtversicherung deckt Sach- und Personenschäden von Dritten, die eine Folge der Bauarbeiten sind – beispielsweise Risse in den Mauern benachbarter Gebäude, die beim Ausheben der Baugrube entstanden, oder Schäden durch ein umstürzendes Gebäude. Da solche und ähnliche Zwischenfälle bei Bauarbeiten nie auszuschliessen sind und die Gemeinschaft als Bauherrin kausal – das heisst, auch ohne Verschulden – haftet, sollte sie unbedingt eine Bauherrenhaftplichtversicherung abschliessen. Mit wenigen hundert Franken können Schäden in Millionenhöhe versichert werden.

Hinweis *Renovieren Sie lediglich Ihre Wohnung, ist eine Bauherrenhaftpflichtversicherung nicht unbedingt nötig. Bei einigen Versicherern ist diese bis zu einer gewissen Bausumme bereits in der Privathaftpflichtpolice eingeschlossen.*

Bauwesenversicherung

Die Bauwesenversicherung bietet finanziellen Schutz vor den Kostenfolgen einer Beschädigung oder eines Bauunfalls. Als Sachversicherung für Hoch- und Tiefbauten deckt sie im Unterschied zur Bauherrenhaftpflichtversicherung nicht die Schäden von Dritten, sondern diejenigen an der eigenen Liegenschaft und den darauf errichteten Bauten und Anlagen. Sie kommt beispielsweise für die Kosten auf, wenn eine Decke einbricht oder die Fassade durch ein einstürzendes Gerüst beschädigt wird, ebenso für Feuer- und Elementarschäden. Im Weiteren sind auch Schäden durch Vandalismus oder Diebstahl gedeckt. Die Leistungen aus der Bauwesenversicherung werden ausgezahlt, unabhängig davon, wer den Schaden verursacht hat und allenfalls dafür verantwortlich gemacht werden kann. Sie ist also eine Art «Kaskoversicherung». Das ermöglicht es, die notwendigen Reparaturen sofort auszuführen und mit der Renovation schnellstmöglich weiterzufahren.

Bauzeitversicherung

Mit der Bauzeitversicherung werden Schäden gedeckt, die durch Brand, Erdbeben und Elementarereignisse während der Bauzeit entstehen. In einigen Kantonen ist diese Versicherung obligatorisch. Informieren

Sie sich bei der zuständigen Gebäudeversicherungsanstalt (GVA) oder beim Schweizerischen Sachversicherungsverband (SSV, Adresse im Anhang).

Steuern sparen beim Umbau

Aufwendungen für Renovationen können Sie – mindestens teilweise – von Ihrem steuerbaren Einkommen absetzen. Die Details dazu sind in den kantonalen Steuergesetzen festgehalten, grundsätzlich aber gilt:

- Investitionen, die der Werterhaltung der Liegenschaft dienen, können Sie in Abzug bringen.
- Aufwendungen, die zu einer Wertsteigerung führen – beispielsweise die Investitionen für den Anbau von Wintergärten – können nicht abgezogen werden.

Sind die Renovationskosten hoch, lohnt es sich, frühzeitig zu prüfen, ob die Arbeiten so geplant werden können, dass die Rechnungen dafür auf mehrere Steuerperioden verteilt anfallen. So lässt sich die steuerliche Progression optimal brechen.

Tipp *Welche Renovationskosten exakt in Abzug gebracht werden und wie Sie diese auf die einzelnen Steuerperioden verteilen können, erfahren Sie bei Ihrem Steuerberater oder allenfalls auf dem Steueramt.*

Renovation und Grundstückgewinnsteuer

Renovationskosten können auch bei einem späteren Verkauf Ihrer Eigentumswohnung von Bedeutung sein. Denn dann wird die Grundstückgewinnsteuer fällig. Diese berechnet sich auf der Differenz zwischen dem seinerzeitigen Kauf- und dem Verkaufspreis. Zum Kaufpreis addiert werden die wertvermehrenden Investitionen, die Sie während der Eigentumsdauer in Ihre Wohnung gesteckt haben. Bewahren Sie deshalb unbedingt sämtliche Belege für solche Renovationskosten auf, damit Sie bei einem späteren Verkauf die nicht unwesentliche Grundstückgewinnsteuer reduzieren können.

Sechs Schritte zu einer erfolgreichen Renovation

Damit die Renovation Ihrer Stockwerkeigentumsliegenschaft zum Erfolg wird und nicht in einem baulichen oder finanziellen Fiasko endet, gehen Sie am besten in folgenden Etappen vor.

Renovationsbedarf abklären

Beispiel *Die Stockwerkeigentümergemeinschaft «Moosmatt» will die Liegenschaft umfassend renovieren. Aus finanziellen Gründen soll aber nicht alles auf einmal gemacht werden. In einer ersten Versammlung tragen die Eigentümer zusammen, was ansteht. Da gibt's so einiges zu tun: Schrägdach und Fassade renovieren, Einbau einer neuen Sonnerie mit Videokamera, neuer Anstrich und neue Bodenbeläge im Treppenhaus etc. Einige Eigentümer, die sehr viel aufs Äussere geben, setzen sich durch und so wird beschlossen, zunächst nur die Fassade und das Treppenhaus streichen zu lassen. Die Arbeiten werden zur allgemeinen Zufriedenheit ausgeführt.*

Ein Jahr später – mittlerweile tropft's in den Estrich – soll das Dach renoviert und die Sonnerie mit Videokamera eingerichtet werden. Zum Erstaunen einiger Stockwerkeigentümer wird dafür das Haus erneut vollkommen eingerüstet. Zudem wendet sich der Elektriker an den Verwalter: Die bestehenden Elektroleitungen reichen nicht für die neue Sonnerie. Er muss zusätzliche Leerrohre einbringen und dazu die Wände im neu renovierten Treppenhaus teilweise aufspitzen.

Am Anfang jeder Renovation steht die Abklärung des Renovationsbedarfs. Für diese Planungszeit sollte sich Ihre Gemeinschaft genügend Zeit nehmen, denn hier lässt sich am einfachsten viel Geld sparen. Haben die Renovationsarbeiten erst einmal begonnen, verursachen Änderungen weit mehr Kosten, als wenn von Anfang an alles richtig aufgegleist wird.

Für die Planung sollten Sie unbedingt Sachverständige beiziehen. Nur Fachleute erkennen, welche Teile an einem so komplexen System, wie es ein Gebäude heute ist, renovationsbedürftig sind. Zudem können sie Ihnen auch sagen, welche Reihenfolge die sinnvollste ist. Die Kunst besteht darin, die Renovationszyklen so zu wählen, dass die einzelnen Gebäudeteile ihrer Lebenserwartung entsprechend rechtzeitig renoviert werden, ohne dass dabei unnötige Arbeiten an Teilen durchgeführt werden, die aufgrund ihrer Lebenserwartung und ihres Zustands noch gar nicht «fällig» sind. Auch auf diese Weise kann einiges gespart werden.

Achtung *Warten Sie mit einer Renovation nicht so lange zu, bis sich Mängel offensichtlich zeigen. Das kann zu Folgeschäden und zusätzlichen Kosten führen. Unter Umständen sind solche Folgeschäden von der Versicherung nur teilweise oder gar nicht gedeckt. Dringt durch ein seit langem renovationsbedürftiges Dach schliesslich Wasser und beschädigt die im Estrich eingestellten Möbel, wird der Versicherer dafür nicht aufkommen.*

Zusätzliche Wünsche zusammentragen

Ist einmal klar, welche Gebäudeteile wie renoviert werden müssen, sollten Sie sich zusammen mit den anderen Eigentümer auch Gedanken machen, ob Sie gleichzeitig noch andere zwar nicht notwendige, aber wünschbare Arbeiten erledigen lassen wollen. Für diese Abklärung eignet sich ein Ausschuss besonders gut (siehe Seite 180). Er kann die Ideen und Wünsche zusammentragen, stellt sie anschliessend in der Versammlung vor und die Eigentümer entscheiden, für welche Arbeiten zusätzliche Offerten eingeholt werden sollen.

Dieser erste Zwischenentscheid in der Versammlung empfiehlt sich aus verschiedenen Gründen: Erstens werden damit Leerläufe mit unnötigen Offerten vermieden, zweitens ist es für einen geordneten Ablauf der Renovation unbedingt notwendig, dass sich die Eigentümer bereits frühzeitig über die gemeinsamen Wünsche einigen. Auch so lässt sich Geld sparen. Denn das Einholen von Offerten verursacht einiges an Aufwand, für den die beauftragte Architektin Rechnung stellen wird. Und auch wenn Sie diese Aufgabe dem Verwalter übergeben, werden Sie dafür bezahlen müssen. Solche Arbeiten sind im üblichen Pauschalhonorar nicht inbegriffen.

Offerten einholen

Ist klar, welche Arbeiten erledigt werden sollen, müssen detaillierte Offerten eingeholt werden. Da die Preisunterschiede im Baugewerbe zum Teil markant sind, sollten Sie unbedingt mehrere Konkurrenzofferten verlangen. Wichtig ist dabei, dass Sie den verschiedenen Firmen jeweils dieselben Informationen über die auszuführenden Arbeiten geben. Nur so erhalten Sie Offerten, die sich auch wirklich vergleichen lassen.

Für den Entscheid, welcher Firma Sie den Auftrag übergeben wollen, sollte der offerierte Preis zwar ein Kriterium sein, aber nicht das einzige. Der Erfahrung mit ähnlichen Aufträgen, den Referenzen und auch der Bonität der Firma sollten Sie ebenso grosse Beachtung schenken. Es nützt Ihnen nichts, wenn der günstigste Handwerker die Arbeiten mangelhaft ausführt, dann aber nicht für Mängel belangt werden kann, weil er bereits Konkurs gegangen ist.

Auch bei der Materialwahl sollte der Preis nicht das wichtigste Kriterium sein. Renovationen mit qualitativ schlechtem Material zahlen sich nicht aus. Teuer sind nämlich meist nicht die Materialien, sondern die für den Einbau notwendigen Arbeitsstunden.

Hinweis *Die exakte Umschreibung der verlangten Bauleistungen wie auch die Auswertung und Beurteilung der Offerten setzen grosse Erfahrung voraus. Bei einer umfassenden Renovation sollte Ihre Gemeinschaft deshalb für diese Aufgabe eine Fachperson beiziehen. Das dafür ausgegebene Geld ist gut investiert.*

Entscheiden und die Kosten verteilen

Liegen sämtliche Offerten für die notwendigen und die zusätzlich gewünschten Arbeiten vor, können Sie sich zum ersten Mal ein Bild darüber machen, welche Kosten mit der Renovation auf die Gemeinschaft – und anteilsmässig auf Sie – zukommen. Da macht sich nicht selten die grosse Ernüchterung breit: Renovationsvorhaben sind in der Regel sehr kostspielig.

Oft reicht für eine umfassende Renovation das im Erneuerungsfonds geäufnete Kapital nicht aus, sodass die einzelnen Eigentümer Zusatzbeiträge leisten müssen. Viele rechnen jedoch nicht mit solchen zusätzlichen Kosten und verfügen deshalb eventuell nicht über das notwendige Geld. Wie sollen sie ihren Anteil an die Renovation beisteuern? Die Möglichkeiten sind begrenzt: Allenfalls kann man die bestehende Hypothek aufstocken oder ein privates Darlehen aufnehmen. Unter Umständen lassen sich auch Guthaben aus der 2. Säule und der Säule 3a verwenden (mehr dazu auf Seite 40).

Immer wieder aber kommt es vor, dass sich einer oder mehrere Eigentümer wegen der finanziellen Schwierigkeiten querstellen. Auch wenn sie in der Versammlung mit dem nötige Quorum überstimmt werden, ist die Finanzierungsfrage deswegen noch nicht gelöst. Denn Beitragsforderungen gegenüber einem zahlungsunfähigen Stockwerkeigentümer durchzusetzen kann sehr mühsam und zeitaufwändig sein (siehe Seite 199).

Tipp *Die frühzeitige Planung einer Renovation trägt dazu bei, dass auch finanzschwächere Stockwerkeigentümer die Finanzierung ihres Anteils an den Kosten, die über den Erneuerungsfonds hinausgehen, regeln können.*

Steht schliesslich fest, wie viel Kapital die Gemeinschaft für die Renovation aufbringen kann und will, müssen Sie gemeinsam mit den anderen Eigentümern entscheiden, für welche der offerierten Arbeiten das Geld verwendet werden soll. Bei grösseren und komplizierteren Renovationen kann diese Aufgabe an den Ausschuss delegiert werden, der dann der Versammlung einen Vorschlag unterbreitet.

Immer wieder zu Diskussionen Anlass gibt die Frage, wer an welche Renovationsarbeiten wie grosse Beiträge zu leisten hat. Auskunft dazu finden Sie im Reglement und im Gesetz. So müssen Unterhaltsarbeiten an Teilen, die einer Eigentümerin zur ausschliesslichen Benutzung zugewiesen sind, nur von dieser getragen werden. Handelt es sich bei einzelnen Arbeiten um nützliche oder luxuriöse bauliche Massnahmen, muss die Gemeinschaft zudem entscheiden, ob einzelne Eigentümer allenfalls besser von der Kostentragungspflicht befreit werden (siehe Seite 175).

Besteht Uneinigkeit darüber, welche Renovationsarbeiten in Auftrag gegeben werden sollen, muss die Versammlung darüber entscheiden. Auch hier kommt es darauf an, ob es sich bei den Arbeiten um notwendige, nützliche oder luxuriöse Massnahmen handelt. Je nachdem sind unterschiedliche Beschlussfassungsquoren notwendig (siehe Seite 172). Möglicherweise muss deshalb über jede einzelne der geplanten Arbeiten ein separater Beschluss gefasst werden.

Baubewilligung einholen und Aufträge erteilen

Steht fest, welche Renovationsarbeiten ausgeführt werden sollen, muss die Gemeinschaft zusätzlich darüber entscheiden, an wen und zu welchen Konditionen sie die einzelnen Aufgaben vergeben will. Anschliessend müssen die entsprechenden Verträge unterzeichnet werden. Diese Aufgaben entfallen praktisch ganz, wenn die Gemeinschaft das Umbauprojekt einem Total- oder Generalunternehmer anvertraut. Eine andere Möglichkeit ist es, die Kompetenz zum Abschluss der Verträge mit den Bauhandwerkern an eine Architektin, den Verwalter oder den Ausschuss zu delegieren.

Braucht es eine Baubewilligung?

Ob für den geplanten Umbau eine Baubewilligung notwendig ist, erfahren Sie aus dem kantonalen Planungs- und Baugesetz. Für umfassende Renovationen ist dies regelmässig der Fall. Ohne Baubewilligung renovieren können Sie nur, wenn die Arbeiten weder die Interessen der Öffentlichkeit noch der Nachbarn tangieren. Wird jedoch die Fassade neu gestrichen oder das Dach neu gedeckt, ist ein solches Interesse gegeben.

Ist eine Baubewilligung notwendig, müssen Sie bei der Baubehörde Ihrer Gemeinde ein Baugesuch einreichen. Das nötige Formular dafür erhalten Sie bei der Behörde. Mit diesem Formular müssen Sie auch die Pläne und allenfalls noch weitere Unterlagen einreichen. In der Regel werden solche Baugesuche von der Architektin bzw. vom Generalunternehmer im Namen der Gemeinschaft eingereicht.

Aufgrund der Unterlagen prüft die Baubehörde, ob das Renovationsvorhaben den öffentlich-rechtlichen Anforderungen genügt. Ist dies der Fall, wird das Gesuch öffentlich aufgelegt. Interessierte können es auf dem Bauamt einsehen und Einsprache erheben, falls sie mit dem Vorhaben nicht einverstanden sind. Innert welcher Frist eine Einsprache einzureichen ist, können Sie den kantonalen Baugesetzen entnehmen. Gehen Einsprachen ein, versucht die Behörde, diese gütlich zu erledigen. Ist das nicht möglich, entscheidet die Behörde – in der Regel der Gemeinde- oder Stadtrat – über die mit der Einsprache erhobenen Einwände, soweit sie sich auf das öffentliche Recht stützen. Stützen sich Einsprecher mit ihren Einwänden auf das Privatrecht, werden sie auf den Zivilweg verwiesen: Sie müssen ihre Forderungen vor dem zuständigen Zivilgericht einklagen, das dann darüber zu urteilen hat.

Das Urteil des Zivilgerichts wie auch der Entscheid des Gemeinde- oder Stadtrats kann mit den entsprechenden Rechtsmitteln angefochten werden. So ist es möglich, mit den umstrittenen Fragen schlussendlich beim Bundesgericht zu landen.

Ein Baubewilligungsverfahren kann innert einiger Monate erledigt sein. Gehen jedoch Einsprachen ein, dauert es deutlich länger. Zieht ein Nachbar den «Fall» gar bis vor Bundesgericht, müssen Sie mit mehreren Jahren Verzögerung rechnen.

Tipp *Plant Ihre Gemeinschaft eine grössere Renovation, die allenfalls auch einen Ausbau beinhaltet, lohnt es sich, vor Einreichung des Baugesuchs mit den Nachbarn Kontakt aufzunehmen und ihre Meinung einzuholen. Erfahren Nachbarn erst aus dem Amtsblatt von einem grösseren Umbau, fühlen sie sich häufig überrumpelt und suchen viel eher nach einem Punkt, gegen den sie Einsprache erheben können.*

Renovation durchführen

Auch wenn alle Vorbereitungen abgeschlossen sind, bleibt für die Gemeinschaft noch einiges zu tun und zu überwachen:
- **Detailliertes Bauprogramm:** Spätestens zu Beginn der Bauarbeiten muss ein detailliertes, mit allen Beteiligten abgesprochenes Bauprogramm vorliegen. Darin sind die Einsätze der einzelnen Handwerker exakt – meist halbtageweise – geplant und aufeinander abgestimmt. Nur so können Leerläufe und Doppelspurigkeiten vermieden werden. Ein exaktes Bauprogramm spart zudem einiges an Bauzeit und Baukosten. Und gerade der Faktor Zeit ist – nicht nur aus finanziellen

Gründen – von Bedeutung: Bauarbeiten können Ihnen und den Nachbarn in den umliegenden Häusern gewaltig auf die Nerven gehen und das gute Verhältnis strapazieren.
- **Kompetente Bauleitung:** Ein gutes Bauprogramm nützt nur dann etwas, wenn es eingehalten wird. Dafür zu sorgen ist die Aufgabe der Bauleitung. Der Bauleiter koordiniert die Handwerker auf der Baustelle und passt wenn nötig das Bauprogramm an. Achten Sie darauf, dass für Ihr Renovationsvorhaben ein fähiger, durchsetzungsstarker Bauleiter zur Verfügung steht. Der kostet zwar etwas, aber mit seiner Arbeit erspart er Ihnen Unannehmlichkeiten und unnötige Auslagen.
- **Entscheide delegieren:** Jede Renovation bringt Überraschungen mit sich. Bricht eine Decke ein oder werden Leitungen durchbohrt, muss rasch entschieden werden, wie's weitergehen soll. Die Zeit reicht meist nicht aus, dafür eine Eigentümerversammlung einzuberufen. Deshalb sollte die Gemeinschaft die Kompetenz, solche Fälle zu entscheiden, an die Verwalterin – oder an einen Ausschuss – delegieren. So entstehen später keine Diskussionen darüber, ob die Verwalterin in einer solchen Situation tatsächlich entscheiden durfte.
- **Kein Eingreifen auf der Baustelle:** Nichts ist schlimmer, als wenn einzelne Stockwerkeigentümer den Handwerkern individuelle Anweisungen und Aufträge erteilen. Das bringt den Baufahrplan durcheinander und führt zu zusätzlichen Kosten. Sind Sie mit der Arbeitsleistung einzelner Handwerker nicht zufrieden, müssen Sie Ihre Reklamationen an den Bauleiter richten. Möchten Sie zusätzliche Arbeiten ausführen lassen, ist dafür die Versammlung zuständig oder allenfalls der Ausschuss bzw. die Verwalterin.

Den Bau abnehmen und die Rechnung prüfen

Hat der letzte Handwerker sein Werkzeug weggeräumt, ist die Renovation noch nicht abgeschlossen. Jetzt muss die Gemeinschaft die Bauleistungen abnehmen. Dies ist ein sehr wichtiger Zeitpunkt, denn damit fangen die Fristen für allfällige Garantieleistungen zu laufen an. Verzichten Sie auf die Bauabnahme, können Sie bei später festgestellten Mängeln unter Umständen nicht mehr gegen die Handwerker vorgehen (mehr zu den Mängelrechten auf Seite 109).

Stellen Sie bei der Bauabnahme Mängel fest, können Sie diese bei den einzelnen Handwerkern bzw. beim Total- oder Generalunternehmer rügen. Wie Sie dabei vorgehen müssen, hängt davon ab, welche Art Vertrag Sie mit den Baubeteiligten abgeschlossen haben:

- Handelt es sich um einen Werkvertrag nach Obligationenrecht, müssen Sie offensichtliche Mängel sofort rügen. Tauchen später versteckte Mängel auf, können Sie diese innert der Verjährungsfrist von fünf Jahren ebenfalls noch rügen – jeweils sofort, nachdem Sie sie entdeckt haben.
- Wurde die SIA-Norm 118 vereinbart, kann die Gemeinschaft Mängel am Bau innert einer zweijährigen Garantiezeit jederzeit geltend machen. Später auftretende Mängel müssen sofort gerügt werden.

Die Rechnungen der Bauhandwerker werden in den seltensten Fällen exakt so ausfallen, wie sie ursprünglich offeriert wurden. Fast immer kommt es im Lauf von Renovationen zu Zusatzaufträgen, die dann separat abgerechnet werden. Jede Rechnung muss geprüft werden, ob sie wirklich nur Leistungen enthält, die tatsächlich erbracht wurden. Aufgrund der kontrollierten Einzelrechnungen muss die Gemeinschaft anschliessend eine Bauabrechnung erstellen. Diese ist die Basis für die Kostenverteilung auf die einzelnen Eigentümer.

Ist die Bauabrechnung einmal genehmigt, wird der Verwalter Ihren Beitrag daran von Ihnen einfordern. Haben Sie bereits Vorschüsse geleistet, muss er eine Abrechnung darüber erstellen und allenfalls zu viel geleistete Beträge zurückzuerstatten.

Tipp *Achten Sie bei der Kostenverteilung darauf, dass Sie nur mit denjenigen Beträgen belastet werden, die Sie gemäss den gefassten Beschlüssen auch tragen müssen.*

11. Die Eigentumswohnung wieder verkaufen

Der erfolgreiche Verkauf einer Stockwerkeigentumseinheit hängt von vielen Faktoren ab. Nicht zuletzt auch von den Rechten und Pflichten, die Sie sich gemeinsam mit den übrigen Eigentümern im Reglement selber auferlegt oder schon beim Kauf übernommen haben.

Verkaufen oder vermieten?

Wird eine Eigentumswohnung nicht (mehr) gebraucht, stellen sich die Eigentümer oft die Frage, ob sie sie verkaufen oder lediglich vermieten sollen. Zwei Punkte sind dabei zu bedenken:
- Eine Vermietung ist stets mit Umtrieben verbunden. Sie müssen die Wohnung instand halten, müssen sie bei Mieterwechsel abnehmen und wieder übergeben; Sie haben weiterhin alle Pflichten gegenüber der Gemeinschaft und auch Ärger mit den Mietern ist nie ausgeschlossen.
- Was den Mietzins angeht, so sollten Sie damit mindestens auf eine Bruttorendite von 4 bis 6 Prozent des in die Wohnung investierten Kapitals kommen. Unter der Bruttorendite versteht man den Mietertrag abzüglich Unterhaltskosten und Hypothekarzinsen. Nach Abzug der Steuern und der Altersentwertung erreichen Sie so eine Nettorendite von 2 bis 4 Prozent – eine Rendite, die Sie längerfristig auch mit einer konservativen Vermögensanlage erzielen können.

Die Vermietung einer einzelnen Eigentumswohnung macht nur dann Sinn, wenn Sie voraussichtlich später wieder eine eigene Verwendung dafür haben – oder wenn sich die Wohnung auf dem aktuellen Immobilienmarkt nicht zu einem guten Preis verkaufen lässt.

Tipp *Wenn Sie eine Vermietung in Betracht ziehen, sollten Sie auf jeden Fall die Rentabilitätsrechnung machen. Dazu müssen Sie einerseits den Verkehrswert Ihrer Wohnung und anderseits den auf dem Markt erzielbaren Mietzins wissen. Auskunft kann Ihnen ein versierter Immobilientreuhänder in Ihrer Gegend geben. Oft muss zudem noch einiges investiert werden, bevor sich die Wohnung vermieten lässt. Solche Auslagen sollten Sie in Ihre Berechnungen mit einbeziehen.*

Erfolgreich verkaufen

Wenn Sie genügend Zeit haben und einiges an Verkäufertalent mitbringen, können Sie Ihre Wohnung durchaus selber verkaufen – und sich das Maklerhonorar sparen. Allerdings kommen damit viele Aufgaben auf Sie zu, die Sie nicht gewohnt sind: Sie müssen den Inhalt und die Gestaltung der Inserate festlegen, die Verkaufsdokumentation erstellen, Interessenten Ihre Wohnung präsentieren und Verkaufsgespräche führen. Hinzu kommt, dass Sie wahrscheinlich nicht über die Marktkenntnisse und das Wissen um potenzielle Käufer verfügen, das eine gut eingeführte Maklerin hat. Der Verkauf in eigener Regie dürfte deshalb einiges länger dauern.

Der richtige Preis

Beim Kauf war es Ihnen ein Anliegen, für Ihre Eigentumswohnung möglichst wenig zu bezahlen. Jetzt, beim Verkauf soll der Preis natürlich so hoch wie möglich sein. Unter Umständen ist das aber nicht so viel, wie Sie seinerzeit aufgewendet haben. Vor allem, wenn Sie Ihre Wohnung in den späten Achtziger- oder frühen Neunzigerjahren erworben haben, ist die Wahrscheinlichkeit gross, dass Sie eine Werteinbusse in Kauf nehmen müssen. Sehr gute Lagen ausgeschlossen, sind die Preise seither nämlich gefallen.

Es empfiehlt sich deshalb auf jeden Fall, bevor Sie mit den Verkaufsbemühungen beginnen, eine professionelle Liegenschaftsschätzung durchführen zu lassen (siehe Seite 80). Je nach Methode kostet Sie das zwischen 500 und 2000 Franken. Addieren Sie zum geschätzten Wert einen gewissen Betrag, um sich einen Verhandlungsspielraum zu schaffen. Allerdings sollten Sie nicht zu hoch gehen, wenn Sie Ihre Wohnung schnell verkaufen möchten. Auf Objekten mit zu hohen Preisen bleibt man nämlich erfahrungsgemäss sitzen. Die Bank eines potenziellen Käufers nimmt meist selbst eine Schätzung vor und berechnet die Finanzierung auf dieser Basis. Die Differenz gilt als Liebhaberwert und für den muss der Käufer selbst aufkommen – was er nur tun wird, wenn er die charmanten Details an Ihrer Wohnung ebenfalls schätzt und die nötigen finanziellen Mittel besitzt.

Die Verkaufsdokumentation

Damit sich ein Interessent möglichst schnell ein Bild von Ihrer Eigentumswohnung machen kann, braucht er eine informative Verkaufsdokumentation. Denken Sie daran, dass diese Dokumentation nebst dem Inserat oder dem Auftritt im Internet die erste «Visitenkarte» ist, die Sie einem potenziellen Käufer abgeben. Fühlt er sich davon angesprochen und vereinbart er mit Ihnen einen Besichtigungstermin, sind Sie dem Ziel Wohnungsverkauf einen entscheidenden Schritt näher gekommen.

Das gehört in eine Verkaufsdokumentation

Örtliche Situation
- Kurze Beschreibung der Gemeinde
- Lage der Liegenschaft in der Gemeinde
- Distanz zu Schulen, Einkaufsmöglichkeiten, öffentlichem Verkehr

Kurzbeschrieb der Liegenschaft und der Wohnung
- Baujahr
- Bewohnbare Fläche
- Zimmerzahl
- Spezielle Merkmale (Stukkaturdecken, ausschliessliches Benutzungsrecht an einem Teil des Gartens etc.)

Bezugstermin

Richtpreis

Beilagen
- Grundbuchauszug
- Katasterplan
- Grundrisspläne
- Schätzung der Gebäudeversicherung
- Fotos von der Liegenschaft, vom Garten und von den Räumen

Kontakt
- Postadresse
- Telefon
- E-Mail

Kommt es zur Besichtigung, müssen Sie dem Interessenten das Objekt selbstverständlich so schmackhaft wie möglich machen. Achten Sie darauf, dass sich Ihre Wohnung bei der Besichtigung in einem gut aufgeräumten Zustand präsentiert und nicht mit Unnötigem überstellt ist. Das lässt die Räume grösser und attraktiver erscheinen.

Tipps
- Ein gründlicher Frühlingsputz vor dem Besuch der ersten Interessenten ist ein Muss. Besonders wichtig ist der erste Eindruck von Küche und Bad. Achten Sie darauf, dass alle Geräte funktionstüchtig sind, und ersetzen Sie einen kaputten WC-Deckel.
- Allenfalls lohnen sich auch kleinere Investitionen – beispielsweise ein neuer Anstrich in den Zimmern oder der Austausch eines verschlissenen Spannteppichs.
- Bei allem Verkaufstalent: Bleiben Sie mit Ihren Anpreisungen auf jeden Fall bei der Wahrheit. Denn für Eigenschaften der Wohnung, die Sie einem Käufer zusichern, oder für Mängel, die Sie ihm wissentlich verschweigen, haften Sie.

Einen Makler beauftragen

Übergeben Sie den Verkauf Ihrer Wohnung einer Immobilienmaklerin, nimmt diese Ihnen den grössten Teil der Arbeit ab: Das geht von der Schätzung der Wohnung über die Erstellung der Verkaufsdokumentation, die Gestaltung und Platzierung von Inseraten, das Ansprechen von potenziellen Interessenten, die Durchführung von Besichtigungen und das Führen der Verkaufsgespräche bis hin zur Begleitung eines Käufers bei der Finanzierung. Nicht zu den Aufgaben der Maklerin gehört dagegen die Ausarbeitung des Kaufvertrags; das ist Sache des beurkundenden Notars (zum Kaufvertrag siehe Seite 85)

Für ihre Dienste verlangt die Maklerin ein Honorar in der Grössenordnung von 2 bis 3,5 Prozent des Verkaufspreises. Der Schweizerische Verband der Immobilienwirtschaft SVIT hat dazu Richtlinien herausgegeben (siehe nebenstehenden Kasten). Zum Grundhonorar kommen noch die Auslagen für Inserate, für die Erstellung der Verkaufsdokumentation, für Grundbuchauszüge etc. hinzu.

Tipps
- Bei den Honoraransätzen des SVIT handelt es sich um Richtwerte. Versuchen Sie, bessere Konditionen für sich auszuhandeln.
- Inserate in Tageszeitungen können ganz schön teuer sein. Vereinbaren Sie deshalb im Maklervertrag ein Budget, das ohne Ihre Einwilligung nicht überschritten werden darf. Heute bietet auch das Internet einen viel beachteten und in der Regel günstigen Insertionsraum.

- In den meisten Maklerverträgen findet sich eine Klausel, dass der Makler für seinen Aufwand auch eine Entschädigung verlangen könne, wenn er keinen Erfolg hat. Führen Sie auf, was er in diesem Fall zu welchen Ansätzen verrechnen darf oder vereinbaren Sie einen prozentualen Anteil am abgemachten Erfolgshonorar.
- Regeln Sie, ob Sie dem Makler das vereinbarte Erfolgshonorar auch dann ganz oder teilweise zahlen müssen, wenn Sie den Käufer selber finden.
- Leider gibt es unter den Maklern auch einige schwarze Schafe. Lassen Sie sich vor Abschluss des Maklervertrags deshalb unbedingt Referenzen geben und überprüfen Sie diese.

Richtlinien für Maklerhonorare

Verkaufspreis	Honorarrichtwert
bis 0,5 Mio. Franken	3,5 %
0,5 bis 1,5 Mio. Franken	3,0 %
1,5 bis 2,5 Mio. Franken	2,5 %
2,5 bis 4,0 Mio. Franken	2,0 %

Stockwerkeigentumsrecht und Verkauf

Nicht immer sind Sie bei der Wahl des Käufers für Ihre Wohnung absolut frei. Das Stockwerkeigentumsrecht sieht die Möglichkeit eines Vorkaufsrechts oder gar eines Einspracherechts der anderen Stockwerkeigentümer vor, sodass die Gemeinschaft den Abschluss des Kaufvertrags unter Umständen verhindern kann. Das Vorkaufsrecht und das Einspracherecht der Gemeinschaft kann mit dem Begründungsakt oder später mit einer schriftlichen Vereinbarung geschaffen werden. Ist dies der Fall, sind die Rechte meist im Reglement niedergeschrieben. Sie können zudem im Grundbuch vorgemerkt werden, womit sie auch jedem späteren Erwerber entgegengehalten werden können.

Das Vorkaufsrecht

Beispiel Sven O., Stockwerkeigentümer in der Gemeinschaft «Hochstrasse 10», will zurück in seine Heimat Schweden ziehen. Er beauftragt deshalb die Immobilientreuhänderin H. mit dem Verkauf seiner Wohnung und schickt ihr alle wesentlichen Unterlagen. Ein paar Tage später ruft ihn Frau H. an und teilt ihm mit, dass er im Verkauf seiner Wohnung nicht völlig frei sei. Gemäss dem Reglement der Gemeinschaft hätten die anderen Stockwerkeigentümer ein Vorkaufsrecht. Dadurch könne sich der Verkauf der Wohnung etwas in die Länge ziehen.

Beim gewöhnlichen Miteigentum hat jeder Miteigentümer von Gesetzes wegen ein Vorkaufsrecht. Anders beim Stockwerkeigentum: Hier besteht ein Vorkaufsrecht nur, wenn es – im Reglement oder Begründungsakt – explizit vereinbart wurde. Sinn dieser Kann-Bestimmung ist es, die Möglichkeiten zum Verkauf von Eigentumswohnungen nicht unnötig zu beschränken. Anderseits können gerade kleinere Gemeinschaften durchaus ein Interesse daran haben, unliebsame neue Stockwerkeigentümer abzuweisen – das auf freiwilliger Basis vereinbarte Vorkaufsrecht gibt ihnen die Möglichkeit dazu.

Auf die Höhe das Verkaufspreises hat ein Vorkaufsrecht keinen Einfluss. Will ein Stockwerkeigentümer vom Vorkaufsrecht Gebrauch machen, muss er Ihre Wohnung nämlich genau zu dem Preis und zu den Konditionen erwerben, wie Sie sie mit dem von Ihnen gefundenen Käufer vereinbart haben. Anders wäre das nur in den seltenen Fällen, in denen ausdrücklich ein limitiertes Vorkaufsrecht vereinbart worden ist.

Das Vorkaufsrecht gilt nicht in jedem Fall

Das Vorkaufsrecht kann nur ausgeübt werden, wenn ein Vorkaufsfall eintritt. Das ist dann der Fall, wenn Sie den Nutzen an Ihrer Wohnung einem Dritten gegen ein Entgelt einräumen, wie es auch von einer beliebigen anderen Person verlangt werden könnte. Das muss nicht unbedingt ein Verkauf sein; auch wenn Sie jemandem gegen Entgelt das alleinige Wohnrecht einräumen, ist dies ein Vorkaufsfall. Wenn Sie Ihre Eigentumswohnung hingegen Ihren Kindern verschenken, haben die anderen Stockwerkeigentümer kein Vorkaufsrecht.

So lange Sie bloss Vertragsverhandlungen führen, können die anderen Stockwerkeigentümer ihr Vorkaufsrecht noch nicht ausüben. Erst wenn der Kaufvertrag mit der Drittperson gültig zustande gekommen ist, ist der Vorkaufsfall eingetreten.

So verkaufen Sie Ihre Wohnung mit Vorkaufsrecht

Beispiel *Treuhänderin H. findet schon bald eine Interessentin für Herrn O.s Wohnung. Dieser wundert sich, dass Frau H. nicht zuerst alle Stockwerkeigentümer angeschrieben hat. Doch sie erklärt ihm, dass das Vorkaufsrecht erst dann ausgeübt werden muss, wenn die Wohnung tatsächlich verkauft ist. Die Interessentin sei darüber orientiert. Sven O. und die Interessentin werden schnell handelseinig und unterzeichnen bereits eine Woche später beim Notar den Kaufvertrag.*

Auch wenn die anderen Stockwerkeigentümer ein Vorkaufsrecht haben, können Sie beim Verkauf Ihrer Wohnung zunächst ganz normal vorgehen. Erst wenn Sie den Kaufvertrag oder ein anderes Rechtsgeschäft, das einen Vorkaufsfall darstellt, abgeschlossen haben, müssen Sie dies den anderen Eigentümern mitteilen.

Beispiel *Im Anschluss an den Beurkundungstermin unterrichtet Treuhänderin H. die anderen Stockwerkeigentümer schriftlich über den Verkauf. Dem Schreiben legt sie ein Formular bei, mit dem die Eigentümer den Verzicht auf die Ausübung des Vorkaufsrechts erklären können. Eine Woche später haben – bis auf Frau M. – alle die Verzichtserklärung eingeschickt.*

Im Anschluss an die Mitteilung des Verkaufs haben die vorkaufsberechtigten Stockwerkeigentümer drei Monate Zeit, um sich zu entscheiden, ob sie gemeinsam oder einzeln in den Vertrag mit der Drittperson einsteigen und die Wohnung zu den vereinbarten Konditionen übernehmen wollen. Diese Zeit kann abgekürzt werden, wenn alle Eigentümer schriftlich bestätigen, dass sie auf die Ausübung des Vorkaufsrecht verzichten. Sobald sämtliche Verzichtserklärungen beim Grundbuchamt eingetroffen sind, wird der Verkauf definitiv.

Im Reglement der Gemeinschaft können von dieser gesetzlichen Regelung abweichende Bestimmungen vereinbart werden. In grösseren Gemeinschaften empfiehlt es sich beispielsweise zu vereinbaren, dass ein Vorkaufsfall nur dem Verwalter mitgeteilt werden muss, der dann die anderen Eigentümer informiert und allenfalls eine Versammlung einberuft. Zudem ist zu überlegen, ob auch Bestimmungen nötig sind für den Fall, dass mehrere Stockwerkeigentümer von ihrem Vorkaufsrecht Gebrauch machen wollen.

Übt ein Stockwerkeigentümer sein Vorkaufsrecht tatsächlich aus, tritt er automatisch anstelle der Drittperson in den Kaufvertrag ein, den Sie mit dieser abgeschlossen haben. Er hat nicht nur den abgemachten Kaufpreis zu bezahlen, sondern muss auch alle übrigen vereinbarten Bedingungen akzeptieren.

Beispiel *Als die Antwort von Claudia M. nach zwei Wochen immer noch fehlt, ruft Treuhänderin H. sie an. Frau M. meint, sie wolle sich die Zustimmung ganz genau überlegen. Schliesslich habe Herr O. sie zwei Jahre lang mit seiner Klimaanlage geplagt. Frau P. erklärt ihr, dass sie mit diesem Verhalten nicht Herrn O. bestrafe; der habe seine Wohnung so oder so verkauft. Die Leidtragende sei die Käuferin, die so lange nicht wisse, ob sie in die Wohnung einziehen könne, bis alle Zustimmungen eingetroffen seien und der Verkauf definitiv werde. Am nächsten Tag liegt auch die Verzichtserklärung von Frau M. im Briefkasten.*

Das Einspracherecht

Auch das Einspracherecht dient dazu, dass sich eine Stockwerkeigentümergemeinschaft gegen unliebsame Dritte schützen kann. Ein solches Recht hat die Gemeinschaft nur, wenn dies ausdrücklich im Reglement oder Begründungsakt vereinbart wurde – und das ist selten der Fall.

Ist in Ihrer Gemeinschaft ein Einspracherecht vereinbart, hat das für Sie bei einem Verkauf viel einschneidendere Konsequenzen als ein Vorkaufsrecht: Die Gemeinschaft muss Ihnen, wenn sie den Kaufvertrag mit einer Drittperson erfolgreich verhindert hat, Ihre Wohnung nämlich nicht einmal abkaufen. Zudem kann die Einsprache nicht nur gegen einen Verkauf, sondern auch gegen eine Vermietung Ihrer Einheit erhoben werden.

Geschützt werden Sie dadurch, dass die Einsprache nicht von einem einzelnen Eigentümer, sondern nur von der Gemeinschaft als ganzer und nur aus wichtigem Grund erhoben werden kann. Ein wichtiger Grund könnte beispielsweise sein, dass der vorgesehene Käufer einen Ruf als besonders unangenehmer Störenfried mitbringt oder die Einheit zu einem Zweck verwenden will, der den anderen Stockwerkeigentümern nicht genehm ist. Keinen wichtigen Grund stellen Hautfarbe und Nationalität dar.

Wie läuft das Prozedere ab?

Haben Sie einen Kaufvertrag abgeschlossen, müssen Sie dies der Stockwerkeigentümergemeinschaft mitteilen. Will diese ihr Einspracherecht ausüben, muss sie innert 14 Tagen eine Versammlung durchführen; für den Einsprachebeschluss reicht das absolute Mehr der anwesenden Stockwerkeigentümer. Gegen eine so gefasste Einsprache können Sie beim Zivilgericht Klage erheben. Diese Klage richtet sich gegen die Gemeinschaft. Während des Verfahrens bleibt der Verkauf in der Schwebe.

Anhang

Glossar

Absolutes Mehr: Alle Beschlüsse, für die nicht im Gesetz oder im Reglement ein anderes Quorum vorgesehen ist, fällt die Stockwerkeigentümerversammlung mit dem absoluten Mehr der anwesenden und vertretenen Stimmen. Eigentümer, die sich der Stimme enthalten, sprechen sich also gegen einen Antrag aus (→ qualifiziertes Mehr). Ausnahme: Bei Entscheiden über → bauliche Massnahmen – so die Auffassung verschiedener Kommentatoren – muss das absolute Mehr ausgehend von allen Stockwerkeigentümern berechnet werden.

Alleineigentum: Der Alleineigentümer hat die vollumfängliche Herrschaft über eine Sache. Er kann in den Schranken des Gesetzes allein über sie verfügen und dieses Recht gegenüber jedermann geltend machen. Das Alleineigentum ist zu unterscheiden vom → Miteigentum und vom → Gesamteigentum.

Anfechtung: Mit der Anfechtung wird die Gültigkeit eines Beschlusses oder einer anderen Rechtshandlung beim Gericht bestritten.

Ausschliessliches Benutzungsrecht: Das ausschliessliche Benutzungsrecht – auch Sonderbenutzungs- oder Sondernutzungsrecht genannt – ist ein besonderes Nutzungsrecht an einem bestimmten, nicht zu → Sonderrecht ausgestalteten Teil der Stockwerkeigentumsliegenschaft. Der berechtigte Eigentümer hat das Recht, diesen gemeinschaftlichen Teil zum vereinbarten Zweck ausschliesslich zu nutzen.

Bauhandwerkerpfandrecht: Ein Handwerker, der zu Bauten oder anderen Werken auf einem Grundstück Material und/oder Arbeit geleistet hat, kann für seine offenen Forderungen im Grundbuch ein Pfandrecht zulasten dieses Grundstücks eintragen lassen. Bezahlt der Eigentümer des Grundstücks die berechtigte Forderung des Handwerkers nicht, kann dieser das Grundstück verwerten lassen und mit dem Erlös seine offene Forderung decken.

Bauliche Massnahmen (Art. 647c bis 647e ZGB) sind → Verwaltungshandlungen, die den Zustand einer Sache baulich verändern. Unterschieden wird zwischen notwendigen, nützlichen und luxuriösen baulichen Massnahmen. Notwendig ist eine Massnahme, wenn sie für die Erhaltung des Wertes und der Gebrauchsfähigkeit der Liegenschaft nötig ist. Nützliche bauliche Massnahmen bezwecken eine Wertsteigerung oder eine Verbesserung der Wirtschaftlichkeit bzw. der Gebrauchsfähigkeit der Liegenschaft. Luxuriös ist eine bauliche Massnahme insbesondere dann, wenn die Kosten die damit verbundene Wertsteigerung der Liegenschaft wesentlich übersteigen. Je nach Art der baulichen Massnahme ist für einen Beschluss das → absolute Mehr, das → qualifizierte Mehr oder Einstimmigkeit aller Stockwerkeigentümer nötig.

Baurecht: Das Baurecht ist eine → Dienstbarkeit, die dem Berechtigten den Anspruch verschafft, auf einem fremden Grundstück ein ober- oder unterirdisches Bauwerk zu errichten, das ihm gehört. Die Baurechtsdienstbarkeit kann selbständig und dauernd begründet werden. Selbständig ist das Baurecht, wenn es übertragbar und vererblich ausgestaltet ist. Von einem dauernden Baurecht spricht man, wenn es für mindestens 30 Jahre begründet wurde. Ein selbständiges und dauerndes Baurecht wird als Grundstück im Grundbuch aufgenommen.

Begründungsakt: Der Begründungsakt ist die Erklärung eines Grundeigentümers, Stockwerkeigentum begründen zu wollen. Im Begründungsakt werden die → gemeinschaftlichen Teile von den einzelnen → Sonderrechten abgegrenzt. Mit dem Begründungsakt können auch → ausschliessliche Benutzungsrechte begründet werden. Der Begründungsakt ist öffentlich zu beurkunden oder in einem Testament zu erlassen und dem Grundbuchamt einzureichen.

Besitzer: Besitzer einer Sache ist derjenige, der die tatsächliche Herrschaft darüber hat.

Besitzesschutzklage (Art. 928 ZGB): Mit der Besitzesschutzklage kann der → Besitzer einer Sache verlangen, von einem anderen in seinem Besitz nicht gestört zu werden. Die Besitzesschutzklage kann darauf gerichtet sein, eine bestehende Störung zu beseitigen oder zukünftig eine Störung zu unterlassen. Ebenso kann Schadenersatz verlangt werden.

Dienstbarkeit: Eine Dienstbarkeit gibt der berechtigten Person die Befugnis, ein fremdes Grundstück in bestimmter Hinsicht zu gebrauchen, und verpflichtet den Grundeigentümer, diesen Gebrauch zu dulden. Ebenso kann der Grundeigentümer mit einer Dienstbarkeit verpflichtet werden, bestimmte Rechte, die sich aus seinem Eigentum ergeben, zu unterlassen. Eine Dienstbarkeit kann zugunsten einer Person (Personaldienstbarkeit) oder auch eines anderen Grundstücks (Grunddienstbarkeit) begründet werden.

Eigentumsfreiheitsklage (Art. 641 ZGB): Wird der Eigentümer einer Sache in der Ausübung seines Eigentums gestört, kann er sich mit der Eigentumsfreiheitsklage dagegen zur Wehr setzen. Er kann verlangen, dass ein bestehender Eingriff in sein Eigentum beseitigt oder ein zukünftiger Eingriff unterlassen wird. Schadenersatz lässt sich mit der Eigentumsfreiheitsklage aber nicht fordern.

Einspracherecht: Mit dem Einspracherecht kann die → Stockwerkeigentümergemeinschaft den Verkauf, die Vermietung oder anderweitige Überlassung einer Stockwerkeigentumseinheit an eine aussen stehende Drittperson verhindern. Das Einspracherecht steht der Gemeinschaft nur zu, wenn es ausdrücklich vereinbart und im Grundbuch eingetragen worden ist (Art. 712c ZGB).

Erneuerungsfonds: Im Erneuerungsfonds wird eine finanzielle Reserve für grössere Erneuerungs- und Unterhaltsarbeiten angelegt. Ist nichts anderes vereinbart, hat jeder Stockwerkeigentümer den von der → Stockwerkeigentümerversammlung beschlossenen, seiner → Wertquote entsprechenden Betrag in den Erneuerungsfonds einzuzahlen. Der Erneuerungsfonds gehört zum Vermögen der Gemeinschaft.

Gemeinschaftliche Kosten: Die Stockwerkeigentümer haben nach Massgabe ihrer → Wertquote für die gemeinschaftlichen Kosten aufzukommen. Dazu gehören insbesondere die Auslagen für den laufenden

Unterhalt, für Reparaturen und Erneuerungen der gemeinschaftlichen Teile des Grundstücks und Gebäudes, die Kosten der Verwaltungstätigkeit, die Entschädigung des Verwalters und die Baurechtszinsen (Art. 712h ZGB).

Gemeinschaftliche Teile: Gemeinschaftlich sind diejenigen Teile der Stockwerkeigentumsliegenschaft, die nicht zum Sonderrecht eines Stockwerkeigentümers gehören. Zwingend gemeinschaftlich sind der Boden der Liegenschaft sowie die Bauteile, die für den Bestand, die konstruktive Gliederung und Festigkeit des Gebäudes von Bedeutung sind oder dessen Aussehen bestimmen. Ebenso sind alle Anlagen und Einrichtungen, die allen Stockwerkeigentümern dienen, zwingend gemeinschaftlich. Im → Begründungsakt oder durch spätere Vereinbarungen der Stockwerkeigentümer können weitere Teile der Liegenschaft als gemeinschaftlich bestimmt werden. Solche Vereinbarungen müssen öffentlich beurkundet werden.

Gemeinschaftspfandrecht: Die Stockwerkeigentümergemeinschaft hat gegen den einzelnen Stockwerkeigentümer für ausstehende Beiträge der letzten drei Jahre Anspruch auf Errichtung eines Pfandrechts an dessen Einheit (Art. 712i ZGB). Dieses Pfandrecht verschafft der Gemeinschaft in letzter Konsequenz die Möglichkeit, die Einheit des säumigen Stockwerkeigentümers verwerten zu lassen und aus dem Erlös die ausstehenden Beiträge zu decken.

Gesamteigentum ist Eigentum, das mehreren Personen gemeinsam zusteht. Über ihr Gesamteigentum können die Gesamteigentümer – anders als beim → Miteigentum – nur einstimmig gemeinsam verfügen.

Gewährleistung: Die Gewährleistung ist die gesetzliche Verpflichtung des Verkäufers bzw. Unternehmers, für Fehler oder Mängel des Kaufobjekts oder Werks einzustehen.

Grundstückkaufvertrag: Der Kauf und Verkauf von Grundstücken – also auch von Stockwerkeigentumseinheiten – ist im Obligationenrecht speziell geregelt (Art. 216 bis 221 OR). Ein Grundstückkaufvertrag muss öffentlich beurkundet werden. Ohne diese Beurkundung ist der Grundstückkauf nichtig.

Kopfstimmrecht: Jeder Stockwerkeigentümer hat unabhängig von seiner → Wertquote eine Stimme in der → Stockwerkeigentümerversammlung. Gehört eine Einheit mehreren Personen gemeinsam, haben sie zusammen nur eine Stimme. Ist eine Person im Besitz mehrerer Einheiten, hat sie – vorbehältlich einer anderen Bestimmung im Reglement – ebenfalls nur eine Stimme.

Mängelrechte sind die Ansprüche des Käufers oder des Werkbestellers gegenüber dem Verkäufer bzw. Unternehmer bei Mangelhaftigkeit des Kaufobjekts bzw. des erstellten Werks. Gesetzlich vorgesehene Mängelrechte sind die Nachbesserung, die Minderung und die Wandlung.

Miteigentum: Gehört eine Sache mehreren Personen nach Bruchteilen, steht sie in deren Miteigentum. Jede Person kann – anders als beim → Gesamteigentum – ihren Bruchteil vertreten, gebrauchen und nutzen wie ein Alleineigentümer. Belasten und veräussern darf sie ihren Miteigentumsanteil vorbehältlich einer anderen Vereinbarung aber nur mit der Zustimmung der anderen Miteigentümer (Art. 648 ZGB).

Nachbarrechtliche Klage (Art. 679 ZGB): Mit dieser Klage kann sich der Eigentümer oder Besitzer eines Grundstücks (Grundeigentümer, Stockwerkeigentümer, beschränkt dinglich Berechtigter, Mieter, Pächter etc.) zur Wehr setzen, der dadurch geschädigt wird, dass ein anderer Grundeigentümer sein Eigentumsrecht überschreitet. Die Klage kann auch schon erhoben werden, wenn der Schaden erst droht. Häufig wird die nachbarrechtliche Klage in Zusammenhang mit Immissionen erhoben, die vom Nachbargrundstück ausgehen. Der Betroffene kann verlangen, dass die Schädigung beseitigt oder, falls sie noch nicht eingetreten ist, zukünftig unterlassen wird. Zudem kann mit der nachbarrechtlichen Klage auch Schadenersatz verlangt werden.

Qualifiziertes Mehr: Das qualifizierte Mehr der Stockwerkeigentümerversammlung ist bei Entscheiden von besonderer Bedeutung notwendig, beispielsweise bei der Beschlussfassung über nützliche → bauliche Massnahmen. Ein qualifizierter Mehrheitsbeschluss erfordert die Zustimmung der Mehrheit der anwesenden und vertretenen Stockwerkeigentümer, die zugleich über das Wertquotenmehr verfügen. Bei baulichen Massnahmen berechnet sich die Mehrheit – so die Auffassung verschiedener Kommentatoren – ausgehend von allen Stockwerkeigentümern (→ absolutes Mehr).

Reglement: Die Stockwerkeigentümergemeinschaft kann ein Reglement erlassen, das die gemeinschaftliche Verwaltung und Benutzung der gesamten Liegenschaft regelt. Das Gesetz sieht das Reglement nicht zwingend vor, aber jeder Stockwerkeigentümer hat das Recht, die Aufstellung eines solchen zu verlangen (Art. 712g Abs. 3 ZGB).

Reservationsvertrag: → Vorvertrag

Retentionsrecht (Art. 712k ZGB): Die Stockwerkeigentümergemeinschaft hat das Recht, Gegenstände in der Wohnung eines Stockwerkeigentümers pfänden zu lassen, wenn dieser seinen Beitragspflichten nicht nachkommt. Anschliessend kann sie verlangen, dass die gepfändeten Gegenstände verwertet werden, und aus dem Verwertungserlös die ausstehenden Beiträge decken. Im Unterschied zum Mietrecht kann das Retentionsrecht der Stockwerkeigentümergemeinschaft auch bei Wohnräumlichkeiten geltend gemacht werden.

Sonderbenutzungsrecht: → Ausschliessliches Benutzungsrecht

Sonderrecht: Das Sonderrecht ist das Recht eines Stockwerkeigentümers, seine Einheit allein zu benutzen, zu verwalten und innen auszubauen (Art. 712b ZGB). Das immer so weit, als dadurch nicht dieselben Rechte der anderen Stockwerkeigentümer beeinträchtigt werden. Das Sonderrecht verschafft dem Stockwerkeigentümer – obwohl nur → Miteigentümer – bezüglich seiner Einheit eine dem → Alleineigentümer ähnliche Stellung. Sonderrecht kann nur an Gebäudeteilen begründet werden, die in sich abgeschlossen sind und über einen eigenen Zugang verfügen.

Stockwerkeigentum ist eine besondere Form von → Miteigentum an einem Grundstück. Es gibt dem Miteigentümer das → Sonderrecht, bestimmte Teile des Gebäudes ausschliesslich zu benutzen und innen auszubauen (Art. 712a ZGB).

Stockwerkeigentümergemeinschaft: Alle Stockwerkeigentümer bilden zusammen die Stockwerkeigentümergemeinschaft. Die

Funktion dieser Gemeinschaft erschöpft sich in der Verfügung, Nutzung, Verwaltung und Erhaltung des wirtschaftlichen Wertes des gemeinsamen Grundstücks. Die Stockwerkeigentümergemeinschaft muss nicht speziell gegründet werden, sondern entsteht mit der Begründung des Stockwerkeigentums. Sie kann selbständig klagen und beklagt werden sowie betreiben und betrieben werden.

Stockwerkeigentümerversammlung: Die Versammlung der Stockwerkeigentümer ist das oberste und gesetzlich einzig zwingende Organ → der Stockwerkeigentümergemeinschaft. Die Eigentümerversammlung entscheidet über alle gemeinschaftlichen Angelegenheiten, die nicht an einen → Verwalter delegiert sind. Sie ist beschlussfähig, wenn die Hälfte aller Stockwerkeigentümer, die zugleich über die Hälfte der → Wertquoten verfügt, anwesend oder vertreten ist (Art. 712p ZGB). Ist weder im Gesetz noch im → Reglement ein → qualifiziertes Mehr verlangt, fasst die Stockwerkeigentümerversammlung ihre Beschlüsse mit dem → absoluten Mehr der anwesenden und vertretenen → Kopfstimmen. Einzig für Entscheide über → bauliche Massnahmen – so die Ansicht verschiedener Kommentatoren – ist das absolute Mehr aller Stockwerkeigentümer erforderlich.

Stockwerkeigentumsrecht: Die auf das Stockwerkeigentum anwendbaren gesetzlichen Bestimmungen finden sich in den Artikeln 712a bis 712t ZGB sowie in den Bestimmungen über die Verwaltungshandlungen und baulichen Massnahmen des Miteigentumsrechts (Art. 647 bis 648 ZGB mit Verweis in Art. 712g ZGB) und im Vereinsrecht (Art. 60ff. ZGB mit Verweis in Art. 712m ZGB). Weitere Bestimmungen zum Stockwerkeigentum können im → Reglement und in der Hausordnung der Gemeinschaft festgehalten sein.

Übergang von Nutzen und Gefahr: Ab dem Zeitpunkt des Übergangs von Nutzen und Gefahr trägt der Käufer das Risiko für den zufälligen Untergang und die zufällige Verschlechterung der Kaufsache. Ab diesem Zeitpunkt steht ihm aber auch der Nutzen aus dem Kaufobjekt zu, beispielsweise der Mieterträg. Ohne besondere Vereinbarung gehen Nutzen und Gefahr bei Vertragsabschluss auf den Käufer über. Ist für die Übergabe der Liegenschaft hingegen ein bestimmter Termin vereinbart, wird vermutet, dass Nutzen und Gefahr erst zu diesem Zeitpunkt auf den Käufer übergehen.

Urabstimmung: Mit einer Urabstimmung können Beschlüsse auf dem schriftlichen Weg gefasst werden. Im Unterschied zum → Zirkularbeschluss ist für die Annahme eines Beschlusses keine Einstimmigkeit nötig. Die Beschlussfassung mittels Urabstimmung ist nur aufgrund einer (einstimmig beschlossenen) reglementarischen Bestimmung möglich.

Verjährung: Ist die Verjährungsfrist für einen Anspruch abgelaufen, kann der Schuldner die Verjährungseinrede erheben. Das bedeutet, dass der Anspruch – auch wenn er zweifelsfrei besteht – auf dem Prozessweg nicht mehr durchgesetzt werden kann.

Verwalter: Der Verwalter wird von der → Stockwerkeigentümerversammlung gewählt oder vom Gericht bestellt. Sein Wirkungskreis erstreckt sich – im Rahmen der ihm von der Versammlung übertragenen Kompetenzen – auf sämtliche Bereiche der gemeinschaftlichen Verwaltung und Vertretung der Stockwerkeigentümergemeinschaft. Seine Hauptfunktion besteht im Vollzug der gesetzlichen und reglementarischen Bestimmungen sowie der Beschlüsse der Stockwerkeigentümergemeinschaft.

Verwaltungsfonds: Die Schaffung eines Verwaltungsfonds erleichtert die laufende Verwaltung. Aus diesem Fonds werden die Kosten für den laufenden Unterhalt, für die Verwaltungstätigkeit sowie Steuern und Abgaben bezahlt. Die Stockwerkeigentümer speisen den Verwaltungsfonds – wenn nichts anderes vereinbart ist – mit Beiträgen im Verhältnis zu ihrer → Wertquote.

Verwaltungshandlung (Art. 647 bis 647b ZGB): Unter diesen Begriff fällt jede Art von Geschäft, die im gemeinsamen Interesse der Stockwerkeigentümergemeinschaft liegt. Eine Spezialform der Verwaltungshandlungen sind die → baulichen Massnahmen. Verwaltungshandlungen werden unterteilt in notwendige, dringliche, gewöhnliche und wichtigere. Notwendige Verwaltungshandlungen dienen der Erhaltung des Wertes und der Gebrauchsfähigkeit der Liegenschaft; dazu gehört jede Handlung, die das Stockwerkeigentum vor irgendwelcher Verschlechterung schützt. Dringliche Verwaltungshandlungen müssen getroffen werden, um die Liegenschaft vor Schaden zu bewahren; sie können die Existenz und allenfalls die Funktionsfähigkeit der Sache schützen und sind deshalb immer auch notwendig. Gewöhnliche Verwaltungshandlungen sind Geschäfte alltäglicher Art, die als selbstverständlich angesehen werden, nur geringe Kosten verursachen und mittel- oder langfristig keine grossen Auswirkungen haben. Grössere Geschäfte, die von mehr als alltäglicher Bedeutung sind und keine Selbstverständlichkeit mehr darstellen, gelten als wichtigere Verwaltungshandlungen. Je nachdem zu welcher Kategorie ein konkretes Geschäft gehört, sind für einen Beschluss unterschiedliche Quoren nötig.

Vorkaufsrecht: Ist im → Reglement oder → Begründungsakt ein Vorkaufsrecht vereinbart und will ein Stockwerkeigentümer seine Einheit an eine Drittperson verkaufen, hat jeder andere Stockwerkeigentümer das Recht, in diesen Kaufvertrag einzutreten, und zwar zu den zwischen den beiden Vertragsparteien vereinbarten Bedingungen.

Vorvertrag: Mit einem Vorvertrag verpflichten sich die Parteien zum Abschluss eines Hauptvertrags. Ein Vorvertrag über den Kauf eines Grundstücks bzw. einer Stockwerkeigentumswohnung bedarf der öffentlichen Beurkundung.

Wertquote: Die Wertquote stellt eine abstrakte Verhältniszahl dar, die den Umfang der anteilsmässigen Berechtigung des einzelnen Stockwerkeigentümers am gemeinschaftlichen Grundstück wiedergibt. Die Wertquoten für jede Einheit werden im → Begründungsakt festgelegt. Änderungen der Wertquote bedürfen der Zustimmung aller unmittelbar Beteiligten und der Genehmigung durch die → Stockwerkeigentümerversammlung.

Zirkularbeschluss: Statt in der Versammlung kann eine Stockwerkeigentümergemeinschaft einen Beschluss auf dem schriftlichen Weg fassen. Ein Zirkularbeschluss kommt – anders als eine → Urabstimmung – nur zustande, wenn alle Stockwerkeigentümer schriftlich zustimmen.

Adressen und Links

Bundesämter

Bundesamt für Energie
Worblentalstrasse 32
3003 Bern
Tel. 031 322 56 11
www.energie-schweiz.ch

Bundesamt für Umwelt, Wald
und Landschaft BUWAL
3003 Bern
Tel. 031 32 293 11
www.umwelt-schweiz.ch

Bundesamt für Wohnungswesen
Storchengasse 6
2540 Grenchen
Tel. 032 654 91 11
www.bwo.admin.ch

Beratung

Beobachter-Beratungszentrum
Das Wissen und der Rat der Beobachter-Fachleute stehen in acht Rechtsgebieten im Internet und am Telefon zur Verfügung.
HelpOnline: rund um die Uhr im Internet unter www.beobachter.ch
Telefon: Montag bis Freitag von
9 bis 13 Uhr. Fachbereich Wohnen
Tel. 043 444 54 02
Wer den Beobachter abonniert hat, profitiert gratis von der Beratung.
Wer kein Abo hat, kann online oder am Telefon eines bestellen und erhält damit sofort Zugang zu den Beratungsleistungen.

Hausverein Schweiz
Geschäftsstelle
6000 Luzern 7
Tel. 041 420 68 11
www.hausverein.ch
Adresse der für Ihre Region zuständigen Sektion im Internet unter «Sektionen»

Schweizer
Stockwerkeigentümerverband
c/o Romang & Partner
Rechtsanwälte
Talacker 42
8001 Zürich
Tel. 044 211 21 29
www.stockwerk.ch

Schweizer Hauseigentümerverband
HEV Schweiz
Mühlebachstrasse 70
8032 Zürich
Tel. 044 254 90 20
www.hev-schweiz.ch
Adresse der für Ihre Gemeinde zuständigen Sektion im Internet unter «Sektionen»

Wohnbund
Aktionsgemeinschaft
für die Wohnraumförderung
Bucheggstrasse 109
8042 Zürich
Tel. 044 994 32 71
www.wohnbund.ch

Schweizerischer Verband Liberaler
Baugenossenschaften VLB
Grossfeldstrasse 3
6011 Kriens
Tel. 041 310 00 50
www.vlb-wohnen.ch

Schweizerischer Verband
für Wohnbau- und Eigentums-
förderung (SWE)
Guggistrasse 7
6002 Luzern
Tel. 041 317 05 60
www.swe-wohnen.ch

Berufsverbände

Bund Schweizer Architekten
Pfluggässlein 3
4001 Basel
Tel. 061 262 10 10
www.architekten-bsa.ch

Demokratische Juristinnen
und Juristen der Schweiz
Neuengasse 8
3011 Bern
Tel. 031 312 83 34
www.djs-jds.ch

Kammer unabhängiger
Bauherrenberater KUB
Eugen Huber-Strasse 19a
8048 Zürich
Tel. 044 434 78 88
www.kub.ch

Schweizerischer Anwaltsverband SAV
Marktgasse 4
3001 Bern
Tel. 031 313 06 06
www.swisslawyer.com

Schweizerischer Dachverband
Mediation (SDM)
Hadlaubstrasse 49
8006 Zürich
Tel. 044 360 53 64
www.infomediation.ch

Schweizerischer
Immobilienschätzerverband
Poststrasse 23
9001 St. Gallen
Tel. 071 223 19 19
www.immobilienschaetzer.ch

Schweizerischer Ingenieur- und
Architektenverein SIA
Generalsekretariat
Selnaustrasse 16
8039 Zürich
Tel. 044 283 15 15
www.sia.ch

Schweizerische Kammer
für Wirtschaftsmediation (SKWM)
Bollwerk 21
3001 Bern
Tel. 031 328 35 39
www.mediationskammer.ch

Schweizerischer Verband
der Immobilienwirtschaft SVIT
Eugen Huber-Strasse 19a
8048 Zürich
Tel. 044 434 78 88
www.svit.ch

Schweizerische Vereinigung
kantonaler Grundstückbewertungs-
experten SVKG
c/o Kant. Steuerverwaltung,
Schätzungsamt
Daniela Regli
Bahnhofstrasse 15
6430 Schwyz
Tel. 041 819 24 65
www.svkg.ch

Verband Schweizer Notare
Gerechtigkeitsgasse 50/52
3000 Bern 8
Tel. 031 310 58 40
www.schweizernotare.ch

Finanzierung

Arbeitsgemeinschaft Schweizerischer
Budgetberatungsstellen
Hashubelweg 7
5014 Gretzenbach
Tel. 062 849 42 45
www.asb-budget.ch

Emissionszentrale für gemeinnützige
Wohnbauträger EGW
4603 Olten
Tel. 062 206 06 16
www.egw-ccl.ch

Hypothekar-Bürgschaftsgenossenschaft
für Wohneigentumsförderung HBW
Albisstrasse 28
8038 Zürich
Tel. 044 487 17 27
www.hbw.ch

VZ Vermögenszentrum
Beethovenstrasse 24
8002 Zürich
Tel. 044 207 27 27
www.vermoegenszentrum.ch
Weitere VZ-Büros in Basel, Bern,
Lausanne, St. Gallen und Zug

Links

- Amtliche Sammlung des Bundes-
  rechts: www.admin.ch/ch/d/as/
  index.html
- Kantonale Gesetzessammlungen:
  www.weblaw.ch/datenbank/sav/
  list.asp?ParentId=24
- Bundesgericht: www.bger.ch
- Bundesbehörden: www.admin.ch
- www.arch-forum.ch: Site von und
  für Architektinnen und Architekten
- www.baubio.ch: Schweizerische
  Interessengemeinschaft für
  Baubiologie und Bauökologie
- www.bauenundwohnen.ch: Portal
  für Bauherrinnen und Bauherren
- www.bauonline.ch:
  Branchenverzeichnis, News
- www.bauprojekt.ch: Site mit breitem
  Informationsangebot zu Baufragen;
  mit Checkliste für die Bauabnahme
- www.bauratgeber.ch:
  Ratgeber rund ums Bauen
- www.bau-schlau.ch: Gebäude-
  kampagne von EnergieSchweiz/BFE
  für energieeffizientes Bauen
  und Sanieren
- www.comparis.ch: Internet-
  Vergleichsdienst, neutraler Kosten-
  vergleich von Hypotheken und
  Versicherungen

- www.energiefachleute.ch: Dachorganisation der schweizerischen Energievereine
- www.energiestiftung.ch
- www.gesund-wohnen.ch: Infos rund ums gesunde Wohnen; Fachgruppe Hausuntersuchung
- www.grundbuch.ch: verschiedene Hinweise zu Grundbucheinträgen, Notaren etc.
- www.hausinfo.ch: Infoportal für Wohneigentümer
- www.iazi.ch: Informations- und Ausbildungszentrum für Immobilien IAZI; Online-Immobilienbewertung nach der hedonistischen Methode
- www.immotax.ch: einfaches Bewertungssystem für Wohnbauten
- www.minergie.ch: Infos rund ums Thema Minergie und Passivhaus
- www.raumlufthygiene.ch: auf Wohnschadstoffe spezialisierte Firma
- www.shab.ch: Homepage des schweizerischen Handelsamtsblatt, publiziert Versteigerungen von Immobilien

Buchtipps

Birrer, Mathias: Nachbarrecht – Handbuch für Eigentümer und Mieter. Beobachter-Buchverlag, Zürich 2003

Lüthy, Heini: Steuern leicht gemacht – Praktisches Handbuch für Angestellte, Selbständige und Eigenheimbesitzer. 2. Auflage, Beobachter-Buchverlag, Zürich 2005

Mühlethaler, Beatrix; Haas, Stefan: Natürlich wohnen und bauen – Ratgeber für ökologisches Einkaufen und Renovieren. Beobachter-Buchverlag, Zürich 2004

Starter-Set Eigenheim
Westermann, Reto; Meyer, Üsé: Der Weg zum Eigenheim – Kauf, Bau, Finanzierung und Unterhalt. 4. Auflage, Beobachter-Buchverlag, Zürich 2004
und
Westermann, Reto; Meyer, Üsé: Kaufen, Bauen, Wohnen – Profitipps für Ihr Eigenheim. CD-ROM. Beobachter-Buchverlag, Zürich 2005

Ruedin, Philippe; Christen, Urs; Bräunlich Keller, Irmtraud: OR für den Alltag – Kommentierte Ausgabe aus der Beobacher-Beratungspraxis. 4. Auflage, Beobachter-Buchverlag, Zürich 2005
und
Buchset OR und ZGB
Alt-Marin, Alois; Knellwolf, Peggy A.; Senn, Jürg; von Flüe, Karin: ZGB für den Alltag – Kommentierte Ausgabe aus der Beobacher-Beratungspraxis. 5. Auflage, Beobachter-Buchverlag, Zürich 2005

Stichwortverzeichnis

A

Absolutes Mehr............ 161, 176, 242
Abtretung der
 Garantieansprüche........ 102, 111, 116
Abzugsfähige Unterhaltskosten......... 55
Alleineigentum 16, 242
Altbau
– Evaluation...................... 65
– Gewährleistung 103
Altlasten 67
Amortisation der Hypothek............ 48
Änderung der Wertquote.............. 177
– auf dem Gerichtsweg 179
– durch Vereinbarung 178
Anfechten eines Beschlusses .. 130, 164, 242
– Anfechtungsfrist 165
Ausschliessliches Benutzungsrecht... 22, 242
– Autoeinstellhalle 103
– und Kaufvertrag................... 98
Ausschluss eines Stockwerkeigentümers .. 139
Ausschuss....................... 180
– Aufgaben 181
Autoabstellplatz, rechtliche Stellung 27, 104
Autoeinstellhalle
– Kostenverteilung 194
– Zuteilung der Plätze 104

B

Balkon, rechtliche Stellung............ 25
Bank- oder Versicherungsgarantie 95
Baubewilligung 227
Bauhandwerkerpfandrecht... 69, 95, 137, 242
Bauliche Massnahmen............ 172, 242
– luxuriöse...................... 173
– notwendige 172
– nützliche...................... 173
– ohne nötiges Mehr 175
Bauqualität...................... 71
– Dach 72
– Fassade....................... 72
– Heizung 77
– Innenausbau 74
Baurecht.................... 29, 242
– und Stockwerkeigentum 28

Begründungsakt 243
Beiträge an gemeinschaftliche Kosten ... 191
– Gemeinschaftspfandrecht 200
– Kostenverteilung 186, 189
– Retentionsrecht 202
– Zahlungsverzug 199
Beitragspflicht 129
Beschlussfassung in der Versammlung ... 160
– anfechtbare Beschlüsse 164
– Beschlussfähigkeit 159
– nichtige Beschlüsse 166
– Quoren 160
– Urabstimmung 167, 246
– Zirkularbeschluss 167, 247
Besitzesschutzklage..... 209, 210, 213, 243
Beurkundung..................... 91

D

Dachterrasse, rechtliche Stellung........ 25
Dienstbarkeit................. 90, 242
– Autoeinstellhalle 104
Dringliche Massnahmen 129
Dringliche Verwaltungshandlungen...... 169

E

Eherecht und Grundstückkauf 92
– Familienwohnung................. 94
Eigenkapital 40
Eigenmietwert.................... 55
Eigentumsfreiheitsklage .. 209, 210, 213, 243
Einkommenssteuer................. 54
Einspracherecht 239, 243
Einstimmigkeit 162, 176
Erbvorbezug 43
Erneuerungsfonds 51, 185, 195, 243
– Höhe der Beiträge 196
– Verwendung 196
Ersatzvornahme 113
Evaluation von Objekten 59
– Altbau 65
– Bauqualität.................... 71
– Checklisten 62, 64, 66
– Innenausbau 65
– Kaufpreis 79

- Liegenschaft 63
- Neubau 68
- Standort 61

F
Familienwohnung 94
Fenster, rechtliche Stellung 26
Finanzierung 35
- Beispiele 57
- Beratung 38
- Eigenkapital 40
- Erbvorbezug 43
- Fremdkapital 44
- Hypotheken 44
- laufende Kosten 50
- Pensionskassenguthaben 40
- Privatdarlehen 42
- Tragbarkeitsrechnung 37
Flexible Wohnungen 60
Fremdkapital 44

G
Garantiearbeiten siehe Mängelrechte
Garantierückbehalt 101
Gartensitzplatz, rechtliche Stellung 26
Gemeinschaftliche Kosten 50, 185, 243
- Befreiung von Beteiligung 190
- Verteilung 186, 189
- Verwaltungsfonds 188, 247
- Vorschüsse 191
Gemeinschaftliche Teile 17, 244
- Renovation 217
- zwingend gemeinschaftlich 17
Gemeinschaftspfandrecht 200, 244
Gesamteigentum 16, 244
Gesetzliche Bestimmungen 127, 264
- Grundstückkaufvertrag 88
- Kostenverteilung 186
- Stockwerkeigentümerversammlung ... 152
- zwingende 123
Gewährleistung 99, 244
- Abtretung der
  Garantieansprüche 102, 111, 116
- Ausschluss 102
- bei Altbau 103
- bei Kauf ab Plan 100
- Mängelrechte 111
- Verjährung 115

Gewöhnliche Verwaltungs-
  handlungen 129, 170
Grundbucheintrag 88
Grundeigentümerhaftung 134
Grundstückgewinnsteuer 52, 222
Grundstückkaufvertrag 85, 88, 244
- Beurkundung 91
- gesetzliche Bestimmungen 88
- Inhalt 90
- Übergang von Nutzen und Gefahr 96
- und Baubeschrieb 99
- und Bauhandwerkerpfandrechte 95
- und Eherecht 92
- und Gewährleistung 99

H
Haftgeld 87
Haftung der Bauhandwerker 118
Haftung der Stockwerkeigentümer-
  gemeinschaft 19, 133
Haftung des Architekten 119
Haftung des Verkäufers 117
Haftung des Verwalters 145
Haftung einzelner Eigentümer ... 22, 133, 136
Handänderungssteuer 52
Hausordnung 33, 126
Hedonistische Bewertungsmethode 83
Heizung 77
Hypothekar-Bürgschaftsgenossenschaft
  HBW 49
Hypotheken 44
- Amortisation 48
- Modelle 45
- Rating 45
- Vergleich 44
Kauf ab Plan 68
- Gewährleistung 100
Kaufpreis 79
Kaufvertrag siehe Grundstückkaufvertrag
Kontrolle der Jahresrechnung 182
Kopfstimmrecht 131, 244
Kosten 185
- Autoeinstellhalle 194
- gemeinschaftliche siehe
  Gemeinschaftliche Kosten
- laufende 50, 188
- Prozess zwischen Stockwerkeigentümer
  und Gemeinschaft 193

- Renovation 225
- Verteilung 186, 189

L

Laufende Kosten 50, 188
Leben in der Gemeinschaft 31, 121
Luxuriöse bauliche Massnahmen 173

M

Mangelfolgeschäden 112
Mängelrechte 111, 244
- und Verjährung 115
Mängelrüge 109
Mediation 205
Minderung 112
Minergie 78
Miteigentum 16, 244
- Autoeinstellhalle 105

N

Nachbarrechtliche Klage . . 209, 210, 212, 245
Nachbarschaftsprobleme 203
- innerhalb der Gemeinschaft 206
- mit Aussenstehenden 210
- öffentliches Recht 214
- rechtliche Möglichkeiten . . . 209, 210, 212
- richtiges Verhalten 204
Nachbesserung 111
Neubau
- Absicherung bei Kauf 69
- Evaluation 68
- Kauf ab Plan 68, 100
- Kauf nach Fertigstellung 70
Nichtige Beschlüsse 166
Notwendige bauliche Massnahmen 172
Notwendige Verwaltungshandlungen 169
Nützliche bauliche Massnahmen 173
Nutzung der eigenen Räume 21
- Konflikte 208

P

Parkplatz siehe Autoabstellplatz
  und Autoeinstellhalle
Pensionskassenguthaben als Eigenkapital . . 40
Pflichten gegenüber Stockwerk-
  eigentümergemeinschaft 132
Privatdarlehen 42

Protokoll der Stockwerk-
  eigentümerversammlung 163, 166

Q

Qualifiziertes Mehr 162, 176, 245
Quoren für Beschlussfassung 160, 176

R

Realwert 80
Rechte gegenüber Stockwerk-
  eigentümergemeinschaft 129
Rechtsöffnungstitel 137
Reglement 33, 122, 245
- Änderung 125
- Erlass 125
- Inhalt 123
- und Kostenverteilung 187
- und Nachbarschaftsprobleme 206, 207
- und Stockwerkeigentümerversammlung 158
Renovation der eigenen Wohnung 216
Renovation gemeinschaftlicher Teile 215, 217
- Arbeitsvergabe 218
- Bauabnahme 229
- Baubewilligung 227
- Bedarfsabklärung 223
- Kostenverteilung 225
- Offerten 225
Renovation und Steuern 222
Renovation und Versicherungen 220
Reservationsvertrag siehe Vorvertrag
Retentionsrecht 202
Reuegeld 87
Revisor 182

S

Schadenersatzansprüche gegen
  Stockwerkeigentümergemeinschaft 136
Schallschutz 20, 75
SIA-Norm 118 100
- Mängelrüge 110
- Verjährung 115
- Wohnungsabnahme 108
Sondernutzungsrecht siehe
  ausschliessliches Benutzungsrecht
Sonderrecht 19, 245
- Autoeinstellhalle 103
- Nutzung 19

Anhang **255**

- und Kaufvertrag 98
- Verwaltung 21
Stellvertretung an Stockwerk-
  eigentümerversammlung 154
Steuern 51
- abzugsfähige Unterhaltskosten 55
- beim Erwerb 52
- Eigenmietwert 55
- Einkommen 54
- und Renovation 222
- Vermögen 53
Stimmrecht 131, 160, 244
Stockwerkeigentum 16, 245
- im Baurecht 28
- persönliche Eignung 31
- rechtliche Grundlagen 15, 246
- wichtigste Instanzen 32
Stockwerkeigentümer-
  gemeinschaft 121, 128, 245
- Ausschluss eines Mitglieds 139
- Gemeinschaftspfandrecht 200
- Haftung 133
- Pflichten der Mitglieder 132
- Rechte der Mitglieder 129
- Retentionsrecht 202
- Schadenersatzansprüche 136
- und Nachbarschaftsprobleme 207, 210
- Versicherungen 134
- Vertretung durch Verwalter 144
Stockwerkeigentümer-
  versammlung 33, 151, 246
- anfechtbare Beschlüsse 164
- Aufgaben 168
- bauliche Massnahmen 172
- Beschlussfähigkeit 159
- Beschlussfassungsquoren 160
- Einberufung 156
- gesetzliche Bestimmungen 152
- nichtige Beschlüsse 166
- Protokoll 163, 166
- Stellvertretung 154
- Stimmrecht 160
- Teilnahmeberechtigung 153
- Traktandierung von Geschäften 157
- und Ausschuss 180
- Verwaltungshandlungen 169
Stockwerkeigentumsrecht 127, 264

Strafsanktionen gegen Stockwerkeigentümer 138
Suche nach geeignetem Objekt
  siehe Evaluation

T

Tragbarkeitsrechnung 37
Traktandierung von Geschäften 157

U

Übergabe der Stockwerkeinheit 105
Übergang von Nutzen und Gefahr 96, 246
Unterhalt siehe auch gemeinschaftliche
  Kosten und Renovation
- eigene Einheit 21, 216
- gemeinschaftliche Teile 18, 217
Urabstimmung 167, 246

V

Verjährung 115, 246
- Unterbrechung 116
Verkauf des Stockwerkeigentums 231
- Einspracherecht 239, 243
- mit Vorkaufsrecht 237
- über einen Makler 235
- Verkaufsdokumentation 233
- Verkaufspreis 233
Verkäufergarantie 101
Verkehrswert 82
Vermögenssteuer 53
Verpfändung von Pensionskassenguthaben 41
Versammlung siehe Stockwerk-
  eigentümerversammlung
Versicherungen 134
- bei Renovation 220
Verwalter 33, 142, 246
- Abberufung 148
- Aufgaben 143, 146
- Haftung 145
- Kosten 146
- Recht auf Bestellung 130
- Vertretung der Gemeinschaft 144
- Verwaltungsvertrag 142
Verwaltung der eigenen Räume 21
Verwaltung der gemeinschaftlichen Teile .. 18
Verwaltungsfonds 188, 247
- Beiträge 191

- Zahlungsverzug 199
Verwaltungshandlungen 169, 247
- dringliche 169
- gewöhnliche 129, 170
- notwendige 169
- wichtigere 170
Vorbezug von Pensionskassenguthaben ... 40
Vorkaufsrecht 237, 247
Vorvertrag 86, 247
- Reuegeld 86
- Rücktritt 88

W
Wandlung 112
Werkeigentümerhaftung 134
Wertquote 27, 247
- Änderung 177

- und Erneuerungsfonds 198
- und gemeinschaftliche Kosten 189
Wichtigere Verwaltungshandlungen 170
Wiederverkauf siehe Verkauf
   des Stockwerkeigentums
Wohn- und Eigentumsförderungsgesetz
   WEG 43
Wohnungsabnahme 106

Z
Zahlungsverzug eines Stockwerk-
   eigentümers 199
- Gemeinschaftspfandrecht 200, 244
- Retentionsrecht 202
Zirkularbeschluss 167, 247
Zwingende gesetzliche Bestimmungen ... 123
Zwingend gemeinschaftliche Teile 17